도
시
독
법

도시독법

각국
도시 생활자의
어린 날의
고향부터
살던
도시 탐구기

로버트 파우저 지음

혜화
11
17

"살고 싶은 도시는 어디인가?"

이 책 초판의 '책을 펴내며'는 이 질문으로 시작했다. 한국에서 도시에 관한 책을 출간할 계획이라고 하자 오래된 일본인 친구가 내게 물었던 질문이다. 어느 한 곳을 정해서 답하기는 어려웠다. 나와 인연이 깊은 여러 도시를 책에 담으면서 그 질문의 답을 찾아보려고 했다. 쉽지 않았다. 다만 내가 살고 싶은 곳이 도시라는 것은 분명했다. 도시를 벗어나 살고 싶다는 생각은 들지 않았다. 도시에 대한 낙관적인 마음으로 원고를 썼다. 물론 도시마다 장점만 쓰지는 않았다. 비판적인 시선을 잃지 않으려고 했고 잘 아는 도시일수록 더 그랬다. 그렇다고 비판을 위한 비판을 하지 않으려고도 했다. 낙관은 그 도시를 좋아하는 마음에서 비롯했고, 비판은 기대에 미치지 못한 데서 나왔다.

책에 실린 도시 가운데는 약 6년여를 살았던 일본의 교토도 있다. 교토대 교수 시절 철학의 길 근처에서 한동안 살았다. 고향 앤아버와 제2의 고향 서울에 비해 짧게 살긴 했지만 2006년 규슈의 가고시마로 이사한 뒤에도 교토는 자주 찾았다. 갈 때마다 살던 동네를 찾았다. 내가 살던 일본식 가옥의 독특한 구조, 어머니와 함께 했던 시간, 계절마다 달랐던 산책길 풍경도 떠올랐다.

2020년 초부터 기승을 부린 코로나19팬데믹으로 한동안 여행이 어려웠는데, 일본은 유난히 외국인 관광객의 입국을 허용하지 않아 교토를 다시 찾은 건 2023년이 되어서였다. 4년 만의 방문이었다. 이 책의 초판본 출간을 앞두고 친구의 질문을 받은 것은 2019년 교토에서였다. 그러니 그 친구와 다시 만난 것도 4년 만이었다. 만나고 싶은 사람도 실컷 보고, 가고 싶었던 곳도 찾아다니며 즐거운 시간을 보냈다.

철학의 길도 역시 걸었다. 4년 만이니 자주 찾던 때보다 달라진 곳이 많아 보였다. 어머니와 함께 갔던 몇몇 곳들 중에 사라진 곳들도 꽤 있었다. 시간의 흐름 때문이기도 하겠지만 코로나19팬데믹의 영향 때문이기도 할 것이다. 자연스러운 일이라고 받아들이기는 했지만 한편으로 서운하고 서글픈 마음은 어찌할 수 없었다. 하긴 어머니와 함께 다닌 게 2005년 가을이니 어느덧 18년 전의 일이었다. 이미 한참 옛날이다.

관광객이 줄어서인지 다시 찾은 철학의 길은 대체로 활기를 잃은 듯했고 길가의 집들은 사뭇 허름해 보였다. 살던 집으로 향하는 골목길로 들어서니 다행히도 골목이며 집 상태들이 꽤 좋아 보였다. 내가 살던 집도 여전했는데 집 앞에 나무로 만들어둔 데크는 관리가 제대로 되지 않아 거의 다 무너져 있었다. 철학의 길 끝에 있는 난젠지南禅寺까지 다 걷고 난 뒤 한창 유명세를 탄 카페 블루보틀에서 커피 한 잔을 마시며 잠시 쉬었다. 4년이라는 시간은 길다면 길고 짧다면 짧다. 그런데 확실히 그 시간 동안 교토는 미묘하게 변한 것 같다고 생각했다. 역시 코로나19팬데믹으로 인한 걸까, 싶기도 했지만 너무 단순한 결론 같아서 선뜻 동의하고 싶지 않았다.

교토를 떠나 히로시마를 들러 규슈로 향했다. 규슈를 찾은 건 구마모토와 가고시마의 대학에 교수로 재직할 때 만난 일본인 제자들을 만나기 위해서였다. 이 책의 초판본에 두 도시에 대한 이야기를 담긴 했지만 그 이후 어떤 변화가 있었는지 직접 보고 그 내용을 담고 싶기도 했다. 2010년에 다녀온 게 마지막이었으니 교토보다 도시의 변화를 더 크게 발견할 수 있을 것 같기도 했다. 교토에서 살던 집을 본 김에 이 두 도시에서 살던 집도 오랜만에 보고 싶기도 했다.

구마모토와 가고시마는 교토처럼 세계적으로 유명한 관광지가 아니다. 인구도 훨씬 적은 지역의 소도시에 속한다. 내가 살던 때부터 원도심의 공동화는 이미 시작되었다. 거의 20년 만에 다시 가보니 공동화는 계속 진행되어온 듯했다. 큰길가에는 사람들이 제법 있긴 했지만 가게들은 거의 다 바뀌었고, 뒷골목에는 비어 있는 가게들이 많았다. 중심가에서 멀어질수록 더 그랬다.

두 도시에서 살던 집은 단독주택으로 비교적 원도심 가까운 주택가에 있었다. 일본에서 단독주택의 가치는 집이 아닌 땅값이 전부라고 해도 과언이 아니다. 그래서 집이 오래되면 아예 부수고 새롭게 다가구 주택을 짓거나 주차장으로 쓰는 경우가 많다. 그러니 내가 살던 집들도 이미 사라졌을 가능성이 컸다.

설레면서도 걱정스러운 마음으로 구마모토의 옛집을 찾았다. 멀리서 보니 놀랍게도 그대로 있었다. 반가운 마음이 왈칵, 솟았다. 가까이 가보니 역시 낡고 허름한 상태였다. 사람이 살고 있는 것 같지 않고 창고로 사용하고 있는 듯했다. 주변의 집들 역시 대체로 허름했고, 동네는 사람이 거의 살지 않는 것처럼 조용하기만 했다. 정비가 잘 된 깨끗한 주택가였던 내 기억과 전혀 다른 모습이라 많이 놀랐다. 가고시마에서 살던 집은 규슈 고속전철 종점 인근이었다. 교통이 편리하고 인구 밀도도 꽤 높았다. 슈퍼마켓 등을 비롯한 근린 상업 시절도 다양했다. 다시 찾은 이 동네는 어땠을까. 역 근처 분위기는 비교적 비슷했지만 큰길가에 빈 가게들이 많았고, 역시 유동 인구가 확연히 줄었다. 살던 집에 가까워질수록 허름한 집들이 눈에 많이 띄었다. 사람이 살기 어려울 정도로 낡은 집도 많고, 이미 집을 다 부순 뒤 빈터로만 남은 곳도 많았다. 살던 집 역시 무척 허름했다. 누군가 살고 있는 것 같긴 하지만 그 주변에는 거의 다 빈집인 듯했다. 마치 재개발을 앞두고 주민들이 모두 떠난 뒤 철거를 기다리는 한국의 텅 빈 동네 같았다. 일본에는 한국 같은 재개발 사업이 거의 이루어지지 않으니 지금 살고 있는 사람들이 떠나면 이런 동네들은 아마도 자연스럽게 소멸할 것이다. 아무도 없는 동네를 걷다 보니 어린 조카와 2019년에 함께 본 영화 〈어벤져스: 엔드게임〉의 한 장면이 떠올랐다. 세계 인구의 반이 사라진 뒤 폐허가 된 도시를 비추는 바로 그 장면이다. 옛날에 살던 동네가 슈퍼히어로 영화의 한 장면처럼 보이니 기분이 무척 이상했다.

추억이 있고, 가까운 벗들이 있으니 기회가 닿는 대로 이 두 도시를 나는 또 찾을 것이다. 하지만 인구는 계속 줄어들 것이고 이로 인한 도심 공동화는 이어질 것이다. 과연 구마모토와 가고시마는 도시로서의 활기를 언제까지 유지할 수 있을까. 지금 내가 본 이 도시의 모습을 다시 또 볼 수 있을 것이라고 장담하기 어렵다. 결국 사람이 없어서 일어나는 일이다. 사람이 모여서 사는 곳이 도시의 근본이라면 그 근본이 흔들리고 있는 셈이다. 그런데 과연 이게 두 도시만의 일일까?

2019년 이 책의 초판본 출간 후 한국의 여러 도시에서 독자들을 만났다. 책에 담은 서울과 대전, 전주와 대구 못지않게 인연이 깊은 부산과 인천을 넣지 못한 것이 내내 아쉬웠다. 1982년 생애 처음으로 한국과 만났을 때 내가 닿은 도시는 부산이었다. 인천은 2000년대 도시 재생에 처음으로 관심을 갖기 시작할 때 인연이 닿은 곳이다. 한국의 도시를 이해하는 데 적지 않은 영향을 미친 도시들이다. 개정판을 내기로 결정하면서 이번에는 꼭 두 도시를 책에 담겠다고 생각했다.

예전의 추억과 기억만으로 글을 쓸 수는 없었다. 한국에 살면서 부산을 종종 찾긴 했지만, 2022년 한국에 왔을 때 오랜만에 내려가 꽤 오래 머물렀다. 매일 여기저기를 걸어다녔다. 2023년에도 거듭 찾았다. 공동화된 원도심과 화려한 신도시 해운대는 부산이라는 같은 행정구역에 속해 있긴 하지만 완전히 다른 도시였다. 양쪽을 오가며 같은 도시 안에 이렇게 큰 차이가 존재한다는 것에 새삼 놀라기도 했다.

1982년 처음 만난 부산은 오늘날의 원도심 지역이었다. 그때나 지금이나 큰길가에는 사람으로 북적이지만 그때와 달리 이제는 골목 하나만 뒤로 들어가도 활기를 찾기 어렵다. 상업지가 그러니 주택가는 더 말할 나위가 없었다. 차가 다니지 못하고 계단이 가파른 골목에 살고 싶어하는 이들이 거의 없다는 걸 물론 잘 알고 있지만 이러다 머지않아 폐허가 되는 건 아닐까 하는 생각에 어쩐지 아쉽고 서글퍼지기까지 했다. 원도심의 쇠락을 부채질하는 듯해서 해운대 쪽은 괜히 멀리 하고 싶었다. 시간 날 때마다 원도심 한복판인 남포동부터 영도 흰여울문화마을까지 내내 걸었다. 막상 걸으면서 천천히 돌아보니 내가 좋아하는, 아기자기한 부산의 모습이 곳곳에 남아 있었다. 덕분에 마음이 한결 편안해졌다.

인천 역시 시간을 두고 몇 차례나 찾아가 천천히 걸어다녔다. 서울에 살 때도 그렇지만 미국으로 떠난 뒤 한국 방문 때마다 자주 갔던 곳이라 체감하는 변화의 폭은 그리 크지 않았다. 하지만 코로나19팬데믹으로 찾지 못한 2년 동안의 변화가 없지는 않았다. 무엇보다 재개발로 인해 원도심이 사라진 것이 눈에 띄었다. 수시로 걸었던 골목길들이 이미 사라졌고, 드문드문 끊어진 길 사이에 아직 이주를 하지 못한 노인들 몇몇이 집을 지키고 있었다. 완전히 사라진 골목길도 있었다. 인천 배다리 스페이스빔에서 주최한 사진 기록 프로젝트에 동참한 것이 2017년의 일이다. 재개발 대상지인 송림동이 사라지기 전 사진으로 기록하는 프로젝트였는데 이를 위해 열심히 다녔던 동네가 통째로 사라졌으니 골목길이야 말할 것도 없다. 사라진 골목길의 흔적을 더듬으며 내 안에 차오르는 건 슬픔이었다. 이런 나의 시선을 그저 현실을 잘 모르는 외국인의 '오리엔탈리즘'이나 잠시 잠깐 다녀가는 이의 '단순한 감상'에 불과하다고 치부하는 이들도 있을 것이다. 하지만 누가 뭐라고 해도 그곳에서 평생 살아온 주민들을 이주시키고 공동체를 붕괴하는 이런 행위는 제도화된 폭력이다. 가는 곳마다 이런 재개발 현장을 맞닥뜨리게 되는 인천은 그런 이유로 언젠가부터 내게는 무서운 도시가 되어가고 있다.

한국의 부산과 인천에서의 공동화 현상을 지켜본 탓인지 이듬해 찾은 구마모토와 가고시마의 공동화 현상에 무척 예민해졌다. 한국의 도시는 오래된 동네의 재개발이 끝나면 어찌 됐든 새로운 인구가 그곳에 유입된다. 하지만 앞에서 이야기했던 대로, 재개발이라는 개념이 거의 없는 일본의 오래된 동네는 폐허로 변한 뒤 소멸한다. 재개발을 하는 한국과 그렇지 않은 일본의 도시는 앞으로 어떻게 될까.

한국의 도시들은 넓은 폐허와 폐허 사이에 담으로 둘러싼 새 아파트들이 곳곳에 들어서 있게 될 것이다. 결과적으로 세계에서 그 유례를 찾기 힘든, 매우 독특한 형태의 도시가 만들어질 것이다. 일본의 도시들은 전체적으로 축소될 것이다. 이것이 한국과 일본 도시의 미래라면, 어느 곳이든 살고 싶은 생각이 썩 들지 않는다.

코로나19팬데믹으로 인해 뉴욕이나 런던 같은 세계적인 대도시의 인구가 한때 줄어들었다. 다시 회복세를 보이고 있긴 하지만 인구 감소의 추세를 막기는 어려워 보인다. 한국과 일본의 대표 도시 서울과 도쿄 역시 젊은이들이 계속 모여들고는 있지만 인구 감소는 시간 문제일 뿐이다.

게다가 경제 구조와 IT기술의 발전으로 도시의 풍경은 사뭇 달라지고 있다. 서울 시내 한 식당 입구의 주문 키오스크에는 우리 모두 비대면 시대에 살고 있다는, 매우 선언적인 내용의 광고 문구가 등장하기도 했다. 비대면 시대는 말 그대로 사람들이 서로 얼굴을 보지 않는 시대다. 말 그대로 서로 모이거나 소통하지 않는다면 도시는 왜 필요할까? 인간은 사회적 동물이니 대면 활동이 아예 사라지지는 않겠지만, 비대면으로 많은 일의 처리가 가능하다면 도시의 공간과 기능은 어떤 식으로든 달라질 수밖에 없지 않을까?

전 세계적으로 가장 탁월한 IT기술력을 보유한 데다 이를 받아들이는 속도 역시 매우 빠른 서울이니 어쩌면 이런 도시의 변화를 가장 빨리 주도하는 곳도 서울이 될 가능성이 크다. 실제로 코로나19팬데믹 이후 찾아온 서울에서 이전에 비해 기계에서 쏟아져 나오는 글을 읽어야 하는 경우가 크게 늘었음을 실감했다. 거리에서, 가게에서, 식당에서, 찻집에서 마주치는 사람들과 가벼운 대화를 즐기던 나로서는 실망하지 않을 수 없었다. 이 책의 첫 장에 쓴 대로, 고향 앤아버에 다시 살기 위해 돌아갔지만 내가 알던 고향이 아니라는 사실에 실망했던 나로서는 제2의 고향인 서울의 삭막한 표정에 또다시 실망하게 된 것이 못내 아쉽다. 고향을 잃은 사람을 실향민이라고 한다면, 물리적인 공간만이 아니라, 기억 속 고향을 잃은 사람도 실향민이라고 할 수 있다면, 나도 실향민이며 나아가 우리 모두 다 실향민이라고 할 수 있지 않을까. 어떤 곳이든 변하지 않은 곳은 거의 없으니 말이다.

2019년 이 책을 처음 쓸 때의 나는 50대 후반이었다. 내가 살던 도시를 옛 추억과 함께 떠올리는 건 즐거운 일이었다. 한국어의 향수鄕愁나 영어의 노스탤지어nostalgia 대신 포르투갈어의 소다드Saudade, 브라질 발음으로 소다지라는 말을 쓴 것도 그래서였다. 사랑하는 사람을 떠올리듯, 깊은 그리움을 느끼면서도 담담해지는 듯한 내 마음을 표현하기에 더 어울릴 것 같아서였다.

개정판을 쓰는 동안 환갑을 지나 60대 초반이 되었다. 나이도 나이지만 불과 몇 년 사이에 시대가 확 달라졌다. 코로나19팬데믹은 물론이고 세계 곳곳에서 기후위기로 인한 재난이 끊이질 않는다. 러시아와 우크라이나 전쟁에 이어 이스라엘과 하마스도 전쟁을 일으켰다. 이 와중에 미국은 도널드 트럼프로 인해 민주주의의 위기도 겪고 있다. 이렇게 어두운 시대를 살고 있자니 더이상 즐거운 옛 추억을 떠올리며 마음 편히 도시를 바라보기가 어려워졌다. 그래서일까. 개정판을 펴내며 나는 문득 몇 년 전 친구로부터 받은, '살고 싶은 도시'에 관한 질문을 이렇게 업데이트하고 싶어졌다.

"살 수 있는 도시는 어디일까?"

과연 앞으로 우리가 안전하고 편안하고 즐겁게 살 수 있는 도시는 어디일까. 이 책의 초판본을 읽었던 독자들 가운데 다시 이 책을 보시는 분들이 계신다면 이런 나의 심경의 변화를 따라 읽어주시기 바란다.

마지막으로 이 책의 모든 독자들께 청할 것이 있다. 우리 모두는 부인할 수 없을 만큼 어두운 시대를 살고 있다. 그러니 우리가 살아가는 도시를 단순히 삶의 터전 또는 소비의 대상으로 보는 것에서 나아가 우리를 둘러싼 수많은 문제의 집약점으로 인식하기를 바란다. 모든 문제의 해결책은 바로 인식에서 비롯한다. 그 인식을 발판으로 삼을 때 어두운 시대를 희망의 시대로 바꿀 가능성이 만들어진다. 이를 인식하는 것도, 인식을 발판 삼아 희망의 가능성을 만드는 것도 우리 모두의 노력에 달려 있다. 그 노력의 끝은 당연히 변화를 위한 구체적인 행동이다. 살고 싶은 도시를 찾고 싶다면 살 수 있는 도시를 만들어야 한다. 행동만이 변화를 만들 수 있다. 우리는 어떤 도시에서 살고 싶은가. 어디에서 살 수 있는가.

2024년 연초,
미국 로드아일랜드 주 프로비던스에서
로버트 파우저

2019년 4월, 서울로 오는 길에 교토에 며칠 머물렀다. 그곳의 오래된 친구들을 만나 서로의 근황을 나누다 조만간 도시에 관해 한국어로 쓴 책을 출간할 계획이라는 소식을 전했다. 내 이야기를 듣던 일본인 친구 중 하나가 나에게 살고 싶은 도시가 어디인지 물었다. 잠시 생각을 한 뒤 이렇게 답했다.

"살고 싶은 도시가 많아서 뭐라고 말하기 어렵네."

다음 날, 20여 년 전쯤 교토에 살 때 자주 다닌 철학의 길을 산책했다. 지금은 돌아가신 어머니와 자주 걷던 길이다. 그때 기억이 떠올라 이곳에서 다시 살아도 좋겠다는 생각을 했다. 다음 날, 인천공항을 통해 서울에 도착했다. 안국동 숙소를 찾아가는 동안 마치 고향에 돌아온 것처럼 마음이 편안했다. 이곳에서 살면 참 좋겠다는 생각을 했다. 오래된 친구들을 만나 역시 서로의 근황을 나누다 지난 가을 여행한 마드리드 이야기를 하고 있자니 순간적으로 그곳에서라면 재미있게 살 수 있지 않을까 싶기도 했다.

살고 싶은 도시를 물었던 친구의 질문은 정착하고 싶은 곳이 어디인지 묻는 것이었을 게다. 정착이란 일반적으로 한곳에서 계속 살면서 말년까지 보내는 걸 의미한다. 보통은 결혼도 하고 아이도 낳으며 가족을 꾸리는 것까지 포함한다. 전통적으로는 그렇게 사는 것이 자연스럽고 '정상적인 삶'으로 여겨지곤 한다.

하지만 과연 그럴까? 예전에는 태어난 곳에서 자라고 나이 들어가는 사람이 많았지만 오늘날에는 오히려 그렇지 않은 사람이 더 많다. 조금만 돌아보면 많은 사람이 숱하게 이동을 거듭하며 살아가고 있다. 어떤 이들은 같은 도시 안에서 이동하고, 또 어떤 이들은 같은 국가 안의 이곳에서 저곳으로 이동한다. 나처럼 국가를 가리지 않고 이 도시에서 저 도시로 이동하며 사는 사람도 많다. 어쩌면 도시라는 개념은 애초에 사람들의 이동이 없었다면 만들어지지 않았을지도 모른다. 더구나 오늘날의 도시로 확장, 발전하지도 못했을 것이다. 다시 말해 도시란 사람들의 이동을 전제로 탄생한 공간이다.

누구나 쉽게 올 수 있고, 쉽게 떠날 수 있으니 서로 다른 곳에서 수많은 사람이 모여들고, 그들이 함께 살아가면서 새로운 발상이 끊임없이 등장하고, 도시의 활력과 활기가 만들어진다. 그런 활기야말로 도시의 매력이며, 그로 인해 그 도시만의 새로움이 탄생한다. 근본적으로 도시란 늘 변화하고, 그 변화를 통해 미래를 지향하며 정치적으로는 진보적이기도 하다.

그렇다고 해서 모든 도시가 하나같이 활기차거나 미래지향적인 것은 아니다. 도시마다 모여 사는 사람들이 제각각이니 당연히 도시마다 독특한 특징이 있다. 그렇다면 같은 도시에 사는 사람 모두에게 그 도시는 같은 얼굴일까? 그것도 아니다. 사람에 따라 눈여겨보는 부분이 다르고, 느끼는 점 역시 제각각이다. 또 그렇다면 같은 도시의 같은 사람에게 그 도시는 늘 똑같은 곳일까? 그것도 역시 아니다. 나이가 들면서 도시를 바라보는 시선 역시 또 달라진다.

1961년 미국 미시간 주 앤아버라는 작은 도시에서 태어난 나는 지금까지 수많은 도시에서 살아왔다. 여러 도시와 만나고 또 다른 도시로 이동하며 나이를 먹었다. 세월이 흐르면서 도시를 바라보는 나의 시선은 조금씩 달라지고 있다. 사람이 변하면 도시도 변한다. 바꿔 말하면 도시를 바라보는 사람이 달라지면 도시에 대한 생각도 달라지게 마련이다. 초등학교 때 친구와 니눈 이야기와 50대 이후 만난 친구와 나누는 이야기가 같을 수 없다. 돌이켜보니 도시를 바라보고 경험하는 일도 마찬가지다. 젊은 시절 바라보는 도시와 나이 들어 만나는 도시의 이야기가 같을 수 없다.

어린 시절 앤아버는 곧 부모이며 학교이자 집이었다. 점점 이 테두리 바깥으로 활동의 반경이 넓어지면서 도시로서의 앤아버를 점점 발견하기 시작했다. 고등학교 1학년을 마친 뒤 우연히 도쿄에서 두 달여를 보냈다. 난생 처음 경험한 세계적인 도시로부터 받은 자극은 대단했다. 어렴풋하게 '대도시'의 기준이 형성되었고 나이가 든 지금까지도 그 기준은 크게 달라지지 않았다. 30~40대 나는 주로 일본에서 경력을 쌓기 위해 동분서주하며 살았다. 이 시절 내가 살았던 도시, 교토와 구마모토 그리고 가고시마는 삶의 터전이자 풍요로운 문화생활의 기반이 되어주었다.

도시는 때로 함께 나이 들어가는 친구이기도 하다. 내게는 서울이 그렇다. 1980년대 독재 치하에서 급성장하고 있는 서울과 처음 만났을 때는 나 역시도 젊었다. 이곳에서 거의 13여 년을 살면서 나도 나이가 들었다. 어떤 사람에게는 여전히 역동적으로 변화하고 있는 젊은 도시일 수 있으나 내게는 이제 더불어 세월을 보낸 오래된 친구다.

어떤 도시에서나 나는 활기차고 빠르게 변화하는 도시의 속도를 즐기며 살았다. 도시가 가지고 있는 그 역동적인 힘과 자극은 나로 하여금 이곳에서 저곳으로 이동하게 하는 동력이기도 했다. 50대 후반에 접어들면서 도시가 주는 자극과 변화의 속도가 조금씩 버겁게 느껴졌다. 조금 더 조용하게 나만의 세계에 집중하고 싶었다. 그런 내가 선택한 도시가 바로 현재 살고 있는 프로비던스다. 이곳은 속도는 빠르지 않으나 도시라는 단어에서 떠올릴 수 있는 다양한 문화생활을 골라서 즐길 수 있다.

수십 년 동안 새로운 도시를 만날 때마다 나는 주로 '이 도시에는 어떤 역사적 배경이 있을까', '이 도시의 경제적 기반은 무엇일까', '이곳에 사는 사람들이 만들어내는 공동체는 무엇을 지향하고 있을까' 등이 궁금했다. 이런 궁금증을 해결하기 위해 도시를 차근차근 살피다보면 결국 '도시란 곧 사람'이라는 사실을 종종 깨닫게 된다. 아울러 사람의 얼굴이 다 다르듯 이 세상의 수많은 도시 역시 모두 다 다르다는 당연한 사실에 여전히 놀라곤 한다. 이렇게 서로 다르다는 점, 즉 다양성이야말로 우리가 만나는 숱한 도시가 갖는 강력한 매력이 아닐 수 없다.

이 책은 태어난 곳부터 시작해서 지금껏 나와 각별한 인연을 맺었던 도시에 관해 쓴 것이다. 그렇다고 해서 일상적이고 개인적인 기록을 담은 책은 아니다. 도시를 소개하거나 분석하는 책도 아니고, 여행할 때 도움이 되는 내용이 들어 있지도 않다. 눈에 보이는 인상이나 단순한 느낌보다는 그 도시를 이루는 역사적 배경, 지향성, 그리고 무엇보다 그곳의 사람들이 어떻게 살아가는지가 늘 궁금했던 나로서는 어떤 도시에서나 생활자이면서 동시에 관찰자의 시선으로 탐구하듯 지켜봐왔다. 그렇게 오랜 세월 경험해온 여러 도시에서 나만의 방식으로 그 도시를 바라봐온 이야기를 담은 이 책은 말하자면 관찰과 탐구 그리고 삶을 망라한, 도시와 나의 소통의 기록이다. 좀 더 의미를 부여하자면 일종의 '도시론'이면서 개인이 도시와 어떻게 소통하며 무엇을 바라보며 살아가는가에 관한 고찰의 기록이기도 하다.

소통의 방식과 내용은 내가 어떤 나이에 어떤 도시를 만났는지, 그 도시에서 어떤 사람을 만났는지, 무슨 일을 했는지, 살던 곳인지, 자주 다닌 곳인지에 따라 달라지곤 했다. 살았던 도시에서는 그 도시의 사람을 많이 만나게 된다. 자연스럽게 그 도시의 생태와 구조에 대해 이해가 훨씬 깊어진다. 살지는 않았지만 숱하게 다녔던 도시는 갈 때마다의 변화가 직접적으로 느껴지고, 아무래도 한발 떨어져 볼 수 있으니 그곳이 가지고 있는 '도시성'을 더 선명하게 느낄 수 있다.

지난해 봄 서울에서 이 책을 구상했다. 도쿄에 머물며 책에 들어갈 도시들을 생각했고, 마드리드와 시드니에서 어떤 내용을 담을까를 정리했다. 살고 있는 프로비던스에서 가을부터 겨울까지 본격적으로 집필을 했고, 얼마전 교토에서 1차 저자 교정을 봤다. 그리고 지금 이 글은 다시 서울에서 쓰고 있다. 이 도시에서 저 도시로 이동해온 지난 수십 년의 삶을 이 책 한 권을 쓰는 동안 압축적으로 반복한 셈이다.

이 책은 처음부터 끝까지 한국어로 썼다. 나에게는 '외국어'인 한국어로 책 한 권을 쓰는 일은 늘 쉽지 않다. 그러나 그 어려움이 오히려 도시에 대한 생각을 정리하는 데 큰 도움이 되었다. 생각을 정리하지 않은 상태로 글을 쓰는 것도 어렵지만, 정리되지 않은 생각을 외국어로 쓴다는 건 거의 불가능하다. 외국어로 책을 쓰기 위해서는 생각을 먼저 잘 정리해야 하고, 적절한 표현을 찾는 과정이 반드시 필요하다. 이 책의 경우 대상으로 삼을 도시의 목록을 정하고, 각각의 도시와 내가 어떻게 소통을 했으며, 그 소통은 어떤 의미가 있는지, 도시를 이해하기 위해 내가 가지고 있는 배경 지식 중 무엇을 담을지를 모두 다 정리한 뒤에야 비로소 한국어로 집필을 시작할 수 있었다.

각 도시마다 그동안 찍어둔 사진을 수록했는데, 수백 장의 사진 중에서 어떤 것을 넣을까 고르는 과정 역시 생각을 정리하는 데 큰 도움이 되었다. 사진 속에 개인의 역사가 담겨 있다는 사실을 새삼스럽게 깨닫고, 사진의 중요성을 다시 생각한 것은 이 책을 통해 얻은 소중한 결실이다.

독자들에게 한 가지 제안을 하고 싶다. 도시는 결국 사람이 만든다. 우리가 살고 있는 도시는 우리 스스로가 만든다. 그렇다면 도시를 어떻게 바라보고, 어떤 지향점을 만들까를 생각해보는 게 필요하지 않을까? 그 첫걸음이 바로 자신만의 도시관을 확립하는 것이다. 나의 제안은 이 책을 계기로 삼아 독자들 스스로 '자신만의 도시사'를 기록해보자는 것이다. 지금까지 어떤 도시에서 태어나 어떤 도시를 거쳐 오늘에 이르렀는지, 그 도시를 떠올리면 어떤 느낌이며, 그곳들은 각자에게 어떤 의미가 있는지에 대해 한 번 생각해보는 건 어떨까? 도시와 '나'의 관계에 대해 굉장히 새로운 발견을 하게 될 것이다. 내가 그랬듯이 말이다.

지금 살고 있는 미국의 프로비던스는 겨울이 무척 길고 춥다. 이 도시에서 나는 과연 앞으로 얼마나 더 살게 될까. 나이가 들어가면서 나는 변하고, 그 변화에 맞는 도시와의 만남이 이어질 것이다. 오래된 친구 서울에서 살 수도 있고, 지금까지 전혀 인연이 없는 새로운 도시에서 살 수도 있으며 지금 살고 있는 프로비던스에서 계속 살 수도 있다. 어떻게 될

지 누가 알겠는가.

　사람들은 내게 자주 묻는다. "어디에서 왔나요?" 글쎄, 나는 어디에서 왔을까? 내가 아는 건 이것이다. 그동안 거쳐온 수많은 도시들이 바로 내가 온 곳이다.

2019년 봄,
서울에서
로버트 파우저

차례

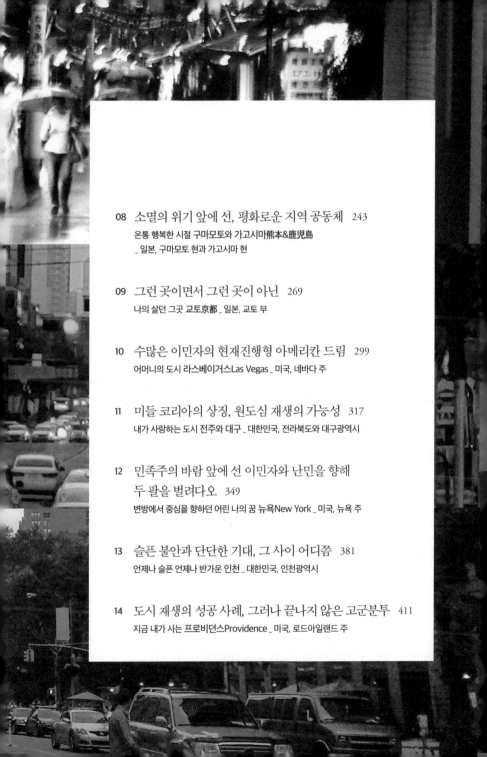

일러두기

1. 이 책은 미국인 저자 로버트 파우저Robert J. Fouser가 한글로 쓴 것으로, 2019년 출간한 『로버트 파우저의 도시 탐구기』의 개정판이다. 이를 위해 제목 및 표지를 바꾸었으며, 각 장마다 내용을 대폭 보완하고, 부산과 인천에 관한 장을 새롭게 추가했다. 흑백이던 초판본을 올컬러로 바꾸면서 이미지를 보완했음은 물론이다.
2. 이 책에 사용한 외래어는 기본적으로는 국립국어연구원의 외래어 맞춤법 기준에 따랐으나, 관용으로 굳어진 경우 그 용례에 따랐다.
3. 인명의 경우 꼭 필요한 경우에만 풀네임과 생몰년을 밝혔다.
4. 책에 사용한 이미지는 대부분 저자가 촬영하거나 소장하고 있는 것이며, 그밖의 자료 사진은 저작권 및 사용 허가 권한 유무의 확인을 거쳤다. 위키미디어 공용 사이트의 저작권 만료 또는 사용 제약이 없는 퍼블릭 도메인 이미지는 출처 표시를 생략했다. 이외에 추후 다른 절차 및 정보가 확인되는 경우 이에 따른 적법한 절차를 밟겠다.

01
모든 변방 도시의 숙명,
중심을 향한 구애

내 고향 **앤아버**Ann Arbor
_미국, 미시간 주

2014년, 서울을 떠나 29년 만에 고향인 미국 미시간 주 앤아버로 돌아갔다. 앤아버라는 도시를 알고 있는 한국 독자들은 얼마나 될까? 알고 있다면 대부분 미시간 대학교University of Michigan를 떠올리지 않을까?

앤아버의 역사는 미시간 대학교와 뗄 수 없다. 1817년 디트로이트에 설립된 미시간 대학교는 1837년 앤아버로 이전해왔는데, 이로부터 도시와 대학은 서로의 발전에 중요한 동력이 되어주었다. 미시간 대학교가 전국적으로 유명해지고, 학교의 규모가 커지면서 앤아버 역시 인구가 늘어나고, 마을은 어느덧 작지만 도시로서의 위상을 갖추기 시작했다. 당시 앤아버에는 독일인 이민자가 많이 살고 있었는데 공교롭게도 미시간 대학교를 다니는 교수와 학생은 도시의 동쪽에, 독일 이민자 출신의 상인과 장인은 서쪽에 모여 살았다. 이 두 지역을 나누는 경계선의 이름은 다름 아닌 분리로Division Street였다.

앤아버의 인구는 약 12만 명인데, 그중 14퍼센트가 아시아계다. 미국 중서부 지역에서는 가장 높은 비율이다. 도시의 핵심은 미시간 대학교지만 최근 들어 IT산업, 자동차 관련 연구 산업 등이 발전했다. 대학과 IT산업 등이 도시의 핵심을 이루고 있기 때문에 앤아버에 거주하는 25세 이상 성인 중 73퍼센트는 대학 졸업자이고, 이들 중 약 44퍼센트는 대학원을 졸업했다. 시민들의 교육 수준이 매우 높은 편이다. 이를 말해주듯 최근까지도 도시의 교육 수준을 알아보는 여러 조사에서 앤아버는 꾸준히 상위권을 유지하고 있고, 2022년 월렛허브Wallet Hub라는 개인 금융 사이트 조사에서는 1위를 차지했다.

앤아버 시민들은 정치에 관심이 많으며 지도자를 무조건 신봉하고 따르는 분위기를 매우 꺼릴 뿐만 아니라 자신들의 의견을 적극적으로 주장하는 데 거리낌이 없다. 이들은 현실적인 조건에 타협하기보다 더 나은 삶의 방식, 이상의 실현에 관심을 두고 더 나은 세상을 꿈꾼다. 이런 앤아버다움은 어디에서 어떻게 드러나는 걸까.

2018년 11월 6일. 미국에서는 중간선거가 치러졌다. 미국의 중간선거는 대통령 집권 2년차에 치러지는데 상원과 하원의원 그리고 공직자를 선출한다. 이 날의 가장 큰 뉴스는 민주당이 8년 만에 하원에서 과반수를 얻었다는 것이었다. 하지만 나에게 가장 큰 뉴스는 따로 있었다. 같은 날 앤아버 시가 소유한 토지의 사용 방안에 관한 시민들의 투표도 함께 치러졌기 때문이다. 그 투표의 결과가 나에게는 미국의 중간선거만큼이나 중요했고, 투표의 결과는 매우 만족스러웠다.

투표의 내용은 요약하면 이렇다. 앤아버 시내 공립도서관 바로 옆에는 시가 소유한 토지가 있다. 이 땅은 오랫동안 주차장으로 활용되었다. 하지만 언젠가부터 이 땅을 주차장으로 사용하는 것이 과연 바람직하냐는 의견이 대두되기 시작했고, 그런 여론을 의식한 시는 이 토지의 새로운 용도를 찾기 시작했다. 여러 방안이 등장했고, 2010년 말 드디어 두 개의 안으로 압축되었다. 하나는 주상복합 건물을 짓겠다는 쪽에 이 땅을 매매하는 것이었다. 또 하나는 시가 이 땅을 계속 소유하되 시민을 위한 공원을 만들겠다는 것이었다. 논쟁의 핵심은 어느 쪽이 공공을 위해 더 바람직한 선택이냐는 것이었다. 매매에 찬성하는 쪽은 더 큰 공익을 위해서라고 주장했고, 반대하는 쪽은 이 땅이 사유지가 되어버리면 더 이상 공익을 위해 사용할 수 없을 거라고 했다. 시 의회는 몇 차례 표

1880년 제작된 앤아버 조감도. 미국 국회도서관.

1985년 앤아버.

2015년 앤아버.

결을 거쳐 매매에 찬성하는 쪽으로 거의 결론이 나는 듯했다. 하지만 반대하는 시민들은 납득하지 않았고, 투표를 통해 결정해야 한다는 사람들의 서명을 받아 마침내 시민 투표를 실시했다. 찬반이 끝까지 팽팽했으나 매매에 반대하는 쪽이 53퍼센트로 승리를 거뒀다.

●

나는 2008년부터 2014년까지 서울에 살면서 경복궁 옆 서촌 등 오래된 동네를 재개발하려는 움직임에 반대해왔다. 찬성하는 사람들의 입장을 몰라서 그런 것은 아니었다. 그들에게 재산권은 무척이나 중요한 문제였다. 나 같은 반대론자에게는 역사와 자연이 공공의 소유이기 때문에 오래된 동네에 쌓여 있는 역사성을 보존하는 것이 무엇보다 중요하게 여겨졌다. 이는 우리에게 소중한 명분이었다. 그러면서도 타인의 재산권 역시 존중해야 할 대상이라고 여겼고, 역사성이 있거나 보호해야 할 자연 경관이 남아 있는 지역에서는 개인의 재산권과 공공성의 타협이 필요하다는 입장을 가지고 있었다. 이에 따라 정부는 개인의 재산권을 보호하면서 동시에 공익을 추구해야 할 의무가 있다고 생각했다. 하지만 이는 또 달리 말하면 개인의 재산권을 보호하려 노력하기는 하되 공익을 위해 과도한 재산권의 행사를 제한할 수 있는 권한을 가져야 한다는 의미이기도 했다. 서울에 살면서 서촌 등의 재개발에 반대할 당시의 나의 입장은 그런 것이었다.

앤아버에서의 내 입장도 크게 다르지 않았다. 땅을 매매하려는 시와 그 땅을 팔아서는 안 된다고 생각하는 시민들의 주장 모두 일리가 있었다. 땅을 파는 문제는 매우 신중하게 결정해야 하는 사안이었다. 시에서 판단한 대로 주차장 자리에 주상복합 건물을 지으면 일자리가 생기고 시에서는 세금을 걷을 수 있다는 장점이 있다. 하지만 이런 주상복합 건물을 꼭 여기에 지어야 할까? 주상복합 건물이 필요하다면 앤아버 시내에 있는 다른 주차장 자리에 지어도 상관없지 않을까?

앤아버 시내에는 미시간 대학교 캠퍼스가 있어 녹지가 많다고 여길 수 있지만 정작 잘 살펴보면 녹지를 거의 찾아볼 수 없다. 시민을 위한 축제나 시장, 음악회 등을 열 수 있는 공간도 없었다. 이런 상황을 놓고 보자면 시가 소유한 땅을 시민들을 위한 공원으로 만드는 일은 매우 매력적인 안이었다. 게다가 공공이 소유한 땅을 매매의 대상으로 삼아서는 안 된다는 원칙을 지키는 것도 매우 중요했다.

매매를 찬성하는 쪽의 입장은 달랐다. 설령 주상복합 건물을 짓지 않는다고 해도, 공원을 만드는 일에는 강하게 반대했다. 주차장 옆에 이미 작은 광장이 있는 데다가, 그 광장은 시민들이 자유롭게 활용하기보다 주로 노숙자들이 모여 있다고 했다. 노숙자들로 인해 이 근처를 지나가는 사람들은 위협을 느끼거나 불편해 하는데 만약 여기에 공원을 만든다면 노숙자가 더 모여들 것이고, 그렇다면 누가 그 공원을 이용하겠느냐는 것이 이들의 주장이었다. 나는 이런 이야기를 들을 때마다, 물론 겉으로 내색을 하지는 않았지만, 속으로는 이렇게 생각했다.

'그래서 노숙자를 어떻게 하라는 말인가요?'

어느 도시에 가도 노숙자는 존재한다. 그렇다고 노숙자 배제를 염두에 둔 도시 계획이 과연 대안일까? 노숙자를 둘러싼 정책의 결정은 매우 복잡하고, 그 해법의 제시는 개별 도시의 능력 밖일 수 있다. 도시 계획으로의 대책 마련은 현실적으로 어렵고, 오히려 시민 복지 차원에서 해결책을 찾는 쪽이 바람직하다. 노숙자를 배제하기 위해 공원을 만들지 않는 것보다는 기존의 노숙자 관련 시설 활성화를 위한 지원 방안의 마련이 올바른 방향이 아닐까?

주차장에 주상복합 건물을 세워 세금과 일자리를 창출하기보다 녹지가 가득한 시민공원을 더 원한다는 시민 투표의 결과는 앤아버 시민들이 어디에 더 큰 의미를 두고 살아가는지에 대한 하나의 상징이기도 하다. 그런데 나는 몰랐지만, 이는 오랜만에 보는, 매우 '앤아버다운' 일이었다.

●

앤아버다운 성향은 1960년대와 70년대에 더욱 두드러졌다. 1960년대 초 베트남 전쟁에 반대하는 학생 운동이 미국 전역을 휩쓸었는데, 그 시작점이 바로 앤아버, 즉 미시간 대학교였다. 이 학생 운동의 핵심 조직 본부였던 민주사회학생회Students for a Democratic Society를 미시간 대학교에서 설립했다. 학생회는 해산된 지 오래되었지만 그 역사는 이어지고 있다. 이 학생회의 초대 회장 앨런 해버Alan Haber는 여전히 앤아버에 살고 있으며, 주차장 땅을 매매하려는 움직임에 반대하는 시민 운동을 주도한 사람이 바로 그였다.

서울을 떠나 고향 앤아버로 돌아간 뒤 같은 동네 주민으로 앨런 해버를 알게 되었다. 그는 통찰력이 대단하고 무엇보다 앤아버 지역 정치를 지배하다시피 하는 민주당 '패거리'들의 눈치를 전혀 보지 않고 자신의 판단과 의지대로 활동하고 있었다. 그런 모습을 통해 그의 학창 시절을 짐작할 수 있었다. 가끔 이야기를 나눌 기회도 있었는데 그때마다 마치 '서태지와 아이들 세대'의 젊은 학생(=나)과 '386세대'의 운동권 형(=그)이 대화를 나누는 듯한 느낌을 받았다.

잘 알려져 있듯 1960년대 반전 운동은 미국 사회 전반에 걸쳐 매우 큰 자극을 주었고, 그로 인한 변화를 불러일으켰다. 반전 운동이 가져온 변화의 핵심은 제2차 세계대전 이후 미국 사회에 형성된 보수 문화에 반기를 들고 탄생한 진보적 문화의 거센 물결이었다. 진보적인 문화의 기준은 다름 아닌 개인의 해방이었다. 자본주의가 추구하는 이익의 가치보다 공동체 속에 매몰되기 쉬운 개인의 자유를 더 높은 가치로 인식했고, 이러한 변화의 상징으로 등장한 것이 바로 히피 문화였다. 공동체의 가치를 존중하면서도 음악이나 예술, 나아가 섹스와 마약을 즐기는 개인의 자유와 해방을 존중하는 히피 문화는 반전 운동이 활발했던 앤아버에서 매우 풍성하게 꽃을 피웠다.

고등학생 시절이었다. 어느 날 부모님과 1960년대의 앤아버에 대해 이야기를 나눈 적이 있는데, 아버지가 전해준 일화는 당시 앤아버의 분위기가 어땠는지 짐작하게 했다. 재산세를 내기 위해 아버지가 시청에 가신 날이었다. 시청 앞 주차장에서 작은 소동이 벌어지고 있었다. 경찰관들의 태도에 항의를 하러 온 히피 청년 몇 명이 시위를 하고 있었는데 그 방식이 매우 희한했다. 그들은 시청 앞에서 옷을 벗고 섹스를 하려고 했다! 이 시위 때문에 시청의 정문은 폐쇄되었고 아버지는 어쩔 수 없

1969년 앤아버 미시간 대학교에서 열린 반전 시위. 플리커@wystan 제공.

이 뒷문으로 돌아가 세금을 내야 했다. 이런 일이 당혹스럽기는 해도 말이 안 된다고 여겨지지는 않았다고 했다.

1960년대부터 앤아버의 동성애자들은 점점 자신들의 성 정체성을 드러내는 '커밍아웃'을 시작했고, 나아가 스스로의 인권을 지키기 위해 사회를 향해 자신들의 권리를 요구하고 나섰다. 그 이전까지만 해도 주로 뉴욕이나 샌프란시스코 등 몇몇 대도시에서는 동성애자들의 모임이 이루어지긴 했으나, 그밖의 지역에서는 보수적인 사회 분위기 때문에 자신들을 드러내기가 어려웠다. 하지만 앤아버는 도시의 규모는 크지 않으나 이미 반전 운동, 히피 문화 등에 열려 있었다. 1972년경에는 동성애자들의 인권 존중을 위해 만들어진 좌파 성향 지역 정당 인권당Human Rights Party의 시의원 후보 두 사람이 커밍아웃을 하기도 했다. 1974년에는 인권당의 시의원 후보인 캐시 코자첸코Kathy Kozachenko,

1953~가 당선되었는데, 레즈비언인 그녀가 커밍아웃을 함으로써 미국에서 실시한 선거에서 동성애자가 당선되는 사례를 만들어내기도 했다.

그로부터 40년 넘는 시간이 흐른 뒤인 2014년 내가 앤아버로 돌아가서 보니 변화는 여전히 이어지고 있었다. 자주 참석하는 동네 모임에 동성애 커플이 매우 자연스럽게 어울렸고, 이들은 모임의 공식 행사 등에 부부로 참여하는 데 전혀 거리낌이 없었다. 동성애자들에 대한 보수적인 시각이 워낙 견고한 한국과 일본에서 오래 살았던 터라 어쩌면 이런 앤아버의 분위기에 이질감을 느꼈을 법도 하지만 나 역시 기질적으로 앤아버 사람이기 때문에 매우 자연스럽게 그들과 이야기를 주고 받았다. 개인의 자유를 존중하는 앤아버와 앤아버 사람들은 다른 사람이 누구를 사랑하느냐에 대해서는 어떤 관심도 갖지 않고 심지어 화제로 삼지도 않는다.

미 전역에서 히피 문화는 1970년대 중반에 접어들면서 쇠퇴기로 접어들었다. 그러나 앤아버에는 여전히 그때의 흔적이 도시 곳곳에 남아 있다. 자본주의의 체제와는 거리가 멀었던 히피들의 특성상 이들은 검소하게 살았고, 누군가 쓴 물건을 다시 쓰는 것에 대한 거부감이 없었다. 그들이 애용하던 헌책방, 중고 옷집, 중고 음반 가게를 비롯해 자주 가던 건강 식품점과 빵집은 지금도 시민들의 사랑을 받고 있다. 이런 도시 분위기 덕분에 온라인 서점이 대세가 되기 전까지 앤아버는 책방의 메카라고 할 정도로 어디를 가나 책방이 많았고, 헌책방은 특히 더 많았다. 비록 2011년에 파산하긴 했지만, 한동안 세계적인 서점 체인으로 유명세를 떨친 보더스Borders도 앤아버에 본사를 두고 시작했다.

히피 문화는 쇠퇴해 갔으나 이후 등장한 펑크 문화와는 보수적인 기존 문화를 향한 저항 정신이라는 점에서 일맥상통하는 면이 있어 앤아버는 펑크 문화 역시 매우 자연스럽게 받아들였다. 당시 앤아버 펑크 문화의 성지는 스쿨키즈 레코드스Schoolkids' Records였다. 1998년 폐업했지만 한창 때는 사람들로 늘 북적였다. 다른 데서 구할 수 없는 수입 음반이 많아서 멀리서 음반을 구하러 오는 이들도 많았다. 새로운 음반이 나오는 날에는 문을 열기도 전부터 사람들이 길게 줄을 서서 기다리는 모습을 자주 볼 수 있었다. U2 팬이던 나도 1983년 추운 겨울 날 그들의 새 앨범《워》War를 사려고 줄을 선 기억도 생생하다. 이러한 개성 넘치는 문화를 받아들이는 데 열려 있던 도시 분위기는 이곳에 사는 사람들의 성향에도 영향을 미쳤다. 앤아버 사람들은 매우 개성이 강하고, 어디에서든 체제에 순응하기보다 자신들의 목소리를 적극적으로 내는, 속칭 '튀거나 튀고 싶어하는' 이들이 많았다. 내 고향 앤아버는 그런 곳이었고, 이곳에서 학창 시절을 보낸 나 역시 어쩌면 그런 성향을 도시로부터 물려받았는지도 모르겠다.

●

그렇다면 최근의 앤아버는 어떤 도시일까. 뜻밖에도 요 몇 년 동안 앤아버는 미국 정치 현상의 상징으로 자주 언급되곤 했다. 2016년 치러진 미국 대통령 선거 결과를 둘러싸고 드러난 뚜렷한 현상 중 하나가 앤아버와 미시간 주에서 두드러지게 드러났다. 투표 전 미국 전역에서 교육과 소득의 수준이 높은 화이트 칼라 또는 전문직 종사자들이 많이 사는 지역에서는 압도적으로 힐러리 클린턴을 지지했고, 도널드 트럼프는 철저히 외면했다. 누구도 트럼프의 당선을 짐작하지 못했다. 그러나 결과는 딴판이었다. 앤아버 역시 그랬다. 이곳에서 트럼프의 득표율은 12퍼센트에 불과했다. 하지만 앤아버가 속해 있는 미시간 주 전체의 결과는 달랐다. 트럼프가 매우 근소한 차이로 승리하는 바람에 1988년 이후 처음으로 미시간 주에서 공화당 후보가 승리하는 일이 벌어졌다.

2016년 선거 전날, 오바마 전 대통령이 힐러리 지지 연설을 위해 앤아버를 찾았다. 연설 장소는 집에서 걸어서 15분 거리에 있는 곳이었다. 앤아버의 많은 시민이 오바마를 보기 위해 모여들었고, 입장을 위해 선 줄이 길게 늘어섰다. 나 역시 이 줄에 서서 옆 사람들과 대화를 나눴다. 이들의 이야기에 따르면 미시간 주의 다른 곳에서는 이미 트럼프 열풍이 불고 있었다. 앤아버처럼 '잘 먹고 잘 사는' 동네는 선거의 진짜 분위기를 파악하지 못한다고 덧붙였다. 선거 전 오바마 전 대통령이 앤아버를 찾아온 것은 어쩌면 미시간 주의 분위기가 심상치 않다는 걸 알았기 때문인지도 모른다. 힐러리 클린턴도 어쩌면 오바마 전 대통령의 행보를 보며 미시간 주에서의 득표가 어려울 수 있음을 짐작하지 않았을까?

앤아버와 그외 지역의 차이는 어디에서 비롯한 걸까. 앤아버 시민들은 주류 언론을 주로 소비한다. 이들은 뉴스를 보고, 신문을 읽는 것이 일상화되어 있다. 인터넷이 생기기 전부터 『뉴욕 타임즈』의 구독률이 매우 높았고, 디지털화한 뒤 구독률은 더 높아졌다. 언론은 자신들을 주로 소비하는 독자들의 성향에 맞춰 뉴스를 편집하고 정보를 제공한다. 자신들이 제공하는 뉴스와 정보를 소비하지 않는 이들은 언론의 관심사에 포함되지 않는다. 누구도 의도하지 않았으나 결국 언론을 소비하는 이들이나 정보를 제공하는 이들 모두 스스로 보고 싶은 내용만 보고 싶은 대로 보고 마는 결과를 초래했고, 그래서 현실의 상황을 정확하게 전달하는 데 실패했다. 교육과 소득 수준이 높은 지역에 사는 사람들은 힐러리 클린턴을 주로 지지했고, 이들에게 알맞은 정보를 제공하는 언론 역시 그렇게 분위기를 파악하고 있는 동안 평소 언론의 소비와는 동떨어진 이들이 트럼프를 향해 보내는 지지의 실체를 그 누구도 정확하게 파악하지 못한 셈이다.

그리고 다시 돌아온 2020년 대선에서 미시간 주는 조 바이든 대통령을 선택했고, 앤아버에서의 트럼프 득표율은 2016년 11.8퍼센트에서 11.3퍼센트로 떨어졌다. 앤아버를 비롯한 교육 수준이 높고 전문직 화이트 칼라들이 모여 사는 지역은 전통적 양당 체제를 벗어나 점차 민주당의 표밭이 되어가는 양상을 보이고 있다. 공교롭게도 앤아버는 미국이 겪고 있는 정치 상황을 잘 보여주는 사례가 되었다. 하나의 국가 안에서 일어나는 이러한 정치의 이분화는 단지 미국만의 문제는 아니다. 이미 한국을 포함한 수많은 나라가 겪고 있는 문제이기도 하다.

●

나에게 앤아버는 그러나 이렇게 객관적인 대상으로만 바라볼 수 없는 곳이다. 익숙하다는 것은 대상이 가지고 있는 약점 역시 잘 알고 있다는 걸 뜻한다. 앤아버는 지금까지 이야기했듯이 교육 수준도 높고, 현실보다 더 나은 이상을 자신들의 삶 속에서 이루어내려는 의지도 강한 도시이기는 하지만 어쩔 수 없는 한계를 지닌 곳이기도 하다.

고향 앤아버를 떠올리면 연상되는 단어가 있다. 바로 열등감이다.

매우 안타깝고 서글픈 이야기지만 부인할 수 없다. 한국에서도 대학의 서열은 매우 민감하다. 이러한 서열에 대해 불만을 갖는 이들이 매우 많지만 엄연히 존재하는 현실이다. 미국도 다르지 않다. 대학의 서열이 매우 견고하다. 하버드가 상징하는, 소위 아이비 리그에 속하는 대학이 최상위다. MIT처럼 특정 분야에서 최고로 꼽히는 유명 사립 대학도 있다. 앤아버를 상징할 뿐만 아니라 앤아버 그 자체로 인식되는 미시간 대학교는 어떨까. 미시간 대학교는 연구 활동이 매우 활발하며, 대학원생 비중이 높다. 2017년 기준으로 연구비 순위에서 미국 대학 중 2위를 차지했고, 법대를 비롯한 수많은 전문 대학원은 미국 내 10위 안에 들 정도로 명문 대학으로 인정 받고 있다. 졸업생 중 노벨 수상자가 여덟 명이 있고, 제럴드 포드 전 대통령,『세일즈맨의 죽음』을 쓴 아서 밀러, 구글의 공동 창업자인 래리 페이지Larry Page 등이 미시간 대학교 출신이다. 비록 졸업은 못했지만 유명한 가수 마돈나가 무용학과에 다니면서 약 2년 동안 앤아버에 살기도 했다. 명문 대학으로 인정도 받고 있고, 재학생들 역시 만족도가 높지만 미시간 대학교는 아이비 리그가 아니다. 전 세계인들이 미국 명문 대학의 대명사로 여기는 아이비 리그는 역사상 미국의 지배 계층을 만들어낸, 미국의 중심에 속해 있는 대학이지만 미시간 대학교는 오대호 지방 가까이에 있는 지역의 유명 대학일 뿐이다.

미시간 대학교의 교수와 학생 들에게 만일 아이비 리그에 갈 기회가 주어진다면, 이 학교를 선택하는 이들은 많지 않을 것이다. 어쩔 수 없는 서열의 강고한 인식으로 인해 미시간 대학교 구성원들은 자신들을 스스로 '넘버 투'로 여기는 경우가 많다. 어쩌면 한국에서 서울대학교를 제외한 나머지 학교의 학생이나 교직원 들이 느끼는 것과 비슷할 수 있겠다. '넘버 투'라는 의식은 미시간 대학교만이 아니라 대학이 속해 있는 앤아버 전체로 확대해도 크게 다르지 않다. 앤아버는 인구가 12만 명에 불과한 작은 도시다. 대도시가 갖는 흥미진진하고 역동적인 자극을 찾기는 어렵다. 그래서 그런지 앤아버에는 유난히 대도시 뉴욕을 좋아하는 이들이 많다. 뉴욕은 누가 뭐라고 해도 미국의 전통적인 '넘버 원' 도시가 아닌가.

나 역시 미시간 대학교 출신이다. 1980년대 초 외국으로 단기 유학을 가는 방법을 알아보기 위해 대학 내의 국제교류센터를 찾았다. 나와 상담을 하던 직원 뒤로 다양한 사진과 포스터 등이 붙어 있었다. 그 가운데 뉴욕의 지하철 안내도가 눈에 띄었다. 상담을 마치고 사무실에서 나올 무렵 '뉴욕에 자주 가느냐'고 슬쩍 물으니 그는 '뉴욕을 정말 좋아해서 시간이 날 때마다 자주 간다'고 대답했다.

그 직원만 그런 게 아니었다. 이 무렵 앤아버에서는 어디든 '뉴욕식'이라고 하면 인기를 끌었다. 1982년에 개업한 징거맨즈는 초반에 '정통 뉴욕식 델리'로 홍보를 했다. 심지어 앤아버의 1인당 『뉴욕 타임즈』 구독률이 뉴욕보다 앞선, 전 미국 1위라는 사실을 자랑스럽게 여기는 앤아버 시민도 꽤 많았다.

사람은 누구나 자란 곳의 영향을 받는다. 나 역시 다르지 않다. 앤아버는 익숙하고 편한 곳이긴 했지만 언젠가 이 '넘버 투'를 벗어나 '넘버 원'의 세상에서, 엄청나게 큰 도시의 거리를 마음껏 누비며 살고 싶은 욕망이 내게도 있었다. 그 당시만 해도 나는 이 욕망의 정체를 정확하게 알지 못했다. 고등학교 1학년을 마친 1978년 여름, 도쿄 근교의 일본인 가정에서 홈스테이를 해볼 기회가 주어졌다. 어린 내게 세계 대도시 중 하

1908년 앤아버 미시간 대학교 근처. (출처. wystan, CC BY-SA 2.0, flickr 경유).

1945년 앤아버 미시간 대학교 근처. (출처. wystan, CC BY-SA 2.0, flickr 경유).

1980년대 앤아버 미시간 대학교 근처.

2019년 앤아버 미시간 대학교 근처.

나인 도쿄에서의 경험은 커다란 자극과 충격 그 자체였다. 도쿄에서의 여름이 끝나고 다시 '있던 곳'으로 돌아온 나는 이전의 내가 아니었다. 욕망의 정체가 분명해진 내 눈에 앤아버는 활기라고는 없는 그저 작고 지루한 곳이었다. 그래서 대부분의 앤아버 사람이 그렇듯 나 역시 뉴욕을 선망하고, 뉴욕을 선망하는 다른 이들의 마음이 어떤 건지 깊이 이해할 수 있었다.

고등학교를 졸업할 무렵, 대도시로 가는 것을 꿈꿨지만 이미 10여 년 전부터 뇌졸중으로 일손을 놓아야 했던 아버지의 사정으로 집안 형편이 썩 좋지 않았다. 미시간 주립 대학Michigan State University은 미시간 주 주민에게는 등록금이 비교적 저렴했다. 가정 형편을 생각한다면 나 역시 이 대학을 갈 수밖에 없었다. 대도시로 가는 걸 꿈꿨던 데다가 대학의 서열에도 민감했던 나는 앤아버 밖으로 나갈 수 없다면 그나마 '서열'이 높은 미시간 대학교라도 가고 싶었다. 미시간 대학교에 입학하지 못하면 미시간 주립 대학 외에 선택지가 없었다. 그런 내게 미시간 대학교 합격은 매우 다행스런 일이었다. 고등학교 때 일본에서 홈스테이를 했던 인연도 있고, 미시간 대학교는 특히 일본어 교육이 유명해서 입학 후 일본어 공부를 시작했다. 대학의 다양한 교육 과정도 만족스러웠고 캠퍼스 규모도 큰 편이라 지루할 틈 없이 열심히, 즐겁게 대학 시절을 보냈다. 하지만 한편으로 이 작고 변방에 있는 도시 앤아버를 언젠가 떠나고 싶다는 생각을 마음에 품었다. 평생 이 도시에서 살겠다는 생각은 단 한 번도 하지 않았다. 어디인지는 모르지만, 그 어딘지 모를 '중심'이 나를 기다리고 있을 것만 같았다.

변방의 도시로서 중심, 중앙을 향한 앤아버의 콤플렉스를 예전부터 정확하게 인식한 것은 물론 아니다. 앤아버에서 태어난 이래 석사 학위를 받을 때까지 나는 이 도시에서 줄곧 살았다. 그런 내 눈에 앤아버의 이런 특징이 정확히 보일 리 없었고, 객관적으로 바라본다는 건 더더욱 어려웠다.

중심을 향한 앤아버의 집착을 정확하게 발견한 것은 2014년, 그러니까 이 도시를 떠난 지 약 29년 만에 다시 돌아와 살게 되면서부터였다. 고향이긴 했지만 이미 부모님은 모두 돌아가셨고, 동생 역시 이곳을 떠나 로드아일랜드 주에 살고 있었기 때문에 가족이라고는 아무도 남아 있지 않았다. 내가 떠났던 것처럼 학창 시절 친구들 역시 대부분 자신들의 '중심'을 찾아 앤아버를 떠나 살고 있었다. 익숙한 얼굴들은 이미 전국적으로 흩어져 살고 있어서 고향에 돌아오긴 했지만 고향 같은 느낌은 전혀 없었다. 어릴 때부터 살았던, 지극히 익숙한 장소인데 어느덧 내게는 객지와 다를 바 없는 곳이 되어 있었다. 고향에 돌아와 살고 있으면서 고향의 옛모습, 그때 그 시절을 향한 그리움에 빠긴 매우 낯선 기분에 휩싸인 채 지내야 했다. 머리로는 여전히 나는 앤아버 사람이라고 생각하지만, 마음 한구석에서는 이제 더이상 그렇지 않다고 반박하는 목소리가 들리는 것 같았다.

고향이면서 고향의 느낌을 상실한 앤아버에 살면서 나는 비로소 이 도시를 제대로 바라볼 수 있게 되었다. 미시간 대학교의 존재감으로 인해 여전히 교육 수준이 매우 높고 문화 생활도 풍부하게 즐길 수 있다. 많은 유학생이 살고 있는 곳답게 도시 전체적으로 학구적이고 화이트 칼라 이민자 비율이 높아 다문화적인 분위기 역시 매우 훌륭하다. 교육 수준에 비례해서 주민들의 평균 소득이 높은 편이며 치안도 잘 되어 있고, 거리는 어디나 쾌적하고 카페와 식당의 수준도 높은 편이다. 춥고 긴 겨울 외에는 모든 면에서 매우 살기 좋은 도시임에는 틀림없다. 이런 이유로 미국에서 살기 좋은 도시를 조사하면 언제나 앤아버는 앞자리에 이름을 올린다. 2023년 현재 앤아버는 많은 도시가 꿈꾸는 매우 이상적인 곳일지도 모른다.

그럼에도 불구하고 앤아버는 여전히 미국의 변방에 머물고 있다. 많은 이들이 오늘도 앤아버에서 한때를 보낼지언정 언제라도 중심에 진입할 기회가 마련된다면 지체하지 않고 이곳을 떠나고 있다. 나와 내 친구들이 그랬던 것처럼. 앨런 해버 같은 '운동권 형'이 몇몇 남아 앤아버를 끝까지 사랑하고는 있으나, 그렇게 앤아버의 현재와 미래를 위해 기꺼이 일하는 이들의 수는 떠나려는 숫자에 비해 매우 적다.

나는 어느 쪽일까. 29년 만에 앤아버로 돌아가기로 마음먹을 때만 해도 이 도시의 미래를 위해 노력하고 싶었다. 하지만 이미 내가 알고 있던, 고향 앤아버는 어디에도 없었다. 얼마 동안은 고향에 돌아와서 좋았다. 어릴 적 내가 자란 집에서 돌아가신 부모님의 얼굴을 떠올리기도 했고, 미시간 대학교의 아름다운 캠퍼스를 거닐면서 대학 시절을 돌아보기도 했다. 여전히 훌륭한 시설을 갖춘 도서관에서 보고 싶은 책을 마음껏 보는 즐거움도 각별했다.

그러나 이런 대부분의 즐거움은 장소에 깃든 옛 추억을 떠올리는 기쁨이었을 뿐 현재의 앤아버에서 느끼는 감정이 아니었다. 어느덧 내게 앤아버는 익숙하고 편안한 고향이 아닌, 아는 사람이 거의 없는 낯선 고장이 되어버렸다. 이곳에서 더이상 미래를 꿈꾸며 살아야 할 이유가 내게는 사라졌다.

도시는 대학생들만을 위해 움직이는 듯했다. 젊을 때는 느끼지 못했는데, 나이 들어 돌아와보니 묘한 소외감이 느껴졌다. 또한 소속을 두지 않고 독립학자로 살아가고 있는 나를 보는 시선도 편치 않았다. '변방'일수록, '서열'에 민감한 곳일수록 '명함'이 중요하다는 것을 새삼스럽게 깨달았다. 한국에서 살 때 서울대학교 교수직을 그만두고 난 뒤 나를 바라보는 사람들의 시선의 변화를 느끼곤 했다. 그것과는 조금 다르지만 내 고향 앤아버의 사람들에게서 느껴지는 그 '눈길'이 조금은 쓸쓸하기도 했다.

1960년대 앤아버는 미국 역사의 중심에 서 있었다. 학생들의 반전 운동의 시작점이었고, 이상향을 꿈꾼 히피들의 천국이었다. 앤아버가 미국의 변화를 주도하고 있었고, 그 때문에 이 무렵은 앤아버의 황금기였다. 이 시기에 앤아버에 살면서 열정적으로 활동하던 이들은 마치 한국의 '386세대'가 민주화 운동으로 치열했던 '그때'를 그리워하듯 1960년대의 앤아버를 그리워 한다. 공립도서관 옆 주차장 자리에 주상복합 건물 대신 공원을 조성해야 한다고 주장했던 앨런 해버 역시 그런 '운동권 형' 중 한 사람이다. 개인의 이익보다 공공의 이익, 이윤보다 공익을 지향하고 주장하는 이들은 1960년대 앤아버가 품었던 이상향의 꿈을 꾸고 있는 것인지도 모른다. 시민이 투표를 통해 의회의 결정을 뒤집고, 공공의 이익을 위해 선택의 방향을 수정하게 한 것 역시 1960년대를 향한 그리움의 산물이 아닐까? 그 투표의 결과를 바라보며 박수를 치는 사람들이 많았다. 나 역시 그랬다. 하지만 우리의 박수의 의미는 조금 달랐다. 나는 투표 결과의 방향이 옳다고 생각했기에 박수를 보냈다. 하지만 앤아버에 오래 살던 이들은 아주 오랜만에 앤아버다운 모습을 볼 수 있게 된 점이 반가워 박수를 보냈다. 말하자면 나에게는 익숙하지만, 오늘의 앤아버로서는 아주 예외적인 모습이었던 셈이다.

●

앤아버에서는 어린 시절부터 살고 있던 집에서 계속 살기 위해 치러야 하는 비용이 아주 크다. 이 비용을 지불하면서까지 나는 앤아버에서 계속 살 이유를 찾지 못했다. 결국 2016년 고향을 떠나 동생이 살고 있는 곳으로 이주를 결정했다. 이사를 결정하며 내 머리를 스친 것은 토머스 울프Thomas Wolfe의 유명한 소설 제목이었다. 『그대 다시는 고향에 돌아가지 못하리』You Can't Go Home Again, 1940. 곱씹어보니 맞는 말이었다. 옛날의 내가 더이상 존재하지 않듯 옛날의 앤아버 역시 더이상 존재하지 않는다는 것을 나는 앤아버에서 깨달았다.

2014년 앤아버로 돌아오면서 나는 과거로 돌아온 셈이다. 2016년 앤아버를 떠나며 나는 비로소 미래를 향해 다시 떠나는 듯했다. 이삿짐과 함께 고향을 떠나며 나는 바랐다. 이 길이 다시 한 번 '변방'을 떠나 어딘지 모를 '나만의 중심'을 향해 이어지기를. 젊은 시절과 달라진 점이 있긴 하다. 변방과 중심은 장소가 아니라 내 안에 있다는 걸 이제 나는 알고 있다. 그러니 어디에 사느냐가 무슨 상관이랴. 더구나 이 글로벌하고 인터넷 천국인 시대에.

1979년에 살던 앤아버의 집.

1968년에 살던 앤아버의 집
마당에서 여동생과 함께.

1980년에 살던 앤아버의 집 마당에서.

오래전 내 기억 속 앤아버는 현실에 안주하지 않고 언제나 미래를 향해, 꿈과 이상을 향해 나아갔다. 그렇게 보자면 앤아버를 떠나기로 한 나의 결정이야말로 진정한 앤아버다운 것일지도 모른다. 어쩌면 앤아버를 떠날 수 있게 하는 이 힘이야말로 앤아버에서 태어나 자라며 내가 획득한 기질에서 비롯한 것은 아닐까? 동생이 살고 있는 로드아일랜드 주로 향하는 길 위에서 나는 문득 그런 생각을 했다.

그렇게 떠난 뒤 앤아버를 다시 찾은 건 2019년 8월 말 무렵이었다. 서울로 가는 길이었다. 앤아버가 목적지는 아니었다. 디트로이트 근처에 있는 크랜브룩 아카데미 오브 아트Cranbrook Academy of Art와 건축가 프랭크 로이드 라이트가 설계한 건축물을 보러 가는 길에 앤아버에 들러 하루를 머물렀다.

그 사이 새로운 건물이 몇 개 들어서고, 단골가게들이 문을 닫긴 했지만 크게 변한 건 없어 보였다. 마치 졸업생이 모교를 찾아온 듯한 기분이었다. 그런 마음으로 도시 곳곳을 둘러보았다. 이번에는 잠시 들르지만 다음에는 좀 더 오래 있어볼까, 하는 생각이 들기도 했다.

하지만 웬걸. 2020년 초 코로나19팬데믹으로 온 세계가 몸살을 앓았고, 그 때문에 앤아버에는 그뒤로 가보지 못했다. 떠나오긴 했지만 전지구적 재난 상황을 내 고향이 어떻게 견디고 버티고 있는지 걱정이 되었다. 앤아버에 살고 있는 고등학교 동창들의 페이스북 포스팅을 통해 간간이 소식을 접할 수 있어서 그나마 다행이었다. 친구들의 말에 따르면 미시간 대학교의 수업은 모두 온라인으로 전환했고, 교수들 역시 재택 근무를 하고 있다고 했다. 늘 붐비던 캠퍼스가 갑자기 인적이 사라지면서 시내 상권은 큰 타격을 입어 폐업 위기에 처한 가게와 식당 들도 늘어났다고 했다. 앤아버를 떠나와 살고 있는 프로비던스는 앤아버보다 크고 오래된 도시인 데다 지역 경제에서 대학 캠퍼스의 영향이 적은 편이어서인지 체감의 정도가 그만큼은 아니었다. 폐업의 위기를 겪고 있는 가게들 가운데는 대학교 1학년 때부터 단골로 다니던, 온갖 책이 보물처럼 쌓여 있던 헌책방도 있었다. 어떻게든 버텨보려고 모금 운동을 한다는 소식을 듣고, 걱정되는 마음에 성금을 보내기도 했다. 나 같은 사람이 많았는지 폐업은 면했다는 소식을 듣고 무척 반가웠지만 다른 곳들의 상황은 희망적이지 않았다.

안타까운 것은 단지 코로나19팬데믹으로 인한 지역 경제의 침체만이 아니다. 멀리 떠나 있으니 더 잘 보인다고 해야 할까. 점점 보수화되어가는 앤아버의 정치 성향은 우려가 될 정도다. 압도적인 민주당 표밭이라고 해서 보수적이지 않다고 할 수는 없다. 내가 앤아버에서 자랐을 때만 해도 공기처럼 물처럼 반골 정신, 대안 문화, 그리고 새로운 것에 대한 관심이 도시 전체에 가득했다. 그 핵심은 권력에 대해 언제나 물음표를 던지는 데 있었다. 즉, 권력이 요구하고 의도하는 대로 협력하고 항복할 것인가, 거기에 물음표를 던지고 다른 생각을 제시할 것인가의 기로에서 선택할 때도 있었고, 권력이 잘못된 힘을 행사하면 들고 일어나 싸우기도 했다. 미국에서 오래 억압 받은 흑인들이 인권을 위해 싸울 때도, 한국인들이 민주화를 위해 싸울 때도 이런 정신이 바탕이 되었을 것이다. 물론 때로는 이러한 이른바 반골 정신이 '운동을 위한 운동' 같은 매너리즘에 빠질 수도 있지만 권력을 향해 물음표를 던지지 않으면 그 사회는 활기가 사라지고, 나아가 발전도 없다. 그저 건조하고 허망한 세상과 마주할 뿐이다.

오늘날 앤아버 시민들의 관심사는 주어진 제도 안에서 무언가를 성취하는 것에 집중되어 있는 듯하다. 따라서 권력에 질문을 던지기는커녕 매우 순응하고 있고 때로는 기꺼이 굴복한다. 권력에 질문을 던지고 새로운 세상을 꿈꾸는 제2의 앨런 해버나 캐시 코자첸코 같은 사람이 미국 어디에선가 다시 나타날 수도 있을 것이다. 하지만 이런 상태로 계속 간다면, 단언컨대 적어도 앤아버에서는 아닐 것이다. 앤아버는 예전에 내가 알던 그 앤아버가 아니다.

더 프리텐더스The Pretenders의 〈나의 도시가 사라졌다〉My City Was Gone라는 노래를 좋아한다. 1982년 이 노래가 나왔을 때 나는 미시간대 학생이었다. 그 시절의 나는 앤아버가 사라진다는 일은 상상조차 하지 않았다. 2010년대 중반에 이르러 오래 떠나 있던 고향, 앤아버로 다시 돌아와 살면서 어쩐지 내 마음속 앤아버는 이미 사라진 듯했지만 받아들이고 싶지 않았다. 다시 앤아버를 떠나 살면서 오래전 내가 알던 앤아버는 이미 사라졌음을 인정했다. 앤아버는 지금도 그 자리에 그대로 있지만, 오늘의 앤아버를 나의 앤아버라고 말할 수는 없다는 걸 알았기 때문이다. 옛 추억을 떠올릴 수 있다는 이유만으로 오늘날의 앤아버가 나의 앤아버가 되는 건 아니다. 고향을 잃어버렸다는 상실감으로 한동안 힘들었다. 그러나 시간은 또 흐르고, 이제는 그 사실을 있는 그대로 받아들이고 있다. 비슷한 상실을 이미 경험했을, 고향을 떠나 살고 있는 모든 이들처럼 나도 조금은 담담한 마음으로 오늘의 앤아버를 찾을 날이 조만간 올 것이다. 고향을 떠나 사는 이들에게 나의 살던 고향은 어디에도 없고, 그저 마음속 어딘가에 간직할 도리밖에 없다는 걸 깨닫고 나서 비로소 얻은 마음이다.

02

배타성의 빗장을 풀고,
더 넓은 세계와 소통한다면

최초로 만난 나라 밖 도시 **도쿄東京**
_ 일본, 도쿄 도

도쿄는 처음으로 미국을 벗어나 경험한 외국 도시였다. 고교 시절의 일이었다. 그때로부터 오늘날까지 몇 번이나 다녀왔는지 헤아리는 게 어려울 정도다. 갈 때마다 여기저기 산책을 많이 다닌다.

2017년 봄날의 하루도 그렇게 길을 나섰다. 익숙한 곳보다는 낯선 곳을 주로 걸었다. 가구라자카神樂坂에서는 우연히 발견한 빵집에 들렀다. 크루아상의 향기에 끌려 나도 모르게 들어갔다. 파리의 빵집을 떠올리게 하는 곳이었는데 인테리어 디자인 역시 훌륭했다. 내가 앉은 자리 옆에는 외국인 두 명이 앉아 있었다. 자연스럽게 이야기를 나누게 되었고 파리보다 맛있는 빵이라는 데 의견의 일치를 이루었다. 종일 가구라자카를 걸었다. 저녁은 숙소인 닛포리日暮里 에어비앤비 근처 오래된 라멘집에서 간단하게 해결했다. 닛포리는 서민들의 동네다. 오래된 작은 가게와 식당이 많고 주인들은 대부분 나이가 지긋하다. 20세기 중반 무렵부터는 한국인이 많이 살고 있고, 최근 들어 중국인을 비롯해 다른 외국인도 많이 살기 시작했다. 외국인들이 대도시에 진입할 때 주로 그 도시의 서민들이 사는 곳에서 시작하는 경우가 많은데 닛포리 역시 그런 유형인 셈이다.

낮에 다녀온 가구라자카가 파리, 즉 서양을 바라보는 '모던 도쿄'라면 닛포리는 에도의 서민 문화가 남아 있는 '올드 도쿄'다. 같은 도쿄 안에 있지만 매우 다르다. 어쩌면 가구라자카와 닛포리는 도쿄라는 큰 도시의 성격을 잘 보여주고 있는지도 모른다.

도쿄는 전통적으로 야마노테山の手와 시타마치下町로 나뉜다. 비교

적 높은 지대에 자리잡은 야마노테에서는 에도 시대에 각 번藩이 소재했던 연락 사무소가 있었기 때문에 주로 지배 계층이 살았다. 메이지 유신明治維新 이후에는 새 정부의 관료와 신흥 부르주아지가 살았다. 1868년 메이지 천황이 왕정복고를 내세워 단행한 메이지 유신으로 일본은 근대적인 통일국가가 되었고 본격적인 근대화를 추진하기 시작했다. 영국이나 프랑스 그리고 독일 같은 서양의 주요 선진국처럼 강대국을 꿈꿨던 메이지 정부는 서양의 제도와 문물을 적극적으로 도입했고, 지배 계층은 제도와 문물을 넘어 생활 방식과 풍습까지도 서양의 것을 따라하기 바빴다. 메이지 정부는 자신들의 전통의 근거지인 아시아로부터 벗어나 서양의 강대국과 어깨를 나란히 하는 국가가 되기를 희망했다. 당시 일본의 대표적인 사상가 중 하나였던 후쿠자와 유키치가 제시한 탈아입구脫亞入歐는 바로 그런 일본의 기치旗幟가 되었다.

20세기에 접어들면서 도쿄는 명실상부 세계 주요 도시로 부상했고, 서양의 문화를 적극적으로 도입하려는 경향은 그대로 이어졌는데 야마노테가 역시 그 진원지 역할을 했다. 오늘날 경제대국이라 불리는 일본을 움직이는 대졸 화이트 칼라 계층이 주로 야마노테에 살고 있는 것도 그런 연원에서 비롯했다고 할 수 있다.

시타마치는 에도 시대부터 상인들의 동네였다. 도쿄의 옛이름인 에도는 1603년부터 1867년까지 이어진 에도 막부 시대의 중심지였다. 1603년 에도 막부가 정권을 잡은 이래 빠른 속도로 커지면서 1720년에는 인구 수가 무려 100만 명을 넘으면서 세계적으로도 큰 도시가 되었다. 이 시기에는 지방행정구역인 각 번에서 의무적으로 에도에 지부를 두어야 했고, 각 번의 지도자라 할 수 있는 번주藩主나 막부의 유력자인

PLAN DE JEDO,
A. *Palais de l'Empereur*
B. *Nponbas ou le Pont du Japon*

Echelle d'une lieue ou 2500 Toises

Partie du Golphe de Jedo

Faubourg de Sinagawa

1752년 제작된 에도 시대 도쿄 지도.

다이묘大名는 정기적으로 에도를 찾아야 했다. 수도와 지역의 교류가 잦아지면서 상업적인 요구가 늘어났고, 이에 따라 시타마치에는 상인들이 모여들기 시작했다. 메이지 유신 이후 도쿄로 불리면서부터는 공업화가 전격적으로 이루어졌다. 시타마치를 중심으로 공장이 들어서면서 많은 노동자가 이곳에 몰려들었고 작은 가게와 공장, 사무실이 주로 들어섰다. 시타마치는 더욱 더 서민의 색채가 강해졌다. 서양의 문화를 적극적으로 받아들인 야마노테에 비해 경제적으로 여유롭지 않고, 새로운 문화를 받아들이는 데 상대적으로 보수적이어서 서양의 문화에 별관심을 두지 않았다.

야마노테와 시타마치는 도쿄의 두 가지 특징을 잘 보여준다. 서양의 문화를 받아들이는 데 거부감이 없고 적극적으로 누리려는 화이트칼라, 그리고 공동체의 전통문화를 유지하고 있는 서민들의 모습은 도쿄의 현재와 역사를 각각 상징한다.

수많은 도시와 공동체가 제국주의의 침략과 근대화 과정을 겪으면서 서양의 문화를 받아들였다. 하지만 도쿄의 경우는 다른 도시들과는 그 양상이 달랐다. 앞에서 말했듯 탈아입구를 기치로 내걸면서 서양 문물과 제도를 국가 차원에서 매우 적극적으로, 스스로 받아들였고 변화는 매우 급격하게 이루어졌다. 때문에 오늘날의 도쿄 곳곳에서는 서양 문화를 받아들이려는 노력과 전통문화를 보존하려는 모습을 동시에 만날 수 있다.

우에노 공원은 그런 면에서 내 눈에는 매우 상징적인 장소로 보인다. 도쿄에는 미술관과 갤러리가 아주 많고, 1년 내내 흥미로운 전시가 열린다. 도쿄에 갈 때마다 어떤 전시를 보러 갈까 찾아보는 일은 내 여행 계획의 필수다. 우에노 공원 안에 있는 국립서양미술관은 언제나 검색 대상에서 빼놓지 않는다. 비록 상설 전시는 서양의 내로라하는 미술관만큼은 못하지만 특별 전시는 갈 때마다 실망시키지 않는다. 설립 이후부터 오늘날까지 일본인들에게 서양 미술을 즐길 수 있는 기회를 꾸준히 제공해왔으며, 서양 미술을 향한 일본인의 취향을 잘 반영하고 있다. 서양 문화의 수용과 일본인들의 '탈아'를 위한 노력을 상징한다고도 볼 수 있다. 건물을 보는 즐거움도 빼놓을 수 없다. 콘크리트로 만든 이 미술관의 본관은 세계적으로 유명한 르 코르뷔지에의 설계로 1959년에 지어졌으며, 2016년 유네스코가 세계문화유산으로 지정할 만큼 건축적으로도 높게 평가 받고 있다.

우에노 공원에는 국립서양미술관만 있는 게 아니다. 도쿄국립박물관도 가까이에 있다. 본관, 동양관, 효케이表慶관, 호류지法隆寺 보물관, 헤이세이平成관 등 모두 다섯 동의 건물로 이루어진 이 박물관은 일본 전통미술의 중요한 작품을 대거 소장하고 있다. 본관이 1882년 지어졌으니 그 역사를 짐작할 수 있다. 비록 본관의 건물은 1923년 간토대지진으로 유실된 뒤 1938년에 다시 지어졌지만 그 역사성이 사라진 것은 아니다. 다른 관도 볼거리가 많지만 그 가운데 특히 호류지 보물관은 매우 중요하다. 뉴욕근대미술관MoMA 등을 설계한 다니구치 요시오谷口吉生의 작품이기도 한 이 건물에는 불교 미술의 보물들이 소장되어 있다. 불상과 불화를 특화시켜 박물관을 구성한 것은 그만큼 불교가 일본의 문화에 얼마나 큰 영향을 미쳤는가를 말해준다. 인도에서 발원한 뒤 중국과 한반도를 통해 일본으로 들어온 불교의 유입 경로는 그 자체로 일본 문명이 어디에서 기원한 것인지를 상징한다.

우에노 공원에서 하루를 보내노라면 외부 문명을 받아들이는 일본의 태도에 대해 저절로 생각하게 된다. 국립서양미술관을 통해서는 서양 문화를 적극적으로 수용한 근대 일본을, 도쿄국립박물관을 통해서는 외부 문명이라고 할 수 있는 불교 문화를 받아들였던 역사 속 일본을 만날 수 있다. 어쩌면 우에노 공원 안에 서양미술관과 박물관을 함께 배치한 데에는 받아들이는 문명도 다르고, 시대도 다르지만 자국의 이익을 최우선으로 삼아 밖의 문화를 얼마든지 수용하는 일본 역사의 서사를 강화하려는 의도가 깔린 것일지도 모르겠다.

●

나에게는 또 다른 도쿄가 있다. 일본과의 인연은 1978년 여름 무렵부터였다. 고등학생이었던 나는 특별한 인연으로 도쿄 인근 가와사키 시 유리가오카역 근처 일본인 가정에서 홈스테이를 하게 되었다. 내가 머문 이 집 가족은 오랫동안 야마노테 문화의 대표적 장소라 할 수 있는 세타가야구世田谷区에 살았다. 가족 모두 야마노테 문화를 매우 잘 받아들이고 있었다. 아버지는 화이트 칼라 공무원이었는데 늘 '일본이 세계를 잘 몰라서 제2차 세계대전을 치렀다, 앞으로 전쟁을 피하기 위해서라도 일본인들은 세계를 잘 알아야 한다'고 말하곤 했다. 어머니는 서양 요리에 익숙했고, 솜씨가 매우 좋았다. 딸은 고등학교 시절 미국에서 1년 동안 홈스테이를 한 경험으로 영어를 무척 잘했고, 이후 도쿄대에서 언어학을 공부하면서 러시아어를 익혔다. 학교 졸업 후에는 외교관이 되었다. 아들 역시 미국에서 홈스테이를 하고 싶어 해서 내가 어머니에게 부탁, 그해 가을부터 미국 우리집에서 홈스테이를 하기도 했다.

말하자면 이 가족은 일본 전후 사회에 등장한 중산층 국제파라고 할 수 있다. 그 이전에 등장한 상류층 국제파와는 또 달랐다. 메이지 유신 이후 전쟁 전까지 일본에는 국제파가 등장했는데 이들은 주로 귀족이나 신흥 부르주아지 계층 출신이었다. 당시만 해도 해외 유학이나 외국인과의 교류는 이들 상류층이 거의 전유했다. 교류의 수준은 사교 모임에서 만나서 환담하는 정도가 아니었다. 일본의 무기상 오쿠라 기하치로大倉喜八郎는 도쿄 한복판에 제국호텔을 새로 짓기 위해 미국의 유명한 건축가 프랭크 로이드 라이트를 초대했다. 오쿠라는 조선의 문화재를 일본으로 빼돌린 것으로 유명한 인물로, 그는 경복궁의 자선당資善堂을 해체해간 뒤 도쿄 오쿠라 호텔 안에 옮겨 세워 '조선관'으로 이름을 붙인 뒤 1917년경 공개를 하기도 했다. 새로운 제국호텔을 위해 이 호텔에 머물렀던 라이트가 이때 처음으로 조선의 온돌 문화를 경험했고, 이후 온돌 방식의 난방에 관심을 보인 그가 1930년대 설계한 '유소니아식' 주택에 온수 파이프식 바닥 난방 시스템을 개발, 설치했다는 것은 널리 알려져 있다.

세계적인 건축가를 불러들여 설계를 맡긴 오쿠라는 메이지 시대의 신흥 부르주아지였고, 당시 일본 상류층 사이에서 이런 사례는 한둘이 아니었다. 이들의 자제들에게 해외 유학은 자연스러웠고 그렇게 유학을 다녀온 뒤 일본의 새로운 시대의 선봉에서 정재계를 이끌었다. 오쿠라의 아들 오쿠라 기시치로大倉喜七郎 역시 영국 케임브리지 대학교를 졸업하고 일본 자동차 산업에 기여했다. 제2차 세계대전 이전까지만 해도 이러한 풍조는 상류층에 국한되었다. 하지만 전쟁 이후 그 양상은 다소 변했다.

제2차 세계대전 이후 등장한 새로운 '국제파'는 내가 홈스테이했던 집의 가족처럼 주로 도쿄에 모여 살았고, 도쿄대·와세다대·게이오대 등 도쿄에 있는 명문 대학이나 일찌감치 외국인 교수를 임용하고 영어수업과 해외 교류 프로그램을 다양하게 갖춤으로써 국제파 양성에 특화한 조치上智대·국제기독교대, 도쿄외국어대 등을 통해 양성되었다. 이들에게 영어는 필수였고, 여러 대학에서 이미 다양한 교육 프로그램을 접할수 있어 해외 유학의 필요성이 크게 대두되지는 않았다. 학교를 졸업한 뒤 정부와 대기업에서 일하면서 해외 업무를 주로 맡았던 이들에게는 조직의 필요에 따라 해외 파견의 기회가 주어졌고, 일본의 국익을 위해 일한다는 자부심이 강했다. 하지만 이들의 사회적 영향력은 2000년대 접어들면서 급격히 줄어들었다. 일본 사회에서 해외에서의 체류 또는 유학의 경험이 더이상 특별한 일이 아닌 것으로 받아들여지면서 자연스럽게 이에 대한 사회적 가치가 떨어지면서 관심도 낮아졌다. 그리고 어느덧 '국제파'는 일본의 성장 시대 산물처럼 여겨지게 되었다.

1978년 도쿄 지하철 개찰구.

유리가오카에서 야마노테 출신의 이 가족과 함께 살면서 나는 자연스럽게 '야마노테 국제파'의 취향으로 도쿄를 만날 수 있었다. 오랫동안 야마노테 문화권이라 할 수 있는 세타가야구에 살았던 이 가족에게 도쿄 패션 메카인 시부야는 물론이고, 오늘날 힙스터 동네로 유명한 시모키타자와도 이미 익숙한 곳이었다. 그 무렵 아오야마의 고등학교를 다니고 있던 아들을 따라 학기 중에 몇 번 학교에 가본 적이 있다. 수업을 마친 뒤 시부야나 오모테산도에 들르는 것이 매우 자연스러웠다. 방학이 되면서부터 행동 반경은 훨씬 넓어졌다. 긴자나 아사쿠사 같은 유명 관광지로도 다녔지만 당시 10대들이 좋아하던 시부야나 하라주쿠에서 다른 친구들과 함께 모여 놀았다. 그후로 지금까지 도쿄에 가면 오모테산도에 가곤 한다. 어쩌다 교복을 입은 학생들을 보게 되면 1978년 여름, 그 거리에서 함께 큰소리로 웃으며 몰려다니던 그 시절 나와 친구들이 떠오른다.

그때는 잘 몰랐지만 돌이켜보면 이들 가족 덕분에 나는 '국제파의 눈'으로 도쿄를 볼 수 있었던 것 같다. 1978년경에 이미 시부야, 아오야마, 오모테산도, 하라주쿠 등은 도쿄에서 가장 '서양화'된 지역 중 하나이자 야마노테 문화의 정점이었다. 새로운 유행은 여기에서 시작했고 거리에는 외국인이 많았다. 크루아상이나 파스타, 초콜릿 모두 맛이 있었다. 온 세상의 음식이 이 거리에 다 있었고 그 수준 역시 매우 뛰어났다. 패션도 마찬가지였다. 집단주의는 일본의 상징처럼 여겨지지만 그것이 편견일 뿐이라는 것을 이 거리를 거닐다보면 저절로 알 수 있었다. 집단

1970~80년대 도쿄 긴자 엽서.

1978년 홈스테이하던 집의 일본인 친구가 다니던 도쿄 아오야마 고등학교에서.

주의로부터 해방된 자유로운 패션으로 거리를 누비는 젊은이들은 마치 패션쇼를 보는 것 같은 느낌을 주곤 했다.

1978년 여름, 도쿄와의 만남은 말할 수 없이 흥미로운 경험이었다. 이들이 수용하려는 영어 문화권에서 온 나였지만 내게는 도쿄가 인생 최초로 경험한 세련되고 멋진 도시였다. 정작 내가 사는 미국의 앤아버에서는 그럴 듯한 카페 문화를 거의 경험하지 못했는데 도쿄에는 이미 수많은 카페가 있었고 커피는 이전의 것과는 비교할 수 없을 만큼 맛이 좋았다. 상상할 수 없는 다양한 요리를 쉽게 맛볼 수 있었고 젊은이들의 패션은 신기했다. 지하철이나 도시의 활기찬 분위기는 짜릿할 만큼의 자극이었다. 홈스테이가 끝난 뒤 앤아버로 돌아왔을 때 나는 한동안 도쿄에 대한 그리움에 휩싸였다. 그럴수록 고향 앤아버는 답답하기 짝이 없는 촌동네일 뿐이었다. 내가 경험한 도쿄는 이미 아시아라는 지역에 속해 있다기보다 국가와 대륙의 경계를 초월해 세계 속의 도시가 되어 있었다.

그 이후로 내가 경험한 도쿄는 한동안 크게 다르지 않았다. 1982년 대학생 때 다시 도쿄로 향했다. 여름방학을 이용해 일본어 연습을 더 하고 싶었기 때문이었다. 고등학교 때보다는 일본어 실력이 좋아져서 훨씬 자신감 있게 도쿄 곳곳을 돌아다녔다. 주로 다닌 곳은 역시 시부야, 아오야마, 롯폰기 등 '야마노테' 문화권이었다. 늘 새로운 유행을 만들어내는 곳도 여기였고 새로운 유행을 좇으려는 이들이 찾는 곳도 여기였다. 이 무렵 이 지역과 이곳을 상징하는 문화는 모두 '나우이'로 불렸다. 영어의 'now'에 일본어 형용사 어미인 'い'(이)를 붙여 'ナウい'(나우이)라는 신조어를 만들어 낸 것이다. 젊은 사람들은 대부분 나우이 지역에서 놀고 싶

어 했고, 그 문화를 즐겼다. 나도 역시 그랬다. 당시 등단한 지 3년 남짓된 무라카미 하루키는 매우 신선한 나우이였다. 일본어 공부를 위해 소설을 한 권 읽는 것이 도움이 될 것 같아 그가 1980년 발표한 『1973년의 핀볼』을 읽었다. 일본어를 본격적으로 공부하기 시작한 지 2년 남짓밖에 지나지 않았을 때였다. 비록 모르는 한자가 많아서 읽기 힘들었지만, 나우이 작가의 작품을 읽었다는 자부심이 컸던 것으로 기억한다.

●

그뒤로부터 지금까지 도쿄는 나에게 아주 친숙한 도시다. 1995년 교토 리쓰메이칸立命館 대학에 교수로 임용된 이후 2008년 서울대학교 교수로 올 때까지 나는 줄곧 교토와 규슈 지역에 살았다. 출장이나 개인적인 일로 도쿄를 수시로 드나들었다.

그때마다 거의 빼놓지 않고 들르는 곳이 몇 군데 있는데 역시 진보초를 꼽지 않을 수 없다. 세계 어느 도시에서도 진보초 같은 곳을 보지 못했다. 서점 밀집 지역인데다 헌책의 메카이며 옛날 지도와 엽서, 음반은 물론이고 고가로 거래되는 에도 시대 그림 우키요에도 어렵지 않게 만날 수 있다. 이 거리에서 가장 좋아하는 곳은 헌책방 잇세도一誠堂서점이다. 일본어로 된 인문서는 물론이고, 다양한 문화권의 여러 언어로 된 책들도 볼 수 있다. 학문적 향기로 가득찬 이곳만의 독특한 분위기도 마음에 들어 진보초에 가면 발길이 저절로 향한다.

진보초 뒷골목에는 오래된 카페와 식당도 많은데 그 분위기가 다른 곳과 사뭇 다르다. 20세기 초, 여러 대학이 근처에 들어서기 시작하면서

1982년 도쿄 신주쿠.

1982년 도쿄 하라주쿠.

1982년 도쿄 요요기 공원.

1982년 도쿄 시부야.

1982년 도쿄.

1982년 도쿄 다카다노바바.

1982년 도쿄.

1982년 도쿄 긴자.

차츰 형성되었다고 하니 벌써 100년이 훌쩍 넘는 역사를 지니고 있다. 한 지역에 같은 아이템을 중심으로 형성된 상가가 이렇게 오랫동안 유지되는 경우는 전 세계적으로도 유례가 없다고들 한다. 그 아이템이 더구나 책이라니 더욱 놀랍다. 전통과 상업을 존중하는 일본인의 성향 때문에 가능한 일이라고 생각한다.

진보초는 굳이 따지자면 야마노테보다는 시타마치의 특징을 반영하고 있다. 새로운 유행을 만들어내고 그것을 따르는 이들로 변화무쌍한 분위기가 아니라 이미 자리잡은 질서를 존중하고 그것을 계승하는 주인들과 이런 변함없는 거리를 사랑하는 사람들이 찾는 곳이라는 점에서 그렇게 말하고 싶다.

그렇다고 해서 진보초가 화석화된 거리라는 뜻은 아니다. 이곳에서는 새로운 변화도 이어진다. 그 가운데 2010년대 문을 연 한국어 서점 책거리チェッコリ를 빼놓을 수 없다. 이 서점은 도쿄에 갈 때마다 찾는 곳이기도 하고, 한국어로 쓴 『외국어 전파담』과 이 책의 초판본인 『로버트 파우저의 도시 탐구기』의 북토크를 두 번이나 했던 인연이 있는 곳이기도 하다. 한국에 대한 관심을 갖는 일본 독자들에게 한국의 책을 접할 수 있게 해주는 곳으로, 내게는 도쿄에서의 소중한 인연 중 하나로 이어진 장소이기도 하다.

진보초가 시타마치의 특징을 반영한다면 야마노테의 특징 역시 도쿄 곳곳에서 만날 수 있다. 1990년부터 미술과 문화를 주제로 글을 쓰곤 했는데 도쿄는 매우 훌륭한 취재 장소가 되어주었다. 일본 현대미술의 중심이 도쿄이고, 앞서 말했듯 숨이 찰 만큼 다양한 전시가 1년 내내 이어지기 때문이다. 사진에 관심이 많은 내게 도쿄에서 열리는 사진전은

2015년 도쿄 진보초.

2023년 도쿄 진보초.

여전히 굉장한 자극이다. 1990년경만 해도 인터넷보다는 잡지에서 관련 정보를 많이 얻었고, 『미술 수첩』은 내가 사랑하는 잡지였다. 도쿄에는 그때나 지금이나 특색 있는 갤러리가 매우 많다. 유명한 작가들의 작품을 주로 소개하는 상업적인 갤러리도 있고, 이제 막 출발하는 신진 작가들이 갤러리를 대여해서 작품을 공개하는 곳도 많다. 덕분에 나 같은 미술과 사진 애호가는 유명한 작가들의 작품과 젊은 작가들의 실험적인 작품을 한 도시에서 누릴 수 있다.

이러한 문화적 혜택을 누릴 수 있다는 점에서는 런던이나 뉴욕과 비슷하지만 다양성 측면에서는 도쿄가 훨씬 더 열려 있다는 느낌도 받곤 한다. 그런 반면에 런던이나 뉴욕에는 이민자가 많고 외국인에 대한 차별을 금지하는 법이 확실해서 법적인 보호가 비교적 강하다면 도쿄는 상대적으로 외국인에 대한 보호 장치가 취약하다. 따라서 사회적으로 닫혀 있다는 느낌을 많이 받곤 하는데, 미술이나 음악 등 문화적인 다양성이 세계 어느 도시 못지않게 풍부하다는 점은 아이러니하게 느껴지기도 한다.

내게 도쿄는 늘 다양한 자극을 주는, 놀기 좋은 도시다. 대학교수로 일하면서 오래 살았던 교토의 전통적 분위기가 심오하게 느껴졌다면 도쿄는 밝고 유쾌한 느낌을 주는 도시였다. 어쩌면 처음 도쿄와 만났던 1978년과 1982년에 주로 접한 곳들이 야마노테스러운 분위기였기 때문에 그때 받은 인상이 지금까지 줄곧 이어지고 있는 건지도 모른다. 교토에 비하면 짧지만 도쿄는 미국의 어느 도시보다 역사가 오래된, 유서가 깊은 도시다. 새로운 도시가 아니면서도 늘 새로운 분위기로 터질 듯한 활기가 느껴져 갈 때마다 유쾌하다. 지극히 도시화된 생활 방식에서 나오는 다양성으로 자주 가는 곳이지만 언제나 경쾌하고 새롭다. 어딜 가나 사람이 정말 많지만 누구도 간섭하지 않아 개인이 누릴 수 있는 자유로움을 마음껏 만끽할 수 있다는 점 또한 도쿄의 매력이다. 세련된 도시에서 내가 좋아하는 것을 마음껏 누리면서 친구들과 유쾌하게 잘 놀 수 있으니 도쿄로 향하는 발걸음은 늘 가벼웠다.

●

2008년 서울로 오면서부터 도시에 대한 나의 관심은 또다른 방향으로 흐르기 시작했다. 서울의 서촌이나 북촌 등 오래된 동네와 그곳에 남아 있는 한옥의 보존을 둘러싼 여러 문제에 관심을 갖기 시작하면서부터라고 할 수 있다. 도시에 남아 있는 오래된 동네에 대한 관심을 갖기 시작하니 도쿄 역시 그런 눈으로 다시 살피게 되었다. 그무렵부터 도쿄에 가면 첨단의, 새로운, 유쾌한 야마노테스러운 분위기만이 아니라 오래되고, 전통적인, 보수적인 시타마치스러운 곳들을 일부러 찾아다니기 시작했다.

　도쿄는 지난 100년 동안 두 번이나 크게 파괴되었다. 1923년 간토 대지진으로 도시가 무너졌고, 제2차 세계대전을 치르면서 미군의 폭격으로 또 한 번 큰 피해를 겪었다. 오래된 목조건물은 이 두 번의 난리로 거의 파괴되어 남아 있는 게 거의 없다. 게다가 1950년대부터 경제가 급성장하면서 거리마다 도로를 넓히고 큰 건물을 앞다퉈 짓기 시작했다. 오래되고 작은 건물들은 빠른 속도로 사라졌다. 그 때문에 오래된 동네에 가더라도 오래된 건물은 거의 남아 있지 않다. 그나마 골목 안쪽에 예전 흔적이 남아 있어 다행스럽다. 큰길에서 떨어진 골목을 따라 들어가면 옛 동네의 옹기종기한 분위기가 잘 남아 있고, 그 골목을 따라 걷다보면 동네와 함께 살아남은 노포와 식당, 작은 집들을 만날 수 있다.

최근 도쿄에서 좋아하는 곳을 꼽자면 단연 야네센谷根千이다. 굳이 비교하자면 서울의 서촌과 비슷한 분위기인 야네센은 우에노 공원 북쪽 동네 야나카谷中, 네즈根津, 센다기千駄木를 아울러 부르는 이름이다. 에도 시대에 우에노에는 특히 사찰이 많았는데, 가까운 야나카에도 작은 사찰과 묘지가 많이 남아 있다.

야나카에는 야마노테와 시타마치가 함께 있다. 네즈와 센다기는 야마노테 문화의 시작과 맞닿아 있고, 야나카 동쪽인 네즈는 시타마치의 시작과 닿아 있다. 도쿄의 어떤 곳보다 야마노테와 시타마치가 어우러진 이 도시만의 향기를 맛볼 수 있다. 서울의 오래된 동네처럼 필지가 작아 도로변이 아닌 곳에서는 높은 건물이 보이지 않고, 그 사이사이 오래된 골목이 많아 산책하는 즐거움이 크다. 그런 반면에 무리한 상업화는 아직 보이지 않아 오랫동안 자리를 잡은 가게와 식당이 여전히 제자리를 잘 지키고 있다. 물론 여행자를 상대로 하는 작은 가게와 카페, 공방도 꽤 많이 들어와 있다. 하지만 주로 젊은이들이 운영하는 이곳들은 거리 분위기를 지나치게 상업적으로 끌고 가지는 않는다. 오히려 적당한 활기와 생기를 불어넣고 있어 균형과 조화를 잘 이루는 편이다. 옛것과 새것의 균형이 오래된 동네에서 조화롭게 자리를 잡아가고 있다. 그런 이유로 야네센에 갈 때마다 찾는 곳이 있다. 센다기역에서 가까운 기쿠미 센베이菊見せんべい다. 도쿄의 전통 센베이 집 가운데 하나로 메이지 8년인 1875년에 문을 열었다. 이 집에서는 고전적인 센베이를 맛볼 수

있는데, 종류가 무척 많지만 교토에 오래 살았기 때문인지 역시 말차 맛 센베이를 제일 좋아한다.

1978년, 1982년 한창 젊을 때 만난 도쿄는 미래를 향하는 도시였다. 일본이라는 국가가 미래를 향하고 있었고, 언젠가는 미국을 초월할 거라는 전망까지 나올 정도였다. 일본의 눈은 언제나 아시아가 아닌 미국과 유럽을 향하고 있었다. 19세기 메이지 유신 당시부터 등장한 탈아의 정신이 20세기 후반까지 이어지고 있는 셈이었다.

하지만 1990년대 들어 일본은 위기를 맞았다. 활황이라고 전망했던 경제가 거품이었던 것이 확인되면서 미래에 대한 당찬 자신감 역시 한풀 꺾이는 듯했다. 경제적 성장은 그후로 오래 둔화했다. 세계 어느 나라보다 일찍 고령화 현상이 사회적 문제로 대두되기 시작했으며 이는 다시 경제 성장에 영향을 미쳤다. 2000년대 들어 일본은 인터넷을 적극적으로 수용하고 구조조정에 박차를 가하면서 활기를 되찾는 듯했지만 2008년 국제적인 금융 위기로 인해 다시 한 번 타격을 입고, 고령화 현상은 더욱 더 심각해져 회복의 속도는 더디기만 하다.

엎친 데 덮친 격으로 2011년 도호쿠東北 지역 후쿠시마 현 앞바다의 커다란 지진으로 이 일대 해변 마을은 완전히 파괴되었고, 사망자의 수가 2만 8,000여 명에 이르렀다. 원자력 발전소에서의 방사능 유출은 거의 천재지변에 준하는 사태로 이어졌다. 일본 정부는 주요 원자력 발전소의 가동을 중단시켰고, 절전을 위해 일본 전역의 밤거리는 어두워졌다. 도쿄 역시 예외가 아니었다. 화려한 도쿄의 거리가 한동안 그 빛을 잃었다.

불과 3년여 사이에 금융 위기와 큰 지진을 겪으며 일본인들은 지난

2015년 도쿄 야나카.

2018년 도쿄 야나카.

2018년 도쿄 야나카 헌책 축제.

2023년 도쿄 야나카.

2023년 도쿄 야나카.

2023년 도쿄 야나카 센베집.

2023년 도쿄 야나카 시장.

제2차 세계대전 이후 맛봤던 급성장의 기회가 다시 돌아오기 어렵다는 점을 깨달았다. 이제 도쿄는 더이상 미래에 눈길을 두는 밝은 도시가 아니다. 성장의 끝, 자연의 무서움, 고령화 현상 등 해결책이 보이지 않는 커다란 문제 앞에서 어떻게 대응해야 할까를 무엇보다 고민하는 도시가 되었다. 그리고 후쿠시마 대지진이 일어난 지 채 10년이 안 된 시점에 전 세계를 강타한 코로나19팬데믹으로 도쿄는 새로운 도전에 직면했다. 경쾌한 발걸음 대신 신중하고 무거운 고민이 도시 전체를 여전히 휘감고 있다.

●

도쿄는 중심이면서 늘 변방이었다. 에도 시대의 수도로서 일본 권력의 정중앙을 차지했으나 일본 역사의 중심인 천황과 귀족 문화의 수도는 언제나 교토였다. 도쿄는 활기찬 신생 도시이자 새로운 권력의 중심이었으나 동시에 교토를 정점으로 하는 문화적 권력의 변방이었다.

메이지 유신 이후 도쿄는 명실상부 아시아의 선두 주자로 부상했다. 그러나 도쿄의 시선은 런던과 파리에 가 있었고, 이들 도시와 어깨를 나란히 하는 세계적인 도시가 되기 위해 노력했다. 1980년대 거품경제를 거치면서 전 세계적으로 유명한 고급 브랜드의 라벨에는 최소한 런던, 뉴욕, 파리 그리고 도쿄가 포함되기 시작했다. 이들 도시 중 도쿄는 인구가 가장 많은, 큰 도시가 되었고 경제·금융 등의 분야에서도 뉴욕과 런던 등에 밀리지 않았다. 하지만 언제나 서양의 도시를 바라보고 있는 한 도쿄는 역시 또 서양 문명의 변방일 수밖에 없었다. 1990년대 거품경제가 가라앉고 디지털 혁명에 따라가지 못하면서 점차 중심에서 벗어나기 시작한 도쿄는 다시 예전의 지위로 돌아가기 위해 노력했지만 2011년 이후부터는 얼핏 포기한 것처럼도 보인다.

언제나 변방의 자리에서 중심을 향해 시선을 두고 그 중심으로 들어가기 위해 노력했던 도쿄는 중심에서 맞이한 새로운 문제의 해답을 스스로 찾아내지 못하고 있는 듯하다. 새로운 문제 앞에서 늘 중심에 먼저 가 있던 도시들이 해결해온 방식에 조금 더 나은 방법을 찾아 자신의 문제를 해결해왔지만, 앞선 해결책이 전무한 새로운 문제 앞에서 온전히 스스로에게 맞는 해결책을 제시하지 못하는 형국이다. 도쿄는 과연 중심에 섰던 도시답게 자기 안의 문제에 대한 해결책을 스스로 만들어낼 수 있을까? 아니면 비슷한 문제 앞에서 고민하고 있는 다른 중심의 국가들이 해결책을 만들어낼 때까지 헤매고만 있을까? 도쿄의 미래는 여기에서 좌우될 것이다.

●

안타깝게도 최근 몇 년 동안 도쿄가 우리에게 보여주는 모습은 그다지 긍정적이지 않다. 2020년 초 코로나19팬데믹으로 인해 순식간에 온 세계가 불안에 휩싸였을 때 도쿄는 또다른 고민에 빠졌다. 2020년 하계 올림픽을 앞두고 있기 때문이었다. 오랫동안 준비했지만 강행은 무리였다. 어쩔 수 없이 1년 뒤로 미뤘지만 2021년에도 상황은 썩 나아지지 않았다. 무조건 강행하는 쪽으로 방향을 정한 도쿄 올림픽은 외국인 입국 금지라는 상황에서 관람객이 거의 없는 매우 이례적인 사례로 남았다.

막대한 투자를 했으니 이에 따른 경제적인 효과를 기대했겠지만 결과는 초라했다.

이 무렵 일본에 대한 나의 감정은 매우 좋지 않았다. 일본의 외국인 입국 금지 조치에 나는 분노했다. 그러한 조치가 일본인들 나아가 일본 사회 전반에 뿌리 깊이 배어 있는 외국인 혐오로 인한 것임을 모르지 않기 때문이었다. 미국인 백인 남성이자 대학교수 신분으로 나는 일본에 사는 내내 어디서나 손님처럼 줄곧 환대를 받았지만 아시아계 노동자나 유학생들을 대하는 그들의 태도는 사뭇 달랐다. 비교적 환대를 받는 나 역시도 집을 구할 때면 외국인에 대한 혐오를 피부로 느꼈다. 특히 도쿄는 매우 심한 편이다. 이시하라 신타로石原 慎太郎 같은 우익 인종차별주의자가 1999년부터 2012년까지 도쿄도지사로 그 자리를 차지했다는 건 결코 우연이 아니다.

실제로 야마노테 지역의 대표적인 동네 가운데 하나인 지유가오카自由が丘를 산책하다가 한 부동산 유리창에 붙은 광고문을 보고 큰 충격을 받은 적이 있다. 거기에는 '외인불가外人不可라는 글씨가 크고 두껍게 써 있었다. 충격이 가시지 않은 채 걷노라니 근처 부동산마다 같은 문구가 여기저기 붙어 있는 걸 어렵지 않게 발견할 수 있었다.

그 무렵 교토에 살고 있던 나는 잘 알고 지내던 교토의 부동산에 가서 불법이 아니냐고 물었는데, 그렇지 않다는 답이 돌아왔다. 지극히 합법적인 행위라는 것이다. 지유가오카는 야마노테 지역 가운데서도 부유하면서 세계시민주의를 지향하는 동네로 알려져 있는데, 실상은 이렇다는 사실에 깊은 충격을 받았다. 일본인들이 수용하기 편한 외국 문화를 적극적이고 일상적으로 받아들이는 이 지역에서 정작 외국인들과 함께 사는 것을 꺼리고 있다는 사실이 견딜 수 없었다. 부동산에 붙은 '외인불가' 문구 근처로 화려한 하와이의 포케 요리 식당, 아늑한 이탈리아 식당이 들어서 있는 풍경이 기묘해 보이기까지 했다.

지유가오카는 야마노테 문화를 대표하고 있지만, 그 밑에 흐르고 있는 이러한 배타성은 야마노테와 시타마치로 나뉘기 이전, 즉 에도 시대 쇄국 정신의 반영이 아닌가 하는 생각으로까지 이어졌다. 이처럼 뿌리깊게 자리잡은 배타성의 극복이야말로 도쿄 그리고 나아가 일본이 해결해야 할 중요한 과제가 아닐까. 그 형식과 강도는 다르지만, 비슷한 문제를 안고 있는 수많은 나라와 도시가 일본, 특히 도쿄의 선택과 행보를 관심 있게 지켜보고 있다.

코로나19팬데믹으로 갈 수 없던 도쿄를 다시 찾은 건 2023년 7월이었다. 무려 4년 만의 방문이었다. 보고 싶던 친구들을 여럿 만났는데, 특히 1978년 홈스테이를 할 때 함께 지낸 그 가족의 아들을 오랜만에 만날 수 있어서 기뻤다.

오랜만에 찾은 도쿄는 코로나19팬데믹의 흔적은 찾을 수 없을 정도로 이미 외국인 관광객들이 많았고, 서울을 비롯한 여느 도시처럼 이전으로 돌아간 것 같았다. 도쿄 올림픽을 치르며 준비한 덕분에 공용 화장실이 훨씬 더 깨끗해진 것도 인상적이었다. 하지만 확실히 활기가 떨어진 느낌도 지울 수 없었다. 뉴욕을 비롯한 북미의 대도시와 달리 재택근무가 지속되는 것도 아닌데, 도심에서 만나는 이들 가운데 상대적으로 젊은 사람들의 비중이 줄어든 느낌이었다. 도시에서 활동하는, 또는 활동 가능한 인구가 줄어들면서 고령화가 확연히 진행된 느낌이었다. 실제로 2023년 일본의 연령 중앙값은 49세, 도쿄의 경우 46세로 나타났다. 조만간 50세를 넘길 것이라는 전망도 나오고 있다. 개인차가 있겠지만 평균적으로 50대에 접어들면서 서서히 직장을 그만두는 이들이 늘어나게 되고, 이들은 자연스럽게 도시 중심지가 아닌 집 근처에 머물거나 외곽으로 향하곤 한다. 이런 점으로 미루어볼 때 고령화가 진행될수록 도쿄의 활기는 점점 줄어들 것을 쉽게 예상할 수 있다. 물론 방법이 없는 건 아니다. 배타성을 극복하고 외국인을 향한 문호를 활짝 여는 것도 그 가운데 하나다. 그렇게 한다면 밖으로부터 새로운 활기가 유입되어 한결 역동적인 도시로 변모할 가능성이 생기지 않을까.

도쿄는 서양의 문화를 어느 도시보다 적극적으로, 가장 많이 수용함으로써 세계적인 도시가 되었다. 중심의 문화를 수용하는 한편으로 늘 새로운 문화를 만들어내는 것을 꿈꿔왔다. 도쿄는 이런 오래된 꿈을 이룰 수 있을까? 150여 년 동안 한결같이 지켜온 탈아의 정신을 극복하고 세계와 넓게 소통함으로써 스스로 새로운 창의력을 발휘하는 것만이 도쿄의 꿈을 이룰 유일한 길이 아닐까? 이곳에서 보낸 나의 젊은 날은 다시 돌아오지 않겠지만 나는 내 젊은 날 어느 곳보다 밝고 경쾌했던 도쿄의 활기를 다시 한 번 만끽하고 싶다. 과연 그런 날은 언제쯤이나 오게 될 것인가.

03
이국성, 이 도시의 정체를
드러내는 메타포

한국과의 첫 만남 **부산**
_대한민국, 부산광역시

한국을 처음 찾은 건 1982년, 대학생 시절이었다. 고교 시절 처음 다녀간 뒤 두 번째로 찾은 일본에 머물면서 이웃 나라 한국에 대한 호기심이 생겼다. 처음 발이 닿은 곳은 부산이었다. 8월이었다. 시모노세키에서 저녁에 출발하는 페리를 탄 뒤 부산항에 도착하니 다음 날 아침이었다. 당시 배 안에서 바라보던 부산 풍경이 떠오른다. 그때만 해도 높은 건물이 거의 없어 그저 산으로 둘러싸인 도시 전경이 인상적이었다. 하늘을 향해 뾰족하게 솟은 부산 타워(다이아몬드 타워)가 유난히 눈에 띄었고, 높은 지대에 작은 집들이 모여 있는 것이 낯설었다. 그 며칠 전 다녀온 나가사키와 비슷한 느낌이었다. 바다, 산, 기다란 저층 도시. 그때 그 부산의 모습을 잊을 수 없다.

입국 절차를 끝낸 뒤 택시를 타고 부산역으로 향했다. 배 안에서 만나 몇 마디 나눈 재일한국인이 국제여객터미널 앞 택시 승강장에서 기사에게 나의 행선지를 말해준 덕분에 쉽게 갈 수 있었다. 택시 기사가 말을 걸어왔는데, 그때만 해도 한국어를 전혀 할 수 없어서 그저 "I'm sorry"라고만 내내 대답했다.

부산역에서는 영어로 된 안내판이 거의 없어 한참을 헤맸다. 가까스로 'For Foreigner' 간판을 찾아 창구에서 서울행 무궁화호 표를 산 뒤 잠깐 시간이 남아 역 앞 광장으로 나가 도시의 풍경을 바라보았다. 전면에 보이는 산의 꽤 높은 곳까지 다닥다닥 모여 있는 작은 집들 지붕 색깔은 대체로 파스텔 톤이었다. 비슷한 느낌으로 기억하는 나가사키의 집들이 대체로 어두운 색이었던 것과는 대조적이었다. 광장은 사람들로 가득했고, 역 앞 큰길은 오가는 차량으로 가득했다. 사람도 많고 차도 많으니 소음이 클 수밖에 없었다. 사람들의 커다란 웃음소리, 큰소리로 싸우는 듯한 억양, 어지럽게 울리는 자동차들의 경적 소리로 광장이 꽉 찬 듯했다. 가까운 나라인 일본의 조용함과는 거리가 먼, 얼핏 지중해나 남미 또는 2년쯤 전에 다녀온 멕시코시티 같은 느낌이 물씬 풍겼다. 그것이 부산을 기억하는 나의 첫인상이다. 몇 시간 잠시 머문 뒤 서울행 기차를 탔고, 다시 일본으로 돌아갈 때는 비행기를 탔으니 그것으로 부산과의 짧은 첫 만남은 끝이 났다. 어느덧 40여 년 전의 일이다. 그렇지만 인연은 그것으로 끝이 아니었다.

●

이듬해인 1983년 한국어 공부를 위해 서울에 살기 시작했고, 시간이 흐를수록 익숙해졌다. 부산은 틈날 때마다 자주 찾는 도시가 되었다. 그렇지만 익숙해지지 않았다. 나에게 부산은 언제나 한결같이 이국적이었다.

1980~90년대에는 골목골목에서 흔히 팔던 일본 책과 잡지가, 2000~10년대에는 관광지로 탈바꿈한 초량의 차이나타운과 텍사스 거리가, 2010년대 이후에는 마치 한국의 홍콩처럼 변신한 해운대의 분위기가 그 이국성의 단면이었다. 이 모든 풍경들은 한국의 다른 도시에서는 여간해서 마주하기 어려운 모습이었다.

이국성은 나에게만 국한된 것으로 보기 어렵다. 부산의 역사를 보면 이러한 이국성은 결코 우연한 것이 아니다. 오늘날 부산광역시는, 행정구역상 동래 같은 성곽마을을 포함하긴 하지만, 서울이나 전주 또는

1982년 부산항.

1980년대 부산역 엽서.

1970~80년대 부산 해운대 엽서.

대구 같은 도시들과는 출발선이 좀 다르다. 예로 든 도시들의 이른바 원도심, 즉 전통적이고 역사적인 도심 지역은 조선 시대로부터 이어져 형성되어 왔지만, 오늘날 부산의 원도심이라 불리는 곳들은 주로 개항 이후 한반도 진출을 위해 일본인들이 만들었다. 말하자면 부산은 서울이나 대구·전주와 달리, 인천·군산·목포처럼 일본제국주의자들을 비롯한 외세의 관문으로 개발이 본격화된 도시다. 지리적으로 일본과 가장 가까운 부산은 일제강점기 대규모 항구 도시로 발전했고, 한동안 일본인 인구 비율이 가장 높은 곳이기도 했다. 부산은 일본의 영향을 가장 많이 받은 도시이자, 출발부터 이국성을 장착했다고 할 수 있다.

그런 배경으로 인해 부산 원도심에서 가장 넓은 지역을 차지하는 곳에는 역시 일본의 흔적이 진하다. 일본은 개항 직후 용두산을 중심으로 일본인 거류지를 지정, 자국민을 위한 도시를 건설하기 시작했다. 용두산 남쪽과 동쪽은 행정과 상업지, 서쪽은 주거지였다. 굳이 시작점을 찾자면 그 이전으로 한참 더 거슬러올라간다. 이미 1678년 이후부터 용두산을 중심으로 일본 대마도에서 파견한 외교·무역 담당자 약 500명이 살던 초량 왜관이 자리를 잡고 있었기 때문이다.

거류지 지정 후 인구가 늘어나자 바다를 매립, 서쪽과 북쪽, 나아가 영도까지 도시는 점차 확장되었다. 1910년 일본 통치가 본격화되면서 항구 및 군사 시설이 들어와 북쪽으로의 확장에도 가속도가 붙었다.

1930년대 일본의 만주 침략 이후 공업화 속도가 빨라지면서 전국적으로 도시 인구가 급증했고, 부산도 예외는 아니었다. 7만 3,855명이던 1920년 부산 인구는 1930년 13만 397명으로, 1940년 24만 33명으로, 일제강점기 마지막 인구 조사가 이루어진 1944년에는 32만 9,215명

1984년 부산 대청로.

1984년 부산 중앙동.

1984년 부산 일식 건물.

2013년 부산 일식 건물.

2022년 부산 나가야.

2022년 부산 대각사.

으로 급증했다. 이 가운데 1910~20년대에는 일본인 인구 비율이 40퍼센트 내외를 유지하다가 1930년대 공업화에 따라 조선인 인구가 늘어나면서 일본인 비율은 줄어들어 1944년에는 20퍼센트 남짓이었다.

이러한 역사적 배경을 알고 나면 오늘날 부산을 걸으며 자주 마주하는 일본의 흔적을 쉽게 이해할 수 있다. 부산근대역사관이나 동아대학교 석당박물관 같은 어엿한 건물만이 아니라 골목마다 구석구석 자리잡고 있는 일본 서민 주택 나가야長屋 역시 그때의 흔적이다. 광복동의 대각사는 1877년에 설립한 일본 사찰이다. 지금 남아 있는 건물은 1969년에 다시 지은 것이긴 해도 주목할 것은 건물 그 자체만이 아니다. 한국의 일반적인 사찰들과 달리 도시 한복판에 사찰이 있는 것은 일본 도시 구성의 특징이 반영된 결과다. 또한 거리의 폭은 비슷한 시기 개발한 일본 도시의 거리 폭과 비슷하다. 이런 예는 더 들 수 있다. 1910년대 바둑판 도로를 설치하고 그 사이에 규모가 큰 대지로 나누어서 고급 주택을 짓는 방식으로 개발한 대신동은 도쿄와 오사카 주변 주택가와 비슷한 형태다. 지금도 그때의 분위기를 짐작할 수 있는 집들이 몇 채 남아있다. 그 당시만 해도 초량은 시가의 변두리였지만 산기슭에 남아 있는 고급 주택과 별장 등을 통해 역시 당시 분위기를 엿볼 수 있다.

1945년 8월 해방 이후 일본인들은 빠른 속도로 자국으로 돌아갔다. 그렇지만 일본의 영향이 단번에 사라진 것은 아니었다. 일제강점기를 겪으며 많은 이들이 일본어에 능통했고, 교육을 많이 받은 사람일수록 더 그랬다. 일제강점기 교육 언어가 일본어였으니 고학력자일수록 일본어를 읽고 쓰는 실력이 출중했다. 말하자면 이들 대부분은 한국어와 일본어의 이중언어 사용자였던 셈이다. 해방 이후 일본어는 더이상

공식 언어, 공용어가 아니었지만 한동안 많은 이들이 일본어를 통해 정보를 습득하는 것을 자연스럽게 여겼다. 일본에서 출간한 책과 잡지를 찾는 이들도 많았고, 이런 고객층을 염두에 둔 서점들도 1990년대까지는 성업을 이어나갔다. 1980~90년대까지 골목의 작은 책방 등에서 일본 책과 잡지 등을 구하는 것은 어려운 일이 아니었다. 물론 이런 현상이 반드시 부산에만 국한하는 것은 아니었다. 하지만 특히 일본과 지리적으로 가깝고 교류도 많았던 부산에서 일본의 정보를 구하는 이들이 압도적으로 많았고, 온갖 정보를 쉽게 접할 수 있었으며 나아가 유행의 전파 속도가 빨랐다는 것은 부인하기 어렵다. 나아가 일본어에 유창했던 세대가 각 분야의 일선에서 은퇴하고 난 뒤에도 일본과의 활발한 교류는 지속되었고, 그로 인해 부산은 여전히 일본 문화의 관문 역할을 계속해왔다. 1990년대 일본에서 큰 인기를 끈 가라오케가 처음 부산을 통해 유입된 뒤 전국에 노래방 붐을 일으킨 것도 매우 흥미로운 사례 가운데 하나로 꼽을 수 있다.

부산이 일본과 깊은 관계를 유지한 또다른 배경으로 일본인 관광객을 빼놓을 수 없다. 해방 직후부터 1965년 한일기본조약 체결 전까지 약 20여 년 동안 부산을 찾는 일본인 관광객은 매우 드물었다. 하지만 국교 정상화를 통해 외교 관계를 새롭게 맺은 이후 2010년대 후반까지 부산을 찾은 외국인 관광객 가운데 가장 많은 비율을 차지한 것은 다름아닌 일본인들이었다. 이들을 상대하기 위해서라도 부산 사람들은 일본어를 꾸준히 익혀야 했고, 나아가 일본인 취향에 맞는 관광 산업도 더불어 발달했다.

2008년 봄, 일본 가고시마 대학교 교수로 재직 중이던 나는 일본 영어 교육 관련 학회 대표로 부산에서 열리는 학회에 참석했다. 당시 한국 쪽 학회에서 예약한 호텔 직원은 일본에서 온 내게 영어가 아닌 아주 유창한 일본어로 인사를 건넸다. 나에게만 그런 것이 아니었다. 호텔을 찾은 일본인 관광객들을 응대하는 거의 모든 직원들의 일본어가 곳곳에서 들려왔다. 부산 시내 유명한 식당과 관광지에는 아주 자연스럽게 일본어 메뉴판 또는 안내문이 준비되어 있었다. 짧은 출장이긴 했지만, 그때 부산에서 가장 잘 통하는 외국어는 영어가 아닌 일본어였다.

●

그렇다고 부산의 이국성을 온전히 일제강점기에 뿌리를 둔, 일본풍이라고만 하기에는 어쩐지 아쉽다. 부산은 지리적 특성으로 인해 역사적으로 다양한 외국 문화를 꾸준히 접해왔다. 부산역에서 내려 중앙대로를 건너면 마주하는 초량의 차이나타운 역시 그 역사가 만만치 않다. 개항 후 일본은 부산을 침략 거점으로 삼았지만, 전국적으로 보면 그 당시는 청나라·러시아를 비롯한 서양 강대국들이 서로 한반도에서의 패권을 차지하기 위해 치열한 경쟁을 펼치고 있었고, 그 갈등 역시 최고조에 달했다.

특히 한국의 종주국을 자처하던 청나라는 일본을 경계하기 위해 1884년 오늘날의 차이나타운 위치에 자국 영사관을 세웠고, 그러자 이 주변으로 중국 상인들이 점차 모여들기 시작했다. 청일전쟁에 패한 뒤 한반도에서의 영향력이 약해지긴 했지만, 20세기 이후 중국 상인들의 위세는 점점 커졌다. 이런 급성장은 견제를 불러왔다. 일본은 1927년부

조선 시대 초량왜관도 부분.
국립중앙박물관.

2022년 부산 초량
차이나타운 입구 필리핀 식당.

2022년 부산 초량
텍사스 거리와 차이나타운.

터 중국인 노동자의 고용 범위를 전체 노동력의 3분의 1까지만 허용하거나 1933년 만주 침략 이후 1937년부터 전쟁을 확산시키면서 적국이 된 중화민국과 관계가 깊은 중국인들에 대한 감시도 강화했다. 이로 인해 중국 상인들의 성장세는 타격을 받을 수밖에 없었다.

해방 이후의 상황도 크게 다르지 않았다. 한국전쟁을 치르면서 부산으로 전국의 피난민이 많이 모여들었고, 덩달아 화교 인구 역시 급증했다. 그러자 1960년대 박정희 정권 역시 화교 탄압 정책을 펼쳤다. 이를 테면 1962년에는 외국인의 토지 소유를 금지하여 화교들이 땅을 사는 것이 어려워졌고, 1970년대에는 중국 식당 음식값을 제한하고 세금을 높이 매겼다. 이로 인해 한동안 중국인들이 한국에서 사업하기가 매우 어려운 환경이 형성되었다.

그런데 시간이 흐르면서 세상이 달라졌다. 한동안 쇠퇴하는 듯했던 중국 거리가 2000년대 중반에 접어들면서 아예 관광 명소로 조성되기 시작했다. 더 나아가 아예 이국적인 분위기를 오히려 적극적으로 드러내기 시작했다. 2003년 개봉한 박찬욱 감독의 영화 〈올드보이〉 촬영지로 등장해서 유명세를 치르기도 한 이곳은 오늘날에는 맛집으로 인기 있는 식당들뿐만 아니라 화교들을 위한 초중등 학교와 중국과 연관 있는 작은 사업체들이 밀집해 있다. 중국어와 한국어를 자유자재로 구사하는 중국인, 중국 출신 조선족을 만나는 일은 이 거리에서는 그저 일상이다. 변화는 다른 모습으로도 펼쳐졌다. 오늘날의 초량 차이나타운은 어느덧 온전히 중국인들의 거리가 아니다. 이 거리를 천천히 걷다 보면 중국인들이 운영하는 식당 외에도 러시아, 우즈베키스탄, 필리핀 등 다양한 나라의 식당들이 눈에 띈다. 이 지역이 흥미로운 지점이 바로 여기에 있다.

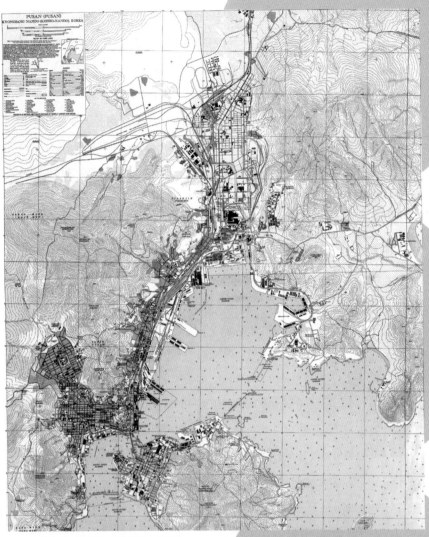

1946년 제작된 부산 지도. 미국 텍사스 대학교.

어디 그뿐인가. 차이나타운 입구 바로 맞은편에는 텍사스 거리가 이어진다. 차이나타운이 상징하는 이국성의 시작이 중국이었다면, 텍사스 거리가 상징하는 이국성의 근원은 미국이다. 대전이나 대구 그리고 광주 등을 비롯한 한국 여러 도시에도 미국의 이국성은 존재한다. 하지만 대부분 그런 지역에서 미국을 상징하는 이국성은 대체로 기독교 문화에서 비롯한다. 미국 선교사들이 세운 병원이나 학교 또는 그들이 살던 오래된 양옥들이 대표적인 자취다.

부산은 다르다. 한국전쟁 당시 임시 수도이기도 했으며 항구라는 특징으로 부산은 미국과 독특한 관계를 이어왔다. 미국은 한국전쟁 당시 미군 부산기지사령부를 서면 근처에 설치했는데, 당시 설치된 육군 캠프 이름이 바로 오늘날 부산시민공원 자리에 있던 캠프 하야리아Camp Hialeah다. 일제강점기 때 일본의 군사 시설과 경마장이 차지하고 있던 곳이기도 하다. 캠프 하야리아는 소련과의 냉전은 물론 북한과의 대치 국면을 대응하기 위한 전진 기지이기도 했고, 부산항을 통해 들어온 군수품을 받아 전국의 미군 부대에 배포하는 중요한 역할을 하기도 했다. 그렇게 일본과 미국이라는 외세가 차지하던 그 땅은 2014년 부산시민공원으로 개장, 시민의 품으로 돌아왔다. 이는 부산 지역에서 뜨겁게 펼쳐진 민주화운동이 낳은 열매 중 하나다.

캠프 하야리아로 상징되는, 부산 한복판에 주둔한 미군들을 위해 유흥업소 밀집 지역으로 조성한 곳이 바로 텍사스 거리다. 차이나타운이 쇠퇴하던 때와 맞물려 들어온 이곳은 부산의 작은 이태원을 희망했

을지는 모르나, 서울 이태원에 비해 몹시 지저분한 탓에 이미지가 좋지
않았다.

시간은 흘렀다. 1990년대 들어서면서 부산 지역 미군 규모가 축소
되고 민주화가 이루어지면서 소위 텍사스 거리를 찾는 미군의 수 역시
줄어들었다. 그러자 이번에는 이 거리에 러시아인들이 유입되기 시작했
다. 한국과 러시아의 외교 관계가 정상화되고, 무역 교류가 급증, 부산항
을 통해 들어오는 러시아인들이 급격히 늘어나면서 기나긴 냉전 시대에
남한 사회에서 거의 볼 일 없던 러시아인들이 부산의 거리에 등장한 것
이다. 침탈자, 주둔자로서의 위세를 지닌 일본이나 미국과 달리 부산에
서 러시아인들은 유흥업소 종업원으로, 그들을 찾는 손님으로 이 거리
를 주로 찾았다. 그러더니 이전에 볼 수 없던 다양한 국적의 여성들이 이
거리에서 점점 더 일하기 시작했고, 역시 또 다양한 국적의 남성들이 한
동안 이곳을 자주, 많이 찾았다. 2000년대로 접어들면서 차이나타운을
본격적으로 관광지로 조성하자, 덩달아 텍사스 거리도 깨끗해졌다. 그
렇지만 러시아를 비롯한 동유럽 출신 여성들이 일하는 유흥업소는 여전
히 성업 중이고, 시대에 뒤떨어진 남성 중심적인 문화 역시 여전히 그곳
에 남아 있다. 이 또한 부산이 품고 있는 이국성의 또다른 얼굴이라고 하
면 지나친 말일까.

●

초량 인근의 이국성은 차이나타운에서 출발한 것은 맞지만 오늘날 그곳
에는 중국풍만 있는 것이 아니다. 동서양을 넘나드는 타국의 문화를 한

꺼번에 접할 수 있으니 말 그대로 초이국적인 장소다. 주로 외국인인 상인들은 한국인을 비롯한 각국 사람들을 손님으로 상대한다. 부산 지역에 사는 한국인은 물론이고 부산이 아닌 다른 지역 사람들도 이곳을 많이 찾는다. 이렇듯 다양한 외국인과 다양한 지역의 한국인을 한꺼번에 만날 수 있는 곳을 한국의 어떤 지역에서 또 찾을 수 있을까. 부산역에서 내려 잠깐이라도 이곳을 들르면 오늘날 부산이 품고 있는 이국성의 맨얼굴을 즉각 마주할 수 있다.

부산의 얼굴은 여러 겹이다. 그 가운데 하나는 외국인의 얼굴이다. 1990년대 이후 한국 사회에 외국인 노동자가 급증했다. 2000년대 이후로는 한국으로 유학을 온 학생과 결혼을 위해 이주한 이들도 늘어났다. 대부분 중국을 비롯해 중앙아시아, 동남아시아, 남아시아의 나라에서 온 이들이었다. 이들이 많이 찾은 대표적인 도시 중 하나가 바로 부산이고, 부산의 원도심에서 꽤 떨어진 곳들까지 이들의 거점은 다양해지고 있다. 예를 들어 부산대학교를 지나 범어사 가는 길에 있는 한국 이슬람 부산성원은 1980년 리비아의 기부금으로 세워진 곳으로, 예배 시간마다 외국인 신자들로 붐빈다. 그 주변으로 이슬람 율법에 따라 만든 할랄 halal 음식점들이 들어서기 시작하는 건 자연스러운 수순이고, 신앙과 관계없이 이 음식점을 찾아오는 외국인들은 점점 더 늘어난다. 낙동강 인근 지역에는 외국인 노동자들이 늘어나면서 사상 서부시외버스터미널 인근으로 아시아 여러 지역의 식품 가게와 식당 등이 속속 들어서고 있고, 김해를 비롯한 공장 지대 가까운 지역을 삶의 터전으로 삼는 이들도 늘어나면서 어느덧 아주 넓은 다문화 지역을 이루고 있다. 이국적인 부산의 새로운 얼굴이다.

부산을 이루는 여러 겹의 얼굴 중에는 다양한 한국인들도 있다. 부산이 고향인 사람도 많지만, 그렇지 않은 이들도 많다. 일제강점기 일본에 살던 조선인들이 해방 이후 부산항을 통해 돌아왔고, 그중 상당수가 부산에 정착했다. 한국전쟁 당시 남으로 피난을 온 이들 중에는 임시 수도 부산에 거처를 정한 이들이 많았는데, 북한을 탈출해온 피난민부터 전국 팔도 출신 사람들이 너나 할 것 없이 많았다. 역사적으로 수도가 아닌 지역의 도시에 전국 각지의 사람들이 이렇게 대규모로 모여 살게 된 것은 매우 드문 일이었다. 전쟁이 끝난 뒤 원래 고향으로 돌아간 이들도 많았지만, 그대로 부산에 정착한 이들도 많아 부산은 고향이 다른 사람들이 서로 섞여 사는 도시로 발달했다.

세계 주요 항구 도시들처럼 부산 역시 바다를 통해 다양한 문화와 접촉면이 넓고, 부산에 살고 있는 이들도 다양해서 한국의 어떤 도시 못지않게 열려 있는 분위기다. 한국 역대 대통령 가운데 세 사람이 부산 출신이라고들 하는데, 부산에서 정치를 시작하긴 했지만, 실상 따지고 보면 이들 모두 부산 토박이라고 할 수는 없다. 김영삼 전 대통령은 거제도 토박이로, 노무현 전 대통령은 김해 봉하마을, 문재인 전 대통령은 실향민 2세로 거제에서 태어났다. 노무현 전 대통령의 본관은 광주이고, 문재인 전 대통령의 부모님은 함경남도에서 온 피난민이었다. 이 두 분이 인권 변호사로 부산에서 활동하면서 민주화 운동에 참여한 인연으로 정치 활동을 시작하게 되었다는 건 널리 알려진 사실이다.

2000년대 들어서면서 부산은 조선 시대 역사에 대해 눈길을 주기 시작했다. 이른바 부산의 '전통 벨트'는 동래에서 시작, 금정산성을 거쳐 범어사에 이른다. 이 지역은 부산이 가진 이국성이 일제강점기를 전후하여 일어난 열강과의 관계에서만 비롯한 것이 아니며 이른바 원도심에 국한된 것도 아님을 말해준다. 다시 말해 바다와 접하고 있는 지리적인 특성을 바탕으로 하는 조선 시대로부터, 또는 그 이전부터 이곳에 쌓인 시간의 축적물인 문화유산이 또다른 이국성의 얼굴인 셈이다.

한반도를 침탈한 일제의 입김이 강해지면서 서서히 힘이 빠져 1910년 이후로는 그저 변두리의 마을처럼 여겨지기도 했으나, 동래는 조선 시대 행정 구역인 동래부로서 개항 이후에도 한동안 공식적으로는 이 지역 행정의 중심지였다. 조선 초기에 이미 지어진 동래 향교, 지역의 군사 행정을 담당한 동래 장관청, 1636년 지어진 동래부 동헌 건물 , 주위를 둘러싼 동래읍성 등이 그 흔적으로 특히 동래부 동헌 건물은 부산 지역에 남아 있는 조선 시대 건물 중 가장 큰 단일 건물이다. 조선 시대 역사에 대한 관심을 반영하여 2007년 건립한 동래읍성역사관은 관심 밖이었던 역사에 대해 상세히 안내한다.

관심사의 반영은 동래에서 범어사 가는 길에 만나는 금정산성에서도 찾을 수 있다. 금정산성은 임진왜란과 병자호란 이후인 1703년 외세 침략을 방지하기 위해 지었지만, 아이러니하게도 일제강점기에 대부분 유실되었다. 해방 이후에도 한동안 방치되다가 1970~80년대 성곽의 문을 중심으로 복원한 데 이어 1996년부터 2010년까지 약 14년여에 걸쳐 복원되었다. 동래읍성과 함께 부산의 조선 시대 역사를 되찾기 위한 노력의 일환이었다. 이러한 전통 벨트의 끝에는 678년 설립된 범어사가 있다. 범어사는 그저 오래된 사찰이라는 의미 말고도 일제의 집요한 간섭 앞에서 한국 불교의 전통을 지키기 위해 노력했다는 의미로도 존중받아야 하는 역사다.

앞서 이야기한 것처럼 행정 중심지였던 동래는 일제강점기 그 위세가 약해졌지만, 한편으로는 그 이름을 널리 떨치기도 했다. 읍성에서 가까운 동래온천이 일본인들 사이에 유명한 관광지로 부상했기 때문이다. 구한말에 이르러 일본 자본은 이곳을 유흥지로 조성하기 시작했고, 1915년 부산 시내를 달린 전차의 북쪽 종점은 동래온천까지 이르러 누구나 쉽게 이곳을 찾을 수 있게 되었다. 여기에 산기슭에 자리한 금강공원을 벚꽃의 명소로 조성하여 그 인기를 더했다. 찾는 이들이 많아지자 이 지역에는 일본인을 위한 여관, 목욕탕 등 다양한 시설이 앞다퉈 들어서기 시작했다. 당시 흔적은 많이 남아 있지 않지만, 1929년 부유한 사업가로 꼽히던 일본인 하자마 후사타로迫間房太郞가 별장 앞에 지은 동래별장이라는 한정식 집이 남아 있어 당시 분위기를 엿볼 수 있게 해준다.

해방 이후에도 한동안 이 지역은 한국의 대표적인 온천마을로 유명세를 떨쳤다. 상권 역시 여전히 활발하게 유지되었다. 하지만 1980년대 들어서면서 점차 인기가 시들해지기 시작했고, 광안리와 해운대 등 새로운 명소로 상권이 이동, 사람들이 몰리면서 쇠퇴를 거듭한 결과 오늘날은 도시 재생의 대상지로 거론되고 있다.

부산의 지형은 한국의 여느 대도시에 비해 사뭇 다른 특징을 지닌다. 대도시로 꼽히는 서울, 대전, 대구 그리고 광주 모두 산으로 둘러싸인 분지인 데 비해 부산은 유일하게 바다와 산 사이에 길게 자리를 잡은 모양새다. 인천 역시 바다를 접하고 있긴 하지만, 부산처럼 바다를 안고 길게 도시를 형성했다기보다 바다에서 안쪽으로 커졌다고 볼 수 있고, 무엇보다 부산만큼 높은 산이 많지 않다.

1982년, 처음 부산에 왔을 때 내가 받은 이국적이라는 느낌은 나만의 것이 아니었다. 실제로 한국에 오래 살면서 만난 많은 한국인들 역시 처음 부산을 찾았을 때 어쩐지 이국적이라고 소감을 밝히곤 했다. 물론 나와 그들이 느낀 '이국적'이라는 소감의 내용은 같지 않겠지만, 부산 출신이 아닌 한국인들에게도 낯선 그 느낌은 아마도 지형에서 오는 독특함에서 온 것일 듯하다. 부산의 이런 독특한 지형은 도시의 구성에도 큰 영향을 미쳤다.

한국의 도시들은 대부분 1980년대까지만 해도 각 도시마다 역사적으로 오랜 시간 유지해온 행정과 상업의 중심지가 있었다. 그뒤 1990년대 접어들면서 개발 논리에 따라 중심지를 벗어나 신도시가 형성, 급속도로 발전하면서 상권의 이동도 자연스럽게 이루어졌다. 이러한 영향으로 2000년대 들어서면서부터는 도시의 주도권이 신도시로 넘어가면서 역사적인 도시의 중심지는 원도심, 구도심이라는 명칭으로 불리면서 쇠퇴를 거듭해갔다.

이것이 한국 주요 도시들마다의 경향이라면 부산의 변화 양상은 전

일제강점기 부산 엽서.

혀 다른 모습이었다. 우선 부산에는 소위 원도심이라고 하는 곳이 하나가 아니라 두 군데였다. 원도심 인근에서 시작, 점점 더 먼 곳으로 이동하는 신도시 개발의 일반적인 경로와 달리 부산의 신도시 개발은 원도심에서 멀찌감치 떨어진 곳에서 이루어지기 시작했다. 그러면서 동시다발적으로 여기저기에 특색 있는 지역들이 등장, 발전하면서 분산 도시의 특징을 품게 된 것도 부산에서만 볼 수 있는 모습이다. 즉, 역사적으로 오래된 원도심이 이미 나뉘어 있었고 그후 형성한 상업 지역 역시 분산되어 발전했다. 이런 분산 도시 유형은 세계적인 대도시 가운데 미국의 LA가 유명하다. 이 도시 역시 바다와 산 사이에 자리를 잡고 있다. 이스탄불과 방콕 역시 비슷한 사례라 할 수 있다. 이런 도시들은 서로 다른 역사적 배경을 지니고 있지만, 인구와 면적이 급속도로 확대, 증가한 시기가 있었다는 공통점이 있다. 이런 변화 속에서 일정한 지역이 순차적으로 개발되기보다 여러 지역이 동시다발적으로 개발되면서 부중심지가 생겨났고, 그런 과정을 거치며 원도심 역시 여러 부중심지 중 하나가 되었다.

부산 최초의 도심지로는 19세기 말 일본인들이 개발한 용두산 일대를, 두 번째 형성된 도심지는 도시 확장으로 인해 교통의 거점으로 부상한 서면 일대를 꼽을 수 있다. 말하자면 이 두 곳이 부산의 원도심이다. 그런데 이 두 군데의 원도심 사이에는 오늘과 사뭇 다른 내력이 존재한다. 오늘날 새로운 도심지의 등장은 곧 이전 도심지의 쇠퇴를 뜻하지만 서면 일대의 도심 형성은 용두산 일대의 쇠퇴를 초래하지 않았다. 왜 그랬을까. 답은 그 시기 부산이 경제 급성장기였다는 데 있다. 경제가 급속도로 성장하면서 인구 역시 폭발적으로 증가하여, 용두산 일대로

2022년 부산 해운대.

는 감당할 수 없었기 때문이다. 서면에 상업 지역이 활성화되었다고 해서 용두산 일대의 상권이 쇠락할 걱정은 하지 않아도 되는 상황이었다. 또한 두 군데의 도심이 개발된 시기도, 용도도 달랐던 것 역시 그 이유로 꼽을 수 있다. 다시 말해 용두산 일대는 애초에 행정과 상업 중심지로 발전하면서 자연스럽게 관공서가 집중되어 있었으며 큰 회사들이 많이 들어섰다. 이와 달리 서면 일대는 교통 중심지라 유동 인구가 많아 소비가 중심이었고, 작은 규모의 사업체나 사무실 등이 주로 모여 있었다. 두 지역 모두 큰 시장을 끼고 있어 소비자들이 한쪽으로 쏠리지 않았던 것도 특징 중 하나라 할 수 있다. 용두산 일대는 국제시장과 자갈치시장이, 서면 일대에는 부전시장과 중앙시장이 대표적이다.

이렇듯 부산을 대표하는 두 군데의 원도심은 서로의 영역을 넘보지 않는 구도로, 마치 서울의 강북 지역처럼 오랫동안 명성을 지켰지만, 그 이후 부산에도 신도시 개발이 본격화되면서 이전과는 전혀 다른 양상이 펼쳐지기 시작했다. 1990년대 들어 서울의 강남 개발이 폭발적으로 이루어지자, 부산에도 개발 바람이 불어닥쳤다. 가장 먼저 바람이 도착한 곳은 부산의 동쪽이었다. 남구의 아파트가 들어선 것을 시작으로 1999년 개통한 지하철 2호선을 따라 광안리와 해운대 일대가 급격하게 개발되었다. 2000년대 들어와서는 광안리와 해운대 사이로 벡스코와 센텀시티가 자리를 잡더니 해운대에서 동쪽으로 뻗어나가 기장까지 커다란 신도시가 들어섰다. 원래 해수욕장으로 유명하던 광안리와 해운대 일대는 주택과 상업 시설이 들어서면서 어느덧 대표적인 유흥지에서 도시 한복판 주요 지역으로 완전히 탈바꿈했다.

여기에 더해 순식간에 최고층, 최고급 아파트 단지가 앞다퉈 들어서면서 마치 홍콩이나 두바이 어디쯤인 듯한 전혀 새로운 이국적 도시 풍경이 몇 년 사이에 만들어졌다. 워낙 빠른 속도로 형성되다보니 도시로서의 계획성이 부족하여 한국의 다른 신도시처럼 삭막한 건물 숲이 되고 말았다. 그나마 해수욕장을 낀 바닷가를 공적 재산으로 유지하고, 바닷가에 약 8.4킬로미터 길이의 해운대 삼포길 산책로를 조성한 것은 마치 바다를 향한 부산만의 존중을 담은 듯하여 갈 때마다 안심하는 지점이긴 하다. 다른 신도시 아파트 숲에서는 찾을 수 없는 매력이라는 점이야 두말할 필요가 없겠다.

신도시 개발은 부산만의 풍경은 아니다. 20세기 말 경제적 성장만이 아니라 사회적으로도 빠르게 발전한 한국은 2000년대 들어서면서 명실상부 선진국으로 진입했다. 기존의 선진국들보다 사회적 변화 속도가 워낙 빠르다 보니 신도시 개발에도 큰 영향을 미쳤다. 단지 주택 수가 부족해서 개발되는 것과는 다른 양상이 펼쳐졌다. 기존 주택과 상업 지역 인프라로는 도시민들의 향상된 생활 수준, 달라진 생활 방식에 맞출 수 없었다. 중산층에 새롭게 진입한 사람들은 자신들의 새로운 생활 수준에 맞는 도시 공간을 기대했고, 이러한 요구는 신도시 건설 및 개발의 원동력으로 작동했다.

다른 선진국의 경우 원도심에 더해 기존의 시가를 시대 및 시민들의 요구에 맞춰 점차 개선해나갔지만, 그럴 여유가 없는 한국에서는 기존 시가에서 비교적 먼 거리의 넓은 지역을 대규모 신도시로 만드는 걸 선택했고, 이것이 그 당시 사회 요구에 응답하는 가장 빠르고 현실적인 방안이었다. 이로써 하나의 도시 안에서 기존 원도심이 아닌 신도시가 주류로 급부상했고, 이는 다시 원도심과 기존 시가의 재개발을 통한 작은 신도시 건설에 대한 기대를 불러일으켰다. 그러나 재개발이 거론되는 지역은 대부분 이미 오랫동안 사람들이 밀집해 살고 있었고, 이들의 각기 다른 상황, 재산권을 둘러싼 욕망의 차이, 전면 철거 여부 등의 재개발 방식을 둘러싼 논란과 갈등은 필연적인 일이었다.

부산의 경우는 서울을 비롯한 다른 대도시에 비해 조금은 다른 양상이다. 원도심과 기존 인접 시가의 재개발이 활발하지 않은 것도 그런 양상 중 하나다. 새로운 개발은 지속적으로 신도시 중심으로 이루어지고 있고, 부산의 중산층들은 계속해서 새로 개발되는 신도시 지역으로 이동하여, 어느덧 원도심과 인접 지역에는 주로 저소득층과 노인들만 남아 있다. 그러면서 오늘날 부산의 해운대나 광안리에 걸쳐 있는 동쪽과 원도심인 서쪽은 매우 커다란 격차를 보이고 있다. 동쪽에는 주로 부유층과 중산층이 거주하는 곳이 되었고, 원도심과 기존 시가를 포함한 서쪽은 '오래되고 낡은', 점차 쇠퇴하는 듯한 이미지를 갖게 되었다. 서쪽의 감천문화마을이나 영도 흰여울문화마을 그리고 초량의 차이나타운 등 관광지로 새롭게 부상하거나 이미 유명한 곳들도 없지는 않다. 하지만 이런 곳들은 단조로운 아파트 생활에 익숙한 젊은이들에게 이색적인 장소에서 '셀카'를 찍어 SNS에 공유하는 사진 속 배경으로 작동할 뿐, 그들이 살고 싶거나 자주 오고 싶은 곳으로 받아들일 가능성은 크지 않다. 따라서 젊은이들에게 '데이트 세트'로 소비되고 난 뒤 지속적인 관계 형성이 어려워 보이는 이런 지역은 잠깐만 둘러보아도 상업 지역으로서의 지속적인 활기는 아무래도 아쉽고, 고령화로 인해 빈집들이 늘어나고 있는 것도 한눈에 알 수 있다.

잠깐씩 들르는 내 눈에도 보이는 이런 모습이 부산의 당사자들에게 보이지 않을 리 없다. 실제로 이런 동서의 격차는 부산의 가장 중요한 과제다. 2010년대 이후 전국적으로 유행한 도시 재생의 바람은 부산에도 미쳐, 감천문화마을과 흰여울문화마을 등이 도시 재생의 일환으로 조성되었고, 대외적으로 널리 알려지기도 했다. 하지만 그 당시 도시 재생은 한편으로 기대를 불러일으키던 재개발과 지향하는 바가 다를 수밖에 없었다. 때로는 대조적으로, 또는 대립적 입장에 서게 되면서 역시 또 지역의 거주자들 사이의 극심한 대립과 갈등을 불러일으켰다.

당시 한국형 도시 재생은 원도심과 오래된 주택가 공간을 물리적으로 개선하고 주민 공동체를 유지하는 데 초점을 두고 있었다. 부산에서 이루어진 도시 재생의 사례로 들 수 있는 곳이 바로 범일동 뒤쪽 이중섭 거리다. 한국인들이 사랑하는 화가를 꼽을 때 빠지지 않는 유명한 화가 이중섭이 한국전쟁 당시 북한에서 피난을 떠나 잠시 정착한 곳이 부산 범일동 인근이었다. 그의 유명세에 힘입어 그가 살던 오래된 동네의 거리에 이중섭에 대한 안내판과 벽화를 만들고 전망대를 설치했다.

또 다른 사례로는 초량 이바구길 168계단에 주민 편의를 돕기 위해 모노레일을 설치한 것을 들 수 있다. 두 군데 모두 언덕 위의 마을이고, 빈집과 빈 가게들이 많으며 주민들의 연령대도 매우 높은 편이다. 이런 마을을 대상으로 펼친 이른바 도시 재생 사업의 내용이, 좋은 의도와 주민들에게 일정 부분 도움이 되는 점은 있겠지만, 쇠퇴해가는 부산의 서쪽 지역을 근본적으로 재생하는 데 과연 어떤 역할을 했는지는 돌아볼 지점이 있어 보인다. 여러 노력에도 불구하고 동서의 격차는 계속해서 심해지고 있으니 기존의 방식이 갖는 한계를 살펴볼 필요가 있다.

그렇다면 부산 서쪽은 이대로 쇠퇴해가는 걸 지켜만 봐야 할까. 굳

2022년 부산 감천문화마을.

2022년 부산 흰여울문화마을.

2022년 부산 영도대교.

2022년 부산 이중섭 거리에서 바라본 부산 시내.

이 말하자면, 최근 몇 년 사이 부산을 자주 찾은 나는 새로운 가능성을 발견하는 쪽이다. 내가 오랫동안 느껴온 부산만의 이국성을 잘 간직하고 있는 곳은 아무래도 서쪽 지역이다. 이런 매력은 내 눈에만 보이는 것은 아니어서, 부산만이 가지고 있는 이국적 분위기, 자연과의 독특한 관계를 맺으며 형성한 이 도시의 특징을 선호하는 이들이 갈수록 늘어나고 있다. 관공서의 주도로 이루어지는 도시 재생이라는 커다란 구호 밖에서 작은 사업장이나 개인들이 각자 할 수 있는 만큼의 시도를 꾸준히 해나가며 점차 그 가능성을 열어가고 있다는 점에서 나는 긍정적인 변화를 기대한다.

텍사스 거리 바로 뒤쪽에는 아주 오래된 벽돌 건물이 있다. 일제강점기 백제병원 건물이다. 오랜 시간 이 일대에서 가장 높은 건물이었고, 근대문화유산으로 등록되어 있긴 했지만 개인 소유여서, 공적 공간은 아니었다. 그런 연유로 오랫동안 일반 사무실로 사용되었는데, 근대문화유산에 대한 사회적 관심이 높아지면서 새롭게 변신했다. 1층에는 카페가, 2층에는 출판사 창비가 운영하는 문화공간 창비부산이 들어선 것이다. 지난 2022년 가을에 창비부산에 들러 창비의 오래된 책들과 전시 공간을 둘러보고 1층 카페에서 커피 한 잔을 마셨다. 그 이전의 부산에서는 누릴 수 없던 경험이었다. 두 개의 공간이 서로 시너지를 내면서 이 거리의 재생에 기여하고 있었다.

앞서 언급한 168계단의 모노레일 종점에 내려 골목길을 올라가면 중앙공원 밑 망양로에 닿는다. 전망대 주변으로 오래된 식당과 가게들이 들어서 있는데, 오포르투라는 낯선 이름의 작은 가게가 눈에 들어왔다. 브라질계 한국인이 주인인 이 가게에서는 포르투갈 과자와 빵을 판다. 말 그대로 이국적인 분위기가 물씬 풍긴다. 젊은이들이 많이 찾는다고 한다. 관에서 주도하는 도시 재생이 아니어도 젊은 층의 취향과 감성에 맞는 가게들이 늘어나고 성업하는 것은 내가 긍정적으로 바라보는 도시 재생의 방향이라 반가웠다.

하지만 부산시에서 지향하는 서쪽 지역의 발전 방향은 아무래도 동쪽 지역처럼 만드는 것인 듯하다. 부산역 바로 앞에, 비록 유치에 실패했지만, 2030년 국제박람회를 염두에 둔 인공섬을 만들기 시작한 데 이어, 오페라하우스 같은 문화 시설도 만들 계획을 세웠다. 한국 최초의 해수욕장으로 알려진 송도해수욕장은 광안리와 해운대가 인기를 끌면서 그 명성이 사라진 지 꽤 되었는데 이곳에도 해운대 인근처럼 고층 건물이 하나둘 들어서고 있다. 서면 바로 남쪽에 63층짜리 고층 건물을 중심으로 한 부산국제금융센터BIFC를 만든 것이 이미 2014년의 일이다. 사무실 등이 들어와 지역 경제 활성화에 도움이 되는 것은 분명하지만, 이런 대규모 프로젝트는 서쪽만의 경관과 분위기를 보존하는 것보다는 서쪽의 동쪽화에 관심을 두고 있음을 여실히 보여준다. 이런 프로젝트가 지역 경제 기반을 한결 튼튼하게 만드는 효과가 있기 때문에 이 역시 도시 재생의 일환으로 보는 것이 틀린 건 아니다. 다시 말해 도시 재생은 오래된 지역의 '재활용'만이 아니라 지역의 경제를 활성화시킬 수 있는 측면을 염두에 두고 진행되어야 하기 때문이다.

여기에서 부산만의 특징이 또 하나 나온다. 이른바 젠트리피케이션이다. 서울을 비롯한 대도시에서 도시 재생 사업을 진행할 때 어김없이 등장하는 어려움이다. 즉, 오래된 동네가 활성화되면 빠른 속도로 상업화로 이어져 정작 그곳에 오래 살던 주민들이 다른 곳으로 떠날 수밖에 없는 현상이다. 그런데 이 지역의 양상은 조금 다르다. 이미 쇠퇴한 지 오래라 빈집이 워낙 많았기 때문이다. 2021년 조사 당시 부산의 빈집은 무려 11만 호에 육박했는데 전국의 특별시나 광역시 가운데 가장 높은 숫자였다. 상대적으로 서쪽 지역에 밀집되어 있고, 산기슭 동네에 특히 많은 것으로 나타났다. 감천문화마을이나 흰여울문화마을에서 이루어진 상업화로 살던 곳에서 떠나야 했던 주민들이 있긴 했으나, 이미 빈집이 많은 지역이라는 특수성 때문에, 외부에서 들어오는 이들이 이미 누군가 살던 집이나 건물에 들어가기보다 비어 있는 집으로 들어가는 경우가 많아, 서울의 속칭 '뜨는 동네'에서의 모습과는 상당히 다른 양상이 펼쳐졌다.

부산의 서쪽 지역에서 펼쳐지는 젠트리피케이션은 대규모 프로젝트와 재개발 사업으로 인해 기존 주거 공간이 전면 철거되면서 주민들이 뿔뿔이 흩어지는 양상을 띤다. 즉, 도시 재생으로 인해 기존 주거지는 존재한 채로 사람만 나가는 양상이 아닌 신축 건물이 들어서면서 살던 곳이 완전히 사라지는 양상으로 나타난다. 이러한 신축 위주의 개발 방향은 그 자체로 문제점을 가지고 있다. 어떤 문제인지는 인구 감소 현황이 말해준다. 부산의 인구는 이미 1995년 약 390만 명으로 정점을 찍은 뒤 계속 감소 추세이며, 그 속도는 더욱 빨라질 것으로 보인다. 이대로라면 2034년 부산의 예상 인구 수는 300만 명으로, 2050년경에는 250만 명으로 계속 감소할 거라는 예상도 나온 지 오래다. 정점 대비 약 36퍼센트의 인구가 감소한다면 도시는 엄청나게 축소될 것이 뻔하다. 한때 경남과 울산 지역 인구가 증가하면서 이른바 부울경(부산·울산·경남)으로 불리는 초광역 지역의 인구 수 감소 추세를 막고, 그로 인해 부산의 경제적 활기 유지에 도움이 되긴 했지만, 장기적으로 울산과 경남 지역 전체 인구 수 역시 줄어들 것으로 보여, 부산이 인접 지역 인구 수에 계속해서 기대는 것도 한계가 있을 것이다. 이러한 인구 감소도 문제지만, 동시에 고령화 역시 큰 문제다. 전국 인구 분포와 마찬가지로 부산 지역 역시 고령화가 빨라지고 있으며, 앞으로 더 빨라질 것이다. 이러한 인구 감소와 고령화 현상은 동쪽 지역보다 서쪽 지역에서 더 두드러지는데, 앞으로 시간이 흐를수록 더 그럴 것으로 예측이 가능하다.

이렇듯 가파르게 전개되는 인구 감소와 경제적 활기의 쇠퇴를 막으려면 어떻게 해야 할까. 가장 빠른 해법은 새로운 유동 인구를 유입해 경제를 활성화시키는 정책을 펼치는 것이다. 현실적으로는 서쪽을 동쪽처럼 만들어 새로운 인구를 유입, 이를 통해 지역 경제를 활성화하는 것이다. 하지만 그렇게 되면 이 지역만이 가지고 있는 역사, 독특한 분위기, 자연 경관 등은 파괴될 것이고 머지 않아 삭막한 빌딩 숲만이 남게 될 것이다. 딜레마는 바로 이 지점에서 발생한다. 서쪽 지역의 미래를 생각한다면 과연 어떤 길을 선택해야 하는 걸까. 지역의 분위기를 지켜 재생해 나가는 쪽을 선택한다면 쇠퇴는 가속화될 것이다. 쇠퇴를 멈추고 활성화시키기 위해서 개발을 선택한다면 이곳만의 분위기와 매력은 완전히 사라질 것이다.

이럴 때 참고할 것은 다른 대도시의 사례다. 해외, 특히 유럽의 오래된 도시들마다 이런 딜레마와 마주해 왔다. 그들은 어떻게 했을까. 단순화시키면 그들은 소규모 신축 개발을 통해 오래된 역사적 경관을 지키면서 동시에 도시의 기능을 업데이트하는 방안을 선택했다. 도시의 기본 인프라에 투자하면서 필요에 따라 신축과 보존을 병행했다. 신축 건물 중심의 개발을 진행할 때도 규모 자체를 키우지 않고, 보존을 진행할 때도 역시 지역 주민들의 편의를 최대한 고려했다. 그 결과 도시마다 가지고 있는 역사와 개성, 자연 경관 등을 해치지 않으면서 동시에 다양한 경제 활동이 가능한 지역으로 거듭날 수 있었다.

한국에서는 이런 사례를 아직 찾아보기 어렵다. 개발이라고 하면 전면 철거 후 대규모 신축 건물이 들어선다. 재생이라고 하면 인프라에 대한 투자, 주택의 수선 및 신축 건설에는 관심을 두지 않고, 시민들에게 역사적 경관의 보존을 위해 불편함을 무릅쓰고 사는 삶을 요구한다. 이러한 패러다임의 형성으로 철거냐 보존이냐의 양 극단에서 극심한 갈등만 초래하는 사례를 너무 많이 봐왔다.

굳이 참고할 만한 사례를 꼽자면 서울 북촌 인근과 전주 한옥마을을 들 수 있겠다. 두 지역 모두 한옥 보존의 성공적 사례로 회자되지만, 그 속을 들여다보면 상당히 많은 한옥들이 전면 수선을 했거나 새로 지어졌다는 걸 알 수 있다. 이러한 방식을 참고하면 부산 서쪽 지역이 마주하는 딜레마에서 벗어날 제3의 길을 찾을 수도 있다. 이유는 간단하다. 어느 곳이나 도시의 공간을 지속적이고 장기적으로 개선해나가면 새로운 인구 유입에 긍정적인 영향을 미친다. 한국 사회에서 아파트는 앞으로도 오랫동안 주류가 될 것은 분명하지만, 갈수록 개성이 있거나 상대적으로 값이 저렴한 집을 찾는 이들 역시 점점 늘어나고 있다. 그런 이들에게 부산의 서쪽 지역은 매력적인 요소가 있다.

한국인들만 염두에 둘 일이 아니다. 이러한 분위기를 선호하는 외국인들, 나아가 부산에 살기 위해 찾아오는 외국인들에게도 부산의 서쪽 지역이 가진 장점은 매력으로 다가설 가능성이 크다. 인구 감소 문제를 해결하기 위해 외국인들의 이민을 적극 장려하는 필요가 갈수록 커질 것이고 한국 정부의 정책 역시 이런 점을 반영할 것이다. 그렇다면 이미, 한국에 관심 있는 외국인들 사이에 가장 열린 도시로 알려진 부산은 경쟁력이 있다. 부산 역시 한국의 어떤 도시보다 외국인들을 받아들일 준비가 되어 있다. 이는 부산이라는 도시 깊숙한 곳에 내재화된 이국성의 또다른 측면이면서 동시에 부산의 희망이기도 하다.

부산 지역을 나누는 동과 서의 격차는 부산만의 문제가 아니다. 이는 대한민국의 미래와도 깊은 관계가 있다. 철거냐 보존이냐, 개발이냐 재생이냐 두 개의 양 극단에서 어느 길로 가야 할지 모르겠다면 급한 걸음을 멈추고 새로운 제3의 길을 생각해야 할 때다.

1982년 일본에서 타고 온 배 위에서 부산을 처음 봤을 때 눈에 띈 건 부산 타워(다이아몬드 타워)만이 아니었다. 당시 내 눈에 비친 풍경 속에는 코모도 호텔이 있었다. 한국의 건축을 전혀 모르던 내 눈에 그 건물은 무척 흥미로웠다. 그 지붕 디자인을 보면서 나는 '한국적'이라고 여겼다. 1979년 완공한 코모도 호텔은 그러나 나중에 알고 보니 한국적이면서 동시에 중국적이었다. 호주 출신의 개발업자가 디자인한 호텔 건물은 한국의 건축미를 반영했다기보다 호주 사람이 인식한 소위 '아시아적'인 미학의 결과물이었다. 결과적으로 매우 이국적인 외양을 갖게 된 이 건물을 두고 의견들은 분분하다. 어떤 이들은 군사 독재 시대가 바라보는 전통을 키치스럽게 담았다고도 하고, 정반대로 전통적인 요소를 공간을 통해 새롭고 독특하게 형상화한 멋진 작품이라고 하는 이들도 있다.

하지만 내 눈에 비친 코모도 호텔은 이것도 아니고 저것도 아니다.

그저 이국적인 도시, 부산이라는 정체를 담은 메타포다. 그것을 어떻게 바라보느냐는 시선에 따라 다를 것이다. 부산을 바라보는 나의 시선은 이렇게 정리할 수 있다. 아름다운 자연 환경, 낯선 이를 끌어당기는 이국성, 이것이야말로 부산의 매력이자 희망이라고.

04

어느덧 코즈모폴리턴,
새 시대의 주인공 또는
고립과 쇠퇴의 갈림길

제2의 고향 서울
_대한민국, 서울특별시

1982년 부산을 거쳐 무궁화호 기차를 타고 처음으로 서울을 찾았다. 첫 만남은 그렇게 이루어졌다. 그뒤로 1983년부터 2014년까지 약 30년에 걸쳐 거의 13년 정도를 서울에서 살았다. 꼽아보니 고향 앤아버를 제외하고 가장 오래 살았다. 나에게는 제2의 고향이다.

오래 살았다고 해서 무조건 제2의 고향이 되는 건 아니다. 이 도시에서 나는 정말 치열하게 살았다. 그 덕분에 곳곳에 추억이 배어 있고, 오래전 일들도 기억이 아주 생생하다. 2014년에 서울을 떠나 미국으로 돌아와 살고 있지만 코로나19팬데믹으로 발이 묶였을 때를 빼고는 해마다 한두 차례 한국을 찾아 꽤 오랫동안 머물곤 하는데, 돌아가기만 하면 내가 이곳을 떠났다는 것을 잊을 정도로 여전히 바쁘게 지내다 온다. 갈 때마다 마치 고향에 간 것처럼 모든 곳이 익숙하고 만나는 이들은 여전히 친숙하다.

최근 몇 년 전부터는 서울에서의 일정에 약간의 변화를 주기 시작했다. 시간을 아껴가며 분주하게 어딘가를 가고 누군가를 만나느라 피곤할 정도였는데, 이제는 일주일에 하루 정도는 누구와도 약속을 잡지 않고 옛 추억을 떠올릴 만한 곳들을 혼자서 찾아다니곤 한다. 한가하게 이 골목 저 골목을 걷곤 하는데, 주로 예전에 살던 집 근처나 즐거운 기억이 남아 있는 장소들을 찾는다. 사진을 찍으면서 옛일을 떠올리는 즐거움이 각별하다. 예전에는 바쁜 일정으로 쫓기듯 다니는 것을 즐겼다면, 언젠가부터는 이렇게 조용하게 나 혼자만의 시간을 누리고, 옛 추억을 떠올리는 맛을 만끽하고 있는 셈이다. 굳이 따져보면 50대 중반 이후에 생긴 변화다.

이럴 때마다 떠올리는 추억의 맛을 뭐라고 설명할 수 있을까. 그리움이라는 한국어보다는 포르투갈어인 소다드saudade, 브라질 발음으로는 소다지가 더 적합할 듯하다. 소다드는 한국어로 그 의미를 정확하게 전달하기가 좀 어려운 단어다. 정情이나 한恨의 뜻을 외국어로 정확하게 옮기기 어려운 것과 비슷하다. 포털 사이트의 오픈 사전에서 찾아보니 "누군가를 그리워하는 마음이나 잃어버린 무엇인가를 그리는 애수, 향수를 가리키는 말"이라고 설명을 해뒀다. 비교적 정확하다고는 할 수 있지만, 그 의미를 백 퍼센트 잘 전달했다고 말하기는 좀 어렵다. 굳이 더 설명하자면 애수와 향수라는 의미에 더해 바로 그런 애수와 향수를 느낌으로써 과거, 즉 예전의 기억과 나누는 소통의 즐거움 역시 소다드다.

●

나는 서울의 골목을 걷고 있을 때 바로 그 소다드를 자주 느낀다. 끝날 것 같지 않던 코로나19팬데믹 이후 2022년 봄 오랜만에 서울을 찾은 나는 시간을 내서 하루종일 북촌을 산책했다. 1983년에 처음 가봤으니, 오랜 세월이 흘렀다. 약 40년 전 전통 건축물인 한옥을 처음 봤을 때부터 기와의 곡선이며 대문의 주물 장식, 화방벽 등이 매우 매력적이었다. 그런 한옥을 실컷 보기 위해 찾던 곳이 바로 북촌이었다. 예전이나 요즘이나 북촌에 한옥이 많은 건 여전하지만 40년 전에는 관광객들을 거의 찾아볼 수 없었다. 골목마다 구멍가게·방앗간·세탁소 등이 있었고, 요즘 같은 카페나 식당은 거의 없었다.

1980년대만 해도 서울 거리를 다니던 외국인들은 거의 없었고, 북촌을 찾는 외국인은 더더욱 없었다. 나는 한옥에 푹 빠져 한국에 머물 때면 적어도 한 달에 한 번은 북촌을 찾았는데, 내가 북촌에 가면 그곳의 주민들은 호기심 어린 눈길로, 아주 노골적으로 나를 바라봤고, 아이들은 큰소리로 '헬로' 또는 '미국 사람이다'라고 외치곤 했다.

그후 1986년부터 1993년까지 한국에서 영어를 가르치거나 다른 일을 하며 지내게 되었고, 나의 북촌 방문은 더욱 잦아졌다. 당시 서울은 하루가 다르게 급변하고 있었다. 서울 전체가 들썩거리고 있는 와중에도 북촌만은 1984년부터 적용하기 시작한 가회동 한옥 보존 지구라는 엄격한 규제로 인해 원래의 모습 그대로였다. 모두 변하고 있는데, 변하지 않는다면 그곳이 이상하게 여겨지게 마련이다. 한옥 보존이 꼭 필요하다고 여기는 정책의 방향과 달리 북촌 주민 중에는 규제에 반대하는 이들이 많았고, 그 목소리도 꽤 컸다. 1992년 봄, 한국을 방문한 여동생과 함께 북촌을 찾았다. 화방벽 곳곳마다 '한옥 보존 반대'라는 빨간 글씨가 매우 거칠게 써 있었다. 여동생은 그걸 보고 "한국도 미국처럼 정치가 시끄러운 나라"라고 했다.

그후 또 시간이 흘렀다. 북촌과의 인연은 좀 더 이어졌다. 2008년 다시 서울에 온 나는 한동안 계동 중앙고등학교 근처 한옥에서 살았다. 북촌은 이제 여행자로 들르는 곳이 아니라 내가 사는 동네가 되었다. 내가 살던 한옥은 어느 정도 수리가 된 집이었다. 당시 한옥을 수리해서 사는 붐이 한창이었고 여기저기 공사가 한창이었다. 그 무렵 계동길 여러 가게의 업종 역시 바뀌고 있었다. 해마다 여름 방학에는 미국에 다녀오곤 했는데, 가기 전에 분명히 문을 열고 있던 철물점이나 구멍가게 등이

1983년 서울 가회동.

1984년 서울 동소문동.

다녀온 사이에 어디론가 사라지고, 그 자리에 관광객을 위한 찻집이나 식당 등이 영업을 하고 있어 매우 놀랐던 기억도 선명하다. 세계 주요 도시마다 문제점으로 거론되는 젠트리피케이션이 이 당시 이미 북촌에서 일어나고 있었다. 관광객이 늘어나면 늘어날수록 이런 변화는 가속화되었다.

2022년 봄에 이어 가을까지 나는 서울에 두 차례 오래 머물렀다. 북촌은 늘 빠지지 않고 걷는 곳이었다. 가을의 북촌에서도 나는 소다드를 느꼈다. 이처럼 나로 하여금 줄곧 소다드를 느끼게 한 것은 무엇이었을까. 북촌의 골목에 남아 있는 옛모습 때문만은 아니다. 바로 사람들이었다. 1980년대 초 서울대에서 어학연수를 함께 받았던 동학들, 1990년대 초 서울을 찾은 여동생, 2010년대 서울대에서 가르쳤던 제자들, 허물없는 이웃으로 지낸 서촌의 친구들 그리고 계동길 단골가게 주인들의 얼굴, 익선동 단골 전통 찻집 뜰안에서 만난 사람들이 북촌 골목길을 걷는 동안 하나씩 떠올랐다. 그들과 이 골목을 걸었던 때도 생각나고, 한 사람의 얼굴을 떠올리니 꼬리에 꼬리를 물고 다른 사람들까지 줄줄이 떠올랐다.

이런 소다드를 북촌에서만 느끼는 건 아니다. 종로2가에 가면 젊은 시절 자주 가던 단골 술집 종로대학이나 OB베어에서 친구들과 떠들던 시절의 풍경이, 추운 겨울 종로서적 앞에서 친구를 기다리던 추억이, 명동의 눈스퀘어 앞을 지날 때면 옛 미도파 백화점 안의 식당 로사에서 외국인 친구와 함께 맛있게 먹었던 서양식 음식의 맛이, 대학로에 가면 지금은 스타벅스가 들어선 샘터극장 옆에서 친구와 아주 긴 시간 동안 나누던 대화 장면이 떠오르면서 수많은 추억과 함께 소다드를 느끼곤 한다.

내가 소다드를 느끼는 곳은 주로 서울의 강북, 거기에서도 사대문 안 지역이다. 재직했던 서울대학교를 제외하고는 강남과는 제대로 된 인연을 만들지 못했다. 강남은 엄연한 서울이지만 나와는 인연이 거의 없어 내 마음에서는 완전히 다른 도시처럼 여겨진다.

사람은 누구나 실제로 존재하는 지도보다 마음속 가상의 지도로부터 훨씬 영향을 크게 받는다. 가상의 지도는 일상의 삶과 사유에만 머물지 않고, 인식의 바깥으로 나와 세상을 보는 눈에도 영향을 미치게 마련이다. 가상의 지도 속에서 나에게 서울은 곧 강북이며, 사대문 안의 몇몇 장소다. 강남은 '뉴서울'이며 여의도와 영등포는 위성도시다. 서울에서 오래 살았고, 지금도 1년에 몇 달씩 서울에 가 있곤 하지만 어쩌다 강남에 가게 되면 '서울' 같지 않아 이질감이 느껴지고 여의도는 매우 인공적인 계획 도시 같아 사람 냄새를 느낄 수가 없으며 서울대 인근은 마치 경기도 공장 지대의 연장선처럼 느껴졌다. 최근에 와서 서울대 인근 서남 지역에 외국인 이주민들이 많이 살고 있어 관심의 대상이 되기는 했지만 익숙한 곳으로 꼽기에는 시간이 좀 더 필요하다. 이런 이유로 나에게 서울이라는 도시에 걸맞는 '이 도시적인' 삶이란 강북, 그중에서도 사대문 안에서 가능하다.

어쩌면 나의 가상의 지도는 고등학교 시절 잠시 머물렀던 도쿄에서의 경험으로부터 비롯한 것일지도 모른다. 도쿄는 내가 최초로 경험한 '대도시'였고, 그 때문에 나에게 대도시의 원형은 도쿄로부터 형성되었을 것이다. 그 이전, 나 역시 다른 앤아버 사람들처럼, 대도시 뉴욕에 대

1980년대 말 서울 종로.

1980년대 말 서울 명동.

1987년 서울 청계천.

1983년 서울
종로.

1984년 서울
인사동.

1987년경 서울
평화시장.

한 선망이 있었다. 가보지 못한 곳에 대한 환상에 가까웠다. 도쿄를 통해 장착하게 된 '대도시의 원형'의 시각으로 나는 1980년대 초반의 서울을 만났다. 당시 내가 본 곳은 서울의 강북이었다.

서울과 도쿄는 비슷하기도 하고 다르기도 했다. 인구 밀도가 높고, 큰 도로의 인접 도로로는 자동차가 많이 다니지 않았다. 여기저기 작은 가게도 많았다. 한편으로 고궁과 종묘, 조계사, 인사동 등이 가까이 있어 도시의 역사성을 더 밀착해서 느낄 수 있다는 점은 도쿄보다 훨씬 매력적이었다.

1970년대 본격적으로 개발하기 시작한 강남은 아직 10년 남짓밖에 되지 않아 아파트 단지가 즐비한 주거 지역일 뿐이었다. 곳곳에 상업 시설이 있긴 했지만 주로 가까운 아파트 주민들의 편의를 위한 것이었다. 주로 화이트 칼라의 중산층들이 살고 있었는데, 이들의 문화 생활은 여전히 강북을 중심으로 이루어지고 있었다. 이때만 해도 강북과 강남을 연결하는 지하철 2호선 순환선은 아직 완전히 개통되지 않았다. 1980년 개통을 시작한 지하철 2호선 순환선은 1984년에 완성이 되었다.

나는 어렴풋하게 서울의 강북은 도쿄의 시타마치, 강남은 야마노테와 비슷한 성격이 아닐까 생각했다. 하지만 강남에서 도쿄의 시부야나 오모테산도 같은 '나우이' 지역은 거의 찾아보기 어려웠다. 나는 이런 차이가 서울과 도쿄 간의 경제력 차이 때문이라고만 생각했다. 그도 그럴 것이 이미 도쿄는 세계적인 대도시 중 하나로 꼽히고 있었고, 서울은 아직이었다. 하지만 서울에 오래 살면서 두 도시의 차이에는 좀 더 복잡한 이유가 있다는 걸 알게 되었다.

도쿄 야마노테의 뿌리는 메이지 유신의 탈아 정신에서 비롯했다. 서울의 강남은 박정희 전 대통령의 군사적 국가 발전 모델에 그 뿌리를 두고 있다. 애초에 출발 자체가 달랐기 때문에 도쿄의 야마노테에서 느꼈던 가볍고 경쾌한 분위기와는 달리 서울의 강남에서는 계획 도시의 엄격함과 권위가 느껴졌다. 계획 도시의 특성상 도로는 널찍하고 반듯했으나 분위기는 매우 삭막했다. 강남의 거리를 걷다보면 시민들이 자발적으로 만들어낸 공간들을 거의 찾아볼 수 없어 재미도 없고 지루하기만 했다. 주요 문화 시설은 물론 젊은이들이 주로 모이는 장소도 대부분 강북에 집중되어 있었다. 강남은 문화의 사막 같았다.

게다가 강남의 아파트 단지 역시 내 눈에는 매우 특이해 보였다. 도쿄 역시 아파트가 많긴 하지만 서울처럼 같은 아파트 단지가 계속해서 이어지는 풍경은 낯설었다. 게다가 아파트의 이름은 다 다른데 모양새는 한결같다는 것도 이해하기 어려웠다. 더 인상적인 것은 단지를 둘러싼 높은 담과 자동차 중심의 출입구였다. 그 이전까지 주택가의 담은 상징적인 것으로만 여겼던 나로서는 내부와 외부의 뚜렷한 경계의 역할을 실제로 하고 있는 서울 아파트 단지의 담은 낯설었을 뿐만 아니라 모양새도 군부대나 감옥을 연상시켜 보기에 매우 불편했다.

대도시로서의 역사가 이미 오래된 곳들은 대중교통을 이용하는 보행자 중심으로 도시의 풍경이 만들어진다. 그도 그럴 것이 자동차는 20세기 이후에 등장했는데, 오래된 대도시에는 이미 그보다 훨씬 이전부터 사람이 살고 있었고, 자동차 등장 이후 도시가 확장이 되는 경우에도 그러한 도시의 풍경은 가급적 일관되게 유지되었다. 그렇기 때문에 대부분 오래된 대도시의 거리는 복잡해 보이면서도 오가는 사람들로 언제나 활기차다.

강남의 아파트 단지는 달랐다. 사람들이 보이지 않았다. 출입구부터 자동차 중심이었다. 주민들은 자동차로 아파트 안팎을 출입하고, 그 경계는 다시 높은 담으로 에워싸여 있어 출입구를 통과해 각자의 집으로 들어가면 단지 안을 걸어서 다닐 필요가 사라진다. 단지 안을 산책하려면 자동차의 통행과 소음으로 방해를 받고, 보이는 것은 높은 담 그리고 획일적인 아파트 건물밖에 없으니 이 삭막한 공간을 더더욱 걸을 이유가 없다. 그렇게 보행자가 없으니 단지 안은 더 썰렁하고, 썰렁하니 더 삭막해 보인다.

●

1980년대 초 내 눈에 보인 강남의 아파트 단지 풍경은 그래서 한마디로 매우 기묘했다. 그러면서 한편으로 도대체 이런 도시를 누가 계획하고 만들었으며, 이런 곳에서 누가 살고 싶어 할까 궁금했다. 그 궁금증은 오래 가지 않아 풀렸다. 아파트에 사는 사람들을 관찰해보니 답을 쉽게 찾을 수 있었다.

한국은 1960년대 박정희 전 대통령의 공업화 정책이 국가 전체적으로 확산, 정착되면서 경제적인 격차가 두드러지게 나타났다. 경제적으로 일정한 성취를 거둔 사람들에게는 일종의 상징이 필요하게 마련이다.

아파트는 1970년대 중반 일종의 붐처럼 본격적으로 건설되면서 문화 시민의 생활 방식에 어울리는 주거지로 각광 받기 시작했고, 나아가 아파트에 산다는 것은 가난을 벗어났다는 의미 외에 화이트 칼라 계층으로의 진입을 상징했다. 여기에 더해 1980년대에는 자가용의 소유가 화이트 칼라 중에서도 성공한 사람의 상징이 되었다. 이 무렵 개발되기 시작한 강남의 아파트 단지는 이러한 상징의 기호와 맞물려 아파트에 사는 사람은 누구나 깨끗하고 좋은 차를 가지고 있는 것이 당연하다는 인식이 형성되었다. 그러니 아파트의 출입구가 자동차 중심인 것은 이런 맥락으로 보면 매우 자연스러운 모습이었다.

아파트와 자동차는 사회적 신분 상승에 성공한, '코리안 드림'의 상징이었다. 상징의 형성은 곧 상징을 갖는 쪽과 갖지 않은 쪽의 차별을 불러온다. 자동차 중심의 대규모 아파트 단지가 성공한 화이트 칼라의 상징이 되면서 그 외의 지역은 점점 성공하지 못한 서민들의 주거 지역으로 인식되었다. 자동차를 타는 사람과 거리를 걷는 사람이 나뉘어졌고, 아파트 단지의 마트를 이용하는 사람과 시장에서 장을 보는 사람이 다시 또 나뉘어졌다.

이런 모습은 물론 서울에서만 나타나는 게 아니었다. 이미 1920년대 미국에서도 '아메리칸 드림'의 상징은 단독주택과 자동차였다. 번잡한 도시를 벗어나 교외에 잔디가 깔리고 정원이 딸린 아름다운 단독주택을 소유하고, 번잡한 도시에서 단독주택으로 오갈 때 자가용을 이용하는 모습이야말로 미국 사회에서 성공한 화이트 칼라의 전형이 되었다.

그러나 이 두 나라의 '드림'은 그다지 아름답지 않았다. 이 꿈을 꾸는 도시의 계획자들과 그 계획의 소비자들은 대중교통의 의미를 간과함으로써 도시 공간에서의 활기를 지워버렸다. 미국의 주요 도시 외곽에 펼쳐진 넓디 넓은 단독주택 단지와 한국의 아파트 단지는 따라서 매우 다르면서도 흡사하다. 인구 밀도에 있어서는 비교하는 것이 이상할 정도로 차이가 크다. 하지만 사회적 신분 상승을 꿈꾸는 이들에게 선망의 대상이라는 것, 그 선망의 대상을 이루는 풍경에 오고 가는 사람들이 보이지 않는다는 것은 놀라울 정도로 같다.

오래전부터 나의 가상의 지도 안에서 미국 대도시 인근 단독주택 단지는 도시 밖이었다. 그런 나였던 터라 1980년대 강남을 바라보는 내 눈에 이곳은 도시 밖이었으며, 내게는 '서울'로 여겨지지 않았다.

●

1990년대의 서울은 또 달랐다. 어렵게 지켜온 민주화 운동의 물결은 1987년 분기점을 마련해냈다. 이를 기점으로 서울은 거침없이 변화하기 시작했다. 1995년 교토 리쓰메이칸 대학 교수로 재직하는 동안 1년에 두세 번씩은 꼭 한국을 방문했다. 올 때마다 서울은 달라지고 있었다. 계절이 달라지는 것만큼 변화의 양상이 눈에 띄게 두드러졌다.

무엇보다 젊은이들의 분위기가 확연하게 달라졌다. 이 시대의 젊은이들을 주로 '서태지와 아이들' 세대라고들 하지만, 무엇보다 이들과 앞 세대 간의 중요한 차이는 한국의 역사상 최초로 민주화 이후 중학교와 고등학교를 다녔다는 점이다. 유신과 독재의 체제 아래 교육 받은 이들은 그 체제를 비판하면서도 일종의 파시즘에 영향을 받을 수밖에 없었다. 하지만 민족과 민주주의, 계급과 이념의 추구를 중요시했던 386세대와는 달리 1990년대 이후 한국의 젊은이들에게는 개인의 행복을 추구하는 것이 무엇보다 중요했고, 이들은 매우 밝고 자유롭게 원하는 대로 살아가는 것에 거리낌이 없었다.

'서태지와 아이들' 세대의 등장과 지속적인 경제 발전이 맞물려 서울에도 유행에 예민하고 새로운 것을 만들어내는 문화가 점차 형성, 확산되기 시작했다. 누구의 눈치도 보지 않는 젊은이들이 만들어낸 이 문화는 홍대앞과 압구정동이 바로 그 본산이었다.

1980년대 대학생 문화를 바탕에 두었던 홍대앞은 서양의 펑크 문화를 받아들이면서 이전과는 다른 새로운 문화 풍토를 만들어냈다. 1990년대 말 친구 몇 명과 함께 홍대앞 클럽에서 내가 무척 좋아하는 1970~80년대 펑크와 뉴웨이브 음악에 맞춰 신나게 춤을 추며 즐긴 적도 있고, 설치미술가 최정화 작가가 그 당시 인테리어를 맡은 지상 신촌역 옆 록카페 올로올로에 몇 번이나 가서 미친 듯이 춤을 추기도 했다. 그런 다음 날이면 여지없이 지독한 숙취로 고생을 하긴 했지만 이제 서울은 1980년대에는 상상할 수 없었던 변화가 시작되었고, 민주화 이후 드디어 자유를 만끽할 수 있는 도시가 되었음을 실감했다.

압구정동은 '오렌지족'이라는 신조어와 함께 언젠가부터 유명해져 있었다. 도대체 그 분위기가 어떻길래 유명해진 건지 궁금해서 친구와 마음먹고 구경을 하러 갔다. 지하철 3호선 압구정역에서 내려 오렌지족들이 자주 다닌다는 뒷골목을 돌아다녔다. 확실히 달라져 있었다. 예전의 강남 지역에서 전혀 느낄 수 없던 분위기가 압구정역 근방을 가득 채우고 있었다. 당시 내 나이 이미 서른 후반이었기 때문에 젊은이들과 어울려 즐기는 건 불가능했지만, 거침없는 패션과 자유분방한 거리 문화를 마음껏 즐기는 새로운 세대의 밝은 표정이 무척 좋아 보였다. 굳이 비교를 하자면 도쿄의 야마노테 같은 가볍고 경쾌한 분위기가 압구정동에서 피어오르고 있었다. 하지만 그때까지만 해도 압구정동에서 크루아상은 보지 못했고, 모벤피크Mövenpick 아이스크림은 눈에 띄었는데, 그 아이스크림을 보고 있자니 도쿄 생각이 났다.

이 당시 서울은 독재 정권이 쥐고 흔들던 '수도'라는 권위에서 막 벗어나 활기차고 매력적인 대도시로 다시 태어나는 중이었다. 그것도 시민들의 자발적 움직임으로. 지하철 2기 공사가 완료되면서 노선이 두 배로 늘어났다. 뉴욕이나 도쿄처럼 서울 역시 지하철 도시가 되었다. 아파트 단지로만 가득했던 강남에 거대한 상업 지구가 들어서면서 강북의 사대문 안에 자리잡고 있던 전통적인 상업 지구를 이미 초월해가고 있었다. 강남은 강남대로 명실상부 '뉴서울'이 되었다. 1990년대 말은 지금으로부터 이미 20여 년 전이지만, 오늘의 서울은 그때 형성된 모습에서 비롯했다고 해도 틀린 말이 아니다.

●

1990년대라는 시대적 상황은 서울의 모습만 만들어낸 것이 아니다. 오늘날의 세계 질서와 경제 구조의 틀 역시 그 무렵에 형성되었다. 1990년대 초 소련의 붕괴로 냉전은 종식되었다. 미국은 유일한 초강대국의 지위를 획득했다. 동시에 미국과 영국발 신자유주의가 주요 국가에 정착, 전 세계적으로 확산되어 글로벌화globalization라는 말이 유행하기 시작했다. 중국은 경제 대국으로 급부상했고, 유럽은 공통 화폐인 유로로 대동단결했다. 한편으로 기후 변화에 대한 논쟁이 활발해진 것도 이 무렵

1995년 서울 청계천.

1990년대 초 서울 대학로.

1995년 서울 아파트 단지.

부터다.

컴퓨터의 보급과 엄청나게 빨라지는 인터넷의 속도가 불러온 변화를 빼놓을 수 없다. 이로 인해 개인의 일상은 물론 사회 전반에 걸쳐 대대적인 변화가 일어났다.

인터넷을 처음 사용하던 때부터 그 보급과 속도의 엄청난 변화 등을 생각하면 떠올릴 만한 이야깃거리가 많다. 1999년 한국을 찾았을 때의 일이다. 가까운 친구 집으로 놀러갔는데, 친구가 케이블 모뎀을 자기 집에 설치했다고 자랑을 했다. 일본에서 케이블 모뎀을 개발 중이라는 소식은 듣긴 했는데 그것이 벌써 한국의 일반 가정집에 보급되어 있다고 하니 믿어지지 않았다. 하지만 친구는 미심쩍어하는 나를 놀리기라도 하듯 내 앞에서 바로 컴퓨터를 켜고 곧바로 인터넷에 접속을 해보였다. 전화선 모뎀으로 접속을 하면 특유의 신호음이 들리게 마련인데 아무런 소리도 없이 접속이 가능할 뿐만 아니라 속도 역시 비교하기 어려울 정도로 매우 빨랐다. 몇 년 후 일본에서도 ADSL이 빠르게 보급되면서 전화선 모뎀은 역사 속으로 사라졌다. 당시는 한국이 IMF로 어려운 상황을 겪은 직후였다. 그때까지만 해도 한국은 선진국인 일본을 여러모로 열심히 쫓아가고 있다는 인식이 강했고, 그런 인식은 나만 가지고 있던 게 아니었다. 그런 나로서는 한국에서 일본보다 앞서는 분야가 등장했다는 사실이 놀랍지 않을 수 없었다.

그때의 방문 이후 나에게 서울은 'IT 천국'으로 여겨지기 시작했다. 확실히 기술적 측면에서 일본과의 차이가 매우 뚜렷하게 느껴졌다. 한국에 올 때마다 눈부시게 빨라지는 인터넷의 속도를 즐기며 감탄했다. 변화를 받아들이는 한국인과 일본인의 차이 역시 관심사였다. 인터넷을 바라보는 한국인들의 표정에는 대부분 호기심이 강하게 드러나 있었다. 이에 비해 일본인들은 막연한 두려움 같은 걸 느끼고 있는 듯했다. 당시 일본의 동료 교수들 중에는 이메일 사용을 낯설어 하는 이들이 많았고, 대부분의 명함에는 이메일 주소가 없었다. 하지만 학회에서 만나는 한국 학자들과 주고 받는 명함에는 거의 예외없이 이메일 주소가 적혀 있었다. 이들에게 인터넷은 이미 생활 속으로 들어와 있는 듯했다. 일본보다 훨씬 발 빠르게 기술의 진보가 이루어지고 있었고, 이를 받아들이는 사람들 역시 적극적이어서 기술과 그 기술의 수용이 빠르게 발전하고 있었다. 나는 이런 한국이, 서울의 이런 문화가 매우 흥미로웠고, 서울은 곧 전 세계적으로 새롭게 부상하는 IT문화의 중심 도시 중 하나가 되었다. 한국인들에게 인터넷은 자유로운 해방의 공간처럼 여겨지는 듯했고, 그러한 공간에 그토록 빠르게 자발적으로 진입하는 모습이 내 눈에는 어둡고 무거운 권위주의 시대의 마침표이자 새로운 시대로 진입하는 증거처럼 여겨졌다.

●

2000년대로 접어들면서부터는 일본에서 너무 분주하게 지내느라 한국 방문이 차츰 뜸해졌다. 하지만 한국은 늘 마음 한쪽에 머물러 있었고, 일본의 도시를 바쁘게 다니면서도 문득문득 한국의 친구들, 그들과 함께 다닌 거리가 떠올랐다. 그러면서 '그 거리를 그 친구들과 다녔던 그때는 내가 참 젊었구나, 그 친구는 지금 어디에서 뭘 하며 지내고 있을까' 하는 소다드를 자주 느꼈다. 그리움이 쌓이면 길이 만들어지는 건지도 모른다. 우연처럼 운명처럼 나는 불현듯 2008년부터 서울대학교 교수로 일하게 되었고, 15년 만에 다시 서울에서 살게 되었다. 그 덕분에 나로서는 새로운 눈으로 서울을 바라볼 기회를 얻었다.

정식으로 부임하기 전 8월에 오랜만에 서울을 다시 찾았다. 5박 6일의 짧은 일정 동안 주로 내가 간 곳은 강북이었다. 숙소는 서울대 호암교수회관으로 잡았고, 학교에서 처리해야 하는 일도 많았지만 친구를 만날 때나 도시를 산책할 때면 늘 강북이었다.

그날도 무척 더웠다. 친구를 만나기 전 시간을 일부러 내서 북촌 골목을 오래 걸었다. 2003년 학회 참석을 위해 한국에 왔을 때 들러본 뒤로 약 5년 만의 산책이었다. 북촌은 많이 변해 있었다. 낡은 한옥들 중에는 수리를 한 집이 꽤 있었고, 차도와 인도가 정비되어 있었다. 그때도 관광객들이 보이긴 했지만 주민들의 생활에 피해를 줄 정도는 아니었다.

북촌을 걸을 때면 언제나 1980년대 처음 이곳에 왔을 때의 모습을 떠올리곤 했는데, 이때는 눈에 보이는 '현재의 북촌'을 들여다보는 것이 무척 흥미로웠다. 막다른 골목에 접어들었을 때였다. 그 근처 집주인 아저씨가 집 안으로 들어가려다 나를 보시더니 원한다면 잠깐 집구경을 해도 좋다고 하셨다. 들어가보니 부엌과 화장실을 수리한 상태였고, 앞으로 차차 다른 곳도 수리를 해나갈 계획이라고 하셨다. 아저씨와 이런저런 이야기를 나누고 있는데 이번에는 아주머니가 수박을 내오셨다. 처음 와보는 집 마당에 앉아 처음 보는 내외와 수박을 나눠먹으며 뜻밖에 많은 이야기를 나누게 됐다. 젊은 시절 '미8군'에서 일했다는 것, 그때부터 북촌 이야기를 많이 들어왔다는 것, 은퇴 후 한옥에 살아보고 싶어 약 1년쯤 전에 이 집을 샀다는 것, 수리를 해놓고 나니 사는 데 크게 불편

2009년 서울 서촌.

2011년 서울 서촌.

한 점은 없다는 것, 밤에 마당에 앉아 하늘을 볼 수 있어 좋다는 것 등등 우리의 이야기는 한 시간을 훌쩍 넘겼다. 친구와의 약속 시간이 다 되어 인사를 하고 돌아나와 계동 쪽을 산책하다 인사동에서 친구를 만나 즐거운 시간을 가졌다.

참 이상한 일이었다. 그날의 그 산책으로 내 머릿속 서울의 가상 지도는 순식간에 다시 1980년대의 지도로, 원점으로 돌아왔다. 그 사이 한국에 올 때마다 변화하는 강남을 지켜보기도 하고, 인터넷 강국으로서의 서울을 경험했으며, 홍대앞과 압구정동의 발랄한 분위기를 즐기면서 서울이라는 도시를 바라보는 내 시선이 조금은 달라졌다고 생각했는데 다시 돌아와 북촌을 걷고 나니 역시 서울은 강북이며, 사대문 안이야말로 서울의 심장이라는 생각이 강하게 들었다. 이미 15년 전의 일이지만, 지금 생각하면 오래된 도시 교토에 빠져들던 것 역시 나의 '도시 선호도'에 의해 영향을 받았던 게 아닐까 싶다. 말하자면 도시에 대한 나의 취향이 그렇게 이어지고 있는 것이 아닐까 싶다. 내 머릿속 가상의 지도는 서울이 품고 있는 역사의 깊이로 인해 원점으로 돌아갔다.

서울의 사대문 안과 그 인접 지역은 바로 이 역사성 때문에 특별한 의미를 지닌다. 오늘 걷는 이 거리가 바로 역사의 무대다. 그 역사는 과거의 사건으로 고정되어 있지 않고 오늘도 여전히 진행 중이다. 조선시대 왕의 행렬이 이어지던 곳, 일제강점기 3·1운동이 시작되었던 곳, 1987년 민주화의 불꽃이 타올랐던 곳, 그리고 대한민국 역사의 방향을 바꾼 촛불의 바다가 열렸던 곳이 오늘 내가 걷는 길 위다.

서울의 사대문 안 거리는 역사의 분기점을 기억할 만한 흔적과 상징적인 건물이 많이 남아 있어서 오늘과 과거의 가교 역할을 해내고 있다. 역사에 특별한 관심이 없어도 누구나 역사의 한 순간을 지금도 관통하고 있다는 것을 사대문 안을 걷고 있노라면 느낄 수 있다. 그것이 바로 문화의 깊이이자 역사가 베푸는 안정감이다.

●

몇 해 전 어느 글에서 서울을 '비빔도시'라고 표현한 적이 있다. 서울이라는 도시 안에 역사의 여러 층이 존재한다는 단순한 의미는 아니었다. 시간과 공간을 넘나들며 복잡하고 다채롭게 섞이고 혼합됨으로써 서울만의 독특한 분위기를 만든다는 뜻이었다.

　그 글을 지금 다시 쓴다면 문장이 조금은 달라질지도 모르겠다. 비빔도시인 것은 여전하지만, 서로 섞이는 과정이 아름답지만은 않다는 것, 여러 갈등이 등장하고, 그것을 때로는 풀고 또 때로는 부딪치면서 그렇게 하나의 도시를 이루어가고 있다는 내용을 추가하고 싶다. 강북과 강남이 그렇고 북촌과 동대문의 DDP가 그러하며, 서울로7017과 바로 옆 서계동 등이 그렇다. 바로 옆에 있긴 하지만 하나로 묶이기 어려운 이곳들은 서로 다른 이질적인 요소가 함께 조화를 이룬다기보다 부딪치고 갈등하는 모습을 있는 그대로 노출한다. 허허벌판이었던 강남을 대규모 아파트 단지로 탈바꿈하고 거기에 더해 흥미로운 상업 지구를 만들어 성공시킨 그 개발의 논리가, 역사의 깊이가 고스란히 배어 있는 강북을 변화시키려는 재개발의 거친 시도로 오늘도 꾸준히 이어지고 있다. 그런 일련의 시도가 바로 수많은 갈등의 원인이자 배경이 아닐 수 없다. 이러한 갈등의 와중에 어떤 이들은 재개발로 인한 이익의 기대로 꿈에 부풀고, 또 어떤 이들은 오래된 시간의 축적이 고스란히 배어 있는 장소를 잃고 싶지 않다는 바람으로 재개발을 반대한다. 이 좁혀지지 않는 차이를 서울은 어떻게 해결해나갈 것인가. 그 해결의 방법을 두고도 다시 또 거칠게 충돌하며 서울은 서울만의 길을 만든다.

시간은 또 흘렀다. 서울 생활을 완전히 정리하고 미국으로 돌아간 뒤 서울은 이제 거주지에서 방문지가 되었다. 북촌은 일상이 아닌 오랜만에 들르는 곳이 되었다. 2018년, 역시 오랜만에 찾은 이곳을 꽤 오랜 시간 천천히 걸었다. 변하지 않은 것과 변한 것이 번갈아 눈에 띄었다. 중앙고등학교 앞에서 현대사옥까지 이어지는 계동길에 옛날 단골 세탁소가 여전히 영업 중이다. 반가운 마음에 가까이 가보니 건너편에는 예전에 없던 크루아상 집이 문을 열었다. 외부 디자인과 간판이 도쿄 가구라자카의 그 집과 비슷했다. 도쿄의 그 집도 프랑스 빵집의 분위기를 내려고 했고, 이 집 역시 그렇게 꾸몄으니 비슷한 게 당연했다. 가구라자카에서 맛본 크루아상 맛이 떠올랐다. 그렇다면 이곳의 빵 맛은 어떨까. 나는 나도 모르게 이미 가게 안에 들어와 있었고, 크루아상을 주문해서 맛을 보고 있었다. 맛이 기가 막혔다. 2017년 봄에 맛본 가구라자카의 크루아상 맛에 비해 전혀 뒤떨어지지 않았다. 카운터의 점원과 빵 맛을 두고 한동안 시시콜콜한 잡담을 나누다 가게를 나왔다.

아, 서울도 이제 도쿄와 비슷해졌구나. 그런 생각을 하며 인사동까지 쭉 걸었다. 하지만 걷다보니 아니었다. 서울은 도쿄가 아니었다. 서울은 갈등과 마찰의 도시다. 도쿄는 메이지 유신 때로부터 오늘날까지 탈아가 여전히 도시의 핵심이다. 세계의 중심 도시 중 하나가 되면서부터 야마노테 문화가 도시의 주류가 되었고, 가구라자카의 크루아상은

SEOUL
TOURIST MAP

Host City of the 1988 Olympics

The Seoul Metropolitan Government
The Republic of Korea

1984년 제작된 서울 여행 지도.

야마노테의 상징으로서 큰 의미를 지닌다. 그러나 계동의 크루아상이 그런 상징이 될 수 있을까? 아닐 것이다. 이 크루아상은 도쿄의 그것과 맞은 흡사할지 모르지만 매우 복잡하게 '비벼진' 서울의 북촌에 흩어져 있는 수많은 소비재 중 하나일 뿐이다. 임대료가 오르면, 또는 크루아상을 찾는 이들이 줄어든다면 젠트리피케이션에 의해 언제 어떻게 그 자리에서 사라질지 모르는, 오늘만 존재하는 빵집. 이런 가능성 역시 첨단의 도시 서울 안에서 오래된 분위기의 소비를 즐기는 젊은 감수성과 그들의 취향을 발판으로 삼아 부동산을 통해 부를 창출하는 기성 세대들의 고정관념이 맞부딪혀 만들어내는 갈등의 결과다.

그리고 다시, 2022년 봄 코로나19팬데믹 이후 거의 3년 만에 북촌을 다시 찾았다. 다행히 예전 크루아상 집은 그대로 있었다. 2023년 봄에 다시 찾을 때도 그 자리를 지키고 있었다. 계동길 몇몇 가게는 없어지고 그 자리에 새로운 가게들이 들어서곤 했지만, 단골 카페 공드리의 여전한 모습을 보니 반가웠다. 코로나19팬데믹이라는 엄청난 위기로 인해 서울 역시 잠시 변화의 걸음을 멈춘 것을 부인하기 어렵다. 하지만 한편으로 숨가쁘게 변신하던 북촌은 잠시 숨을 고르고 안정을 찾아 한결 성숙한 동네가 된 듯하다. 변화와 안정을 오가며 일어나는 다양한 갈등은 서울을 끝없이 분주하게 하고 격동시킨다.

2016년 말, 나는 미국에서 TV를 통해 박근혜 전 대통령의 탄핵을 요구하는 대한민국의 촛불을 보았다. 그 장면을 바라보며 1963년 미국 워싱턴 D.C에서 일어난, 흑인 인권을 위한 대규모 시위를 떠올렸다. 나라와 시대가 다르지만 한국과 미국은 공통점이 있다. 그것은 바로 '시끄러운 나라'라는 사실이다. 지도자의 말을 그대로 믿거나 받아들이지 않고, 국민의 뜻에 반하는 일 앞에서 또는 사회적인 변혁을 위해 필요하다면 시민들이 들고 일어나 자신들이 원하는 바를 성취해낸 나라는 이 지구상에 그리 많지 않다. 더구나 평화적인 방법으로 나라의 미래에 강력한 영향력을 행사하는 경험을 갖는다는 것은 얼마나 대단한가. 한국과 미국은, 아니 한국과 미국의 시민들은 그런 점에서 행복한 경험을 만들어냈다. 스스로의 힘으로.

이런 특징은 현재진행형이다. 2020년 6월에 시작, 순식간에 미국의 작은 도시까지 퍼져 나갔던 '블랙 라이브스 매터'Black Lives Matter 시위를 지켜보면서 나는 한국을 뜨겁게 달군 탄핵 시위 촛불을 다시 떠올렸다. 그리고 이 두 나라의 '시끄러운' 공통점이 또 어떤 모습으로 내 앞에 펼쳐질지 사뭇 궁금해지기까지 하다.

1983년 서울에 처음 살았을 때 유신과 독재가 드리우는 어두움이 도시 전체를 휘감고 있는 듯했다. 하지만 그 안에서 뭔가 설명할 수 없는 매력을 느꼈다. 그때는 그 매력의 정체를 정확하게 알 수 없었다. 하지만 돌이켜보니 끝도 없이 반복되는 마찰과 갈등으로 연일 시끄러운 분위기에서 전달되는 에너지 때문이었던 듯하다. 그런 갈등이 만들어내는 묘한 에너지에서 나는 어렴풋하게나마 역동적으로 미래를 만들어나가는 힘이자 희망을 느꼈고 그것이 이 도시에서 내가 발견한 매력의 지점이었다.

1980년대부터 2023년 현재까지 서울은 끊임없이 변화하고 있다. 비록 '88만원 세대'나 '헬조선'이라는 말이 유행했고, 여전히 회자되고 있지만 서울의 변화를 만들어온 것은 다름아닌 시민들 그 자신이었다. 갈등으로 시끄러운 도시, 그 갈등을 동력으로 삼아 이전에 없던 새로운 미래를 스스로 만들어나가는 도시, 이 모든 것이 오늘도 여전히 흐르는 역사라는 무대 위에서 펼쳐지고 있는 도시. 나는 여전히 서울의 오래된 골목을 거닐며 이 도시 저변에 흐르는 희망의 거친 힘을 느끼곤 한다. 나의 젊음과 청춘이 깃든 그 시절 그 골목에 대한 소다드를 함께 느끼면서.

2020년 초부터 몇 년 동안 전 지구를 혼란에 빠뜨린 코로나19팬데믹으로 인해 도시에 대한 많은 사람들의 인식이 달라졌다. 실제로 뉴욕 맨해튼에 살던 이들 중 상당수가 도시를 떠나 시골에 가서 농사를 짓기 시작했다. 거꾸로 누군가는 붐비는 대도시를 더욱 더 열망했다.

내게 가장 큰 변화는 서울에 대한 생각이었다. 코로나19 직후부터 약 2년 반 동안 미국 프로비던스에만 머물렀다. 체중 관리와 건강을 위해 거의 매일 열심히 산책을 했다. 지도를 보며 동네와 가까운 공원까지 다녀오는 나만의 산책 코스를 만들었다. 그렇게 2년 반 동안 지내다보니 이제는 새로운 도시의 지도를 볼 때 우선순위가 달라졌다. 예전 같으면 맛있고 분위기 있는 카페나 도서관, 미술관, 극장 등을 찾았을 텐데 이제는 산책로와 공원이 어디 있는지를 먼저 찾는다. 그도 그럴 것이 도서관이나 미술관 등은 긴 시간 문을 닫았고, 문을 연 뒤에도 사전 예약 등을 거쳐야 해서 번거로웠다. 자주 갈 수 없으니 일상생활에서 문화시설의 비중은 확연히 줄었다. 그 대신 매일매일의 산책이 습관이 되면서 뜻밖에 아침저녁, 계절마다의 자연의 변화를 느끼게 되었고, 그 덕분에 팬데믹의 답답한 상황을 비교적 편안한 마음으로 견딜 수 있었다.

2022년 5월, 오랜만에 서울을 찾은 때는 한참 도시 속 공원과 산책로, 자연의 사소하지만 세세한 매일의 변화에 푹 빠진 상태였다. 숙소를 서울 홍대입구역 3번 출구 연트럴파크 근처로 잡고, 거의 매일 연트럴

2019년 서울 장수마을.

2022년 서울 대림중앙시장.

2022년 서울 혜화동 필리핀 주말 시장.

2022년 서울 성북동.

2022년 서울 명동.

2022년 서울 삼청동에서 본 인왕산.

2022년 서울 한양도성.

2023년 서울 경의선 숲길공원.

2023년 서울 선유도공원.

2023년 서울 성북천 산책로.

2023년 서울 신설동.

2023년 서울 이화동에서 본 남산.

2023년 서울 익선동.

2023년 서울 정릉.

2023년 서울 혜화동.

파크와 경의선 숲길을 걸었다. 운동삼아 일부러 경의선 숲길을 걸어 신촌역이나 공덕역에서 지하철을 타고 이동한 적도 많았다. 그뿐만 아니라 서울에 새로 생긴 산책로를 열심히 검색해서 거의 매일 찾아다니며 걸었다. 예전처럼 오래된 동네의 답사를 다닐 때도 일부러 근처의 공원과 산책로를 코스에 포함시키곤 했다. 가을에 다시 왔을 때는 혜화역 근처에 숙소를 잡았고, 마찬가지로 거의 매일 근처를 걸었다. 2023년에도 마찬가지였다. 서울의 자연과 산책로는 나에게 완전히 새로운 경험이었다. 익숙하다고 여긴 서울의 새로운 모습을 발견하는 기분이었다. 팬데믹 끝에 한국행 비행기를 탈 때만 해도 2019년에 떠나온 서울을 다시 보러 간다고 생각했을 뿐, 새로운 서울을 만날 거라는 생각은 전혀 하지 못했다.

새로운 서울은 산책로에만 있지 않았다. 팬데믹 내내 프로비던스에 발이 묶여 있는 동안 그 지역에 형성된 문화 다양성을 발견할 수 있었다. 우버를 이용하면서 도미니카공화국 출신 기사와 에스파냐어로 대화를 나누기도 했고, 2021년 여름에는 이민자들이 더 많이 사는 동네로 이사하면서 새로운 이웃을 통해 다양성을 일상에서 접하기도 했다. 이런 경험을 하고 나니 과연 서울의 다문화 현황은 어떨까, 궁금해졌다. 일부러 외국인 밀집 지역으로 알려진 곳들을 열심히 찾아다녔다. 가장 놀라운 곳은 대림동 차이나타운이었다. 규모는 물론이고 분위기가 완전히 이국적이었다. 마치 뉴욕 퀸즈의 플러싱 지역 같았다. 창신동도 빼놓을 수 없다. 같은 국적자들이 아닌, 여러 국적자들이 모여 살고 있는데, 이 지역 가게를 찾아 외부에서 오는 이들도 많았다. 매주 일요일이면 혜화로터리에서 열리는 필리핀 시장을 찾는 이들은 근처에 사는 필리핀 사람들이 아니다. 대부분 먼 곳에서 친근한 음식과 식재료 등을 사러 오는 이들로 붐빈다. 한 노점의 계란빵egg pie이 정말 너무 맛있어서 몇 번이나 사먹었다.

서울 안에 이렇듯 다양한 문화가 존재한다는 것을 모르지 않았다. 대부분 책을 통해 접한 내용이었다. 그러다 막상 현장에서 내 눈으로 직접 경험하고 나니 이미 서울이 여느 선진국 대도시에 못지 않을 만큼, 놀라울 정도로 코즈모폴리턴 도시가 되어 있다는 걸 깨달았다.

2022년, 2023년 만난 서울은 여전히 비빔도시다. 하지만 어느덧 그 내용은 확연히 달라졌다. 역사의 여러 층과 다채로운 공간의 혼재가 비빔도시의 주 재료였다면, 이제는 거기에 자연과의 동행, 다문화와의 공존이 추가된 느낌이다.

나는 여전히 서울을 제2의 고향으로 꼽는다. 하지만 몇 년 만에 다시 찾은 서울은 예전의 그 서울과는 다른 얼굴로 내 앞에 서 있다. 내가 마주한 서울의 이 얼굴은 오늘날 우리 시대가 마주하고 있는 기후 변화와 국경을 넘나드는 이주 현상과 밀접한 관련이 있다. 이 얼굴을 마주한 순간 내 안에서는 서울을 향한 호기심이 증폭되었다. 나의 호기심은 당연히 서울의 내일로 향한다. 과연 앞으로 서울은 어떤 모습으로 변화할 것인가. 미래를 포용하고 새 시대의 주인공이 될 것인가, 아니면 화석화된 과거를 오늘, 이 순간의 현재로 삼기 위해 스스로 고립하고 쇠퇴할 것인가. 나는 앞으로도 계속, 그 답을 찾아나가는 서울 곳곳을 많이 걷고, 사람들과 끊임없이 소통해 나갈 것이다. 물론 가는 곳마다 나만의 소다드를 느끼는 일도 이어지겠지만 말이다.

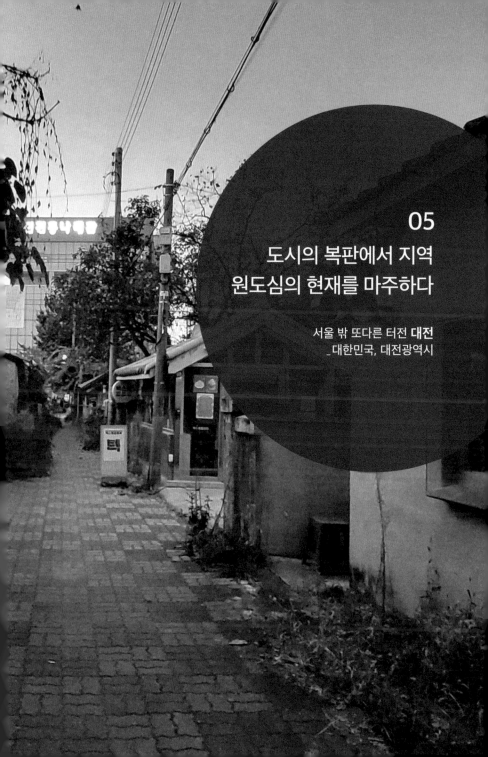

05
도시의 복판에서 지역
원도심의 현재를 마주하다

서울 밖 또다른 터전 **대전**
_대한민국, 대전광역시

한국에서 살았던 시간을 다 합하면 약 13년 남짓이다. 나를 아는 한국의 친구들은 쭉 서울에서만 살았다고 생각하지만 그렇지 않다. 11년 반정도 살았으니 서울이 가장 오래 살았던 도시인 건 맞지만, 1987년 2월부터 1988년 8월까지 약 1년 반 정도 대전에 살면서 한국과학기술대학에서 교양 영어를 가르쳤다. 훗날 한국과학기술원KAIST이 대전으로 이전하면서 한국과학기술대학을 흡수, 이 학교는 카이스트의 학부 과정이 되었다.

대전으로 내려갈 때만 해도 비록 '지방 도시'이긴 하지만 새마을호로 서울에서 한 시간 반 정도면 오갈 수 있어 서울로부터 벗어난다는 생각을 거의 하지 않았다. 나로서는 서울에 사는 것보다는 20대에 대학에서 학생들을 가르칠 수 있는 기회를 얻는 것이 더 중요했다.

이 시기는 다 알고 있는 대로 한국 현대사에 매우 중요한 분기점이었다. 1987년 6월항쟁이 있었고, 그해 말에는 대통령 직선제가 실시되었으며, 1988년에는 서울올림픽이 열렸다. 지금도 가끔 책이나 기사 등에서 한국의 민주화 과정을 언급하는 부분을 읽고 있노라면 저절로 대전에서 보낸 한때가 떠오른다.

대전으로 내려간 뒤 처음 살았던 곳은 대덕연구단지 안에 있는 교수 아파트였다. 주로 다녔던 곳은 오늘날 기준으로 보면 이른바 '구도심'이었다. 처음으로 시내에 나가 들른 곳이 문경서적이었다. 그무렵 서울에서 자주 다니던 종로서적만큼 큰 규모의 책방은 아니었지만, 의외로 영어 원서가 많아서 인상적이었다. 특히 에리히 프롬의 『자유로부터의 도피』와 H. 마르쿠제의 『일차원적 인간』의 영어 원서가 꽂힌 걸 보고 솔직히 놀랍다고 생각했다. 지역의 도시에서 과연 프랑크푸르트 학파의 책을 찾는 사람이 얼마나 있을까 의아했다. 이후로 문경서적의 단골이 되었다.

책방을 자주 다니다보니 새로운 친구를 사귀기도 했다. 어느 날 책방에서 우연히 충남대학교 학생을 만났고, 몇 마디 대화를 나눈 뒤로 자주 만나는 사이가 되었다. 비록 대학에서 가르치는 입장이긴 했으나 나 역시 20대였던 터라 이야기가 잘 통했다. 나보다 몇 살 어린 그 친구는 당시 대부분의 대학생처럼 정치에 관심이 아주 많았다. 그와 자주 만나면서 나는 한국의 정치 상황에 대해 많이 배웠고, 그는 다른 사람에게는 함부로 할 수 없는 정권 비판을 내 앞에서 마음껏 할 수 있어 좋다며 매우 후련해 했다.

정권에 대해 비판적인 건 그 친구나 대학생들만은 아니었다. 1987년 봄날, 급한 약속이 있어 택시를 탔는데 운전기사가 다짜고짜 내게 물었다.

"두환이에 대해 어떻게 생각하세요?"

나는 전혀 예상하지 못한 상황에서, 갑자기 맞닥뜨린 그의 질문에 순간 당황스러웠다.

"어떤 면을 말씀하시는 거예요?"

이렇게 묻는 내게 기사는 다소 냉소적으로 답했다.

"독재자잖아요."

그순간 전두환 전 대통령에 대한 반감이 대학생들만이 아니라 일반 시민들 사이에 몹시 강하게 형성되어 있음을 직접적으로 느꼈다. 며칠 뒤 이란에서 몇 년 동안 영어를 가르친 경험이 있는 미국인 동료와 한국의 이런 상황에 대해 이야기를 주고 받게 되었는데 그로부터 뜻밖의 이야기를 들었다.

"지금 한국의 분위기가 꼭 1979년 이란의 혁명 직전과 비슷해요."

누구나 입 밖으로 꺼내지는 않았지만, 뭔가 곧 터질 것 같은 분위기가 곳곳에서 감지되었고, 대전 역시 마찬가지였다. 그리고 6월이 되었다. 모두가 알고 있듯이 터질 게 터지고야 말았다. 6월 10일. 나는 서울에 있었다. 기차를 타고 대전에 내려가기 위해 명동에서 출발, 서울역으로 향하고 있었다. 하지만 퇴계로 전체가 최루탄 연기와 냄새로 자욱해서 도저히 그쪽으로 갈 수가 없었다. 경찰의 강압적이고 폭력적인 대응을 피해 남대문시장 안 골목길로 돌아돌아 겨우 서울역에 도착, 대전행 기차를 탔다. 최루탄 때문에 눈물과 콧물이 줄줄 흘렀다. 한국의 민주화를 위해 싸우는 시위 현장에는 최루탄과 경찰의 폭력을 피하지 않고 맞서는, 나와 비슷한 또래의 젊은이들로 가득했다. 그들이 어떤 어려움을 겪으며 여기까지 왔는지 어렴풋하지만 짐작하고 있었다. 대단하다는 생

1987년 대전.

각을 넘어 존경심이 차올랐고, 순간적이긴 했으나 나도 언젠가 미국의 문제를 바꿔내는 역사적인 투쟁의 현장에 서고 싶다는 낭만적인 부러움을 느끼기도 했다.

대전역에 내리고 보니 이곳의 상황도 서울과 크게 다르지 않았다. 그후로 전국적으로 연일 시위가 계속되었다. 하지만 한국과학기술대학에서는 그런 분위기를 느낄 수 없었다. 정부 장학금을 받고 있는 학생들이었기 때문일까? 독재 권력이 얼마나 뿌리 깊고 광범위하게 작동하고 있는지를 역설적으로 느끼는 계기가 되었다.

문경서적에서 사귄 충남대 그 친구는 매일매일 시위에 참여하느라 정신이 없었다. 경찰이 쏘는 최루탄에 대비하는 방법으로 눈 밑에 치약을 바르고 다닌다는 말을 하면서 박장대소를 하기도 했다. 그러면서도 뭔가 희망이 보인다며 밝은 표정을 짓기도 했고, 이번에야말로 전두환을 꼭 타도할 거라고 비장하게 말하는 얼굴에는 자신감과 의지가 충만했다. 한국에 체류하는 외국인들 사이에서는 '전두환이 조만간 계엄령을 선포할 것이며, 80년 광주와 같은 상황이 다시 일어날 수도 있다'는 소문이 돌고 있었다. 한국의 상황은 염려와 기대가 교차하고 있었다.

때마침 나는 유럽에 가야 했다. 다시 이곳에 돌아올 때 과연 한국은 어떻게 달라져 있을까 나 역시 걱정과 기대를 함께 품고 비행기를 탔다. 6·29선언 소식을 들은 건 파리에서였다. 충남대 그 친구 얼굴이 함께 떠올랐고, 기뻐할 그를 생각하니 나 역시도 몹시 기뻤다. 스스로 민주주의를 쟁취한 한국 시민들에 대한 존경의 마음이 다시 깊어졌고, 이 역사적인 순간에 한국을 떠나 있다는 사실이 아쉽기도 했다.

긴 여행을 마치고 대전에 돌아오니 이제 사람들의 화제는 온통 다음 대통령이 누가 될 것이냐로 집중되어 있었다. 투표권도 없는 나에게 만나는 사람마다 대통령으로 누가 좋겠냐고 질문을 해왔다. 정치적인 상황을 정확히 알고 있지는 않았지만 나의 대답은 주로 김대중 전 대통령 또는 김영삼 전 대통령 둘 중 하나가 좋지 않겠느냐, 둘 중 한 사람이 유력하지 않을까 하는 것이었는데, 그럴 때마다 사람들 표정이 썩 좋지 않았다. 알고 보니 대전에 사는 사람들은 대다수가 김종필 전 총리를 지지하고 있었다. 누가 봐도 당선 가능성이 희박한데 꼭 될 거라며 투표권도 없는 나에게까지 지지를 당부하는 사람들이 무척 신기하기까지 했다. 이무렵부터 '지역 감정'이라는 단어가 자주 들렸다. 대전이 광주나 대구, 부산과 마찬가지로 정치색이 짙은 충청권의 중심 도시라는 사실을 비로소 알게 되었다. 아마 이 무렵부터였을 것이다. 한국의 지역, 지방의 도시에 대한 호기심이 생겼던 것은.

　대통령 선거가 가까워지면서 문경서적에 갈 때마다 새로운 책을 많이 보게 되었다. 6·29선언의 내용에는 언론 자유화도 포함되어 있었고, 이로 인해 예전에는 보지 못했던 다양한 책과 잡지가 앞다퉈 등장했다. 진보주의적인 시각에서 정치와 역사, 사회를 바라보는 책들이 하루가 멀다 하고 나오는 것을 보며 나는 비로소 '한국의 봄'을 체감했다. 인문, 사회과학 분야의 보고 싶은 책들이 많아 집중적으로 읽다보니 한국어 독해 속도가 저절로 빨라졌다. 그 이전까지만 해도 한국어를 공부하는 학습자의 자세로 소설과 시집을 주로 읽었다면 이제 한국에 살고 있

1988년 대전역 앞.

는 사람으로서 동시대의 변화를 따라가기 위한 독서로 전환이 된 셈이다. 책방을 가는 날이 더 많아졌고, 보고 싶은 책들은 더 많아졌다. 그렇게 만난 책과 잡지 중에 『샘이 깊은 물』이 있었다. 이 잡지를 처음 발견한 날 얼마나 감탄했는지 모른다. 1987년 늦가을부터 1993년 한국을 떠날 때까지 거의 빠짐없이 이 잡지를 구독했다. 지금은 폐간이 되었지만, 나는 한국에서 『샘이 깊은 물』만큼 아름답고 볼거리가 많은 잡지를 이후로도 보지 못했다.

●

대전에서 오래 머물지는 않았지만 중간에 이사를 해야 했다. 내려가면서부터 대덕연구단지의 교수 아파트에서 살고 있던 나는 이 집에서 쭉 지낼 거라 생각했지만 가족이 있는 교수들에게 제공할 집이 모자라자 독신인 내가 다른 곳으로 이사를 해야 했다. 그래서 옮긴 곳이 서대전역 근처 삼익아파트였다. 방 두 개에 부엌과 화장실이 좁은 오래된 아파트였지만 혼자서 살기에는 충분했다.

혼히들 서양에서 온 사람이 한국에 살면 침대와 테이블, 의자를 두고 살 거라고 생각한다. 하지만 대전에 사는 동안 나는 매우 자연스럽게 좌식 생활을 했다. 특별히 그렇게 하자고 마음을 먹었던 건 아닌데 밥상 두 개를 놓고 바닥에 앉아 큰 건 책상으로, 작은 건 밥상으로 쓰기 시작하면서 침대 대신 이불을 사용하게 되었다. 별다른 가구도 없이 지냈다. 불편함을 거의 느끼지 못했을 뿐만 아니라 온돌 바닥에 몸을 대고 눕는 것도 아주 좋고, 밥상을 쓰는 것도 마음에 들었다. 추운 겨울에 방

바닥에 몸을 최대한 밀착시킨 채 책을 보는 일은 큰 즐거움 중 하나였다. 말하자면 1987년의 대전은 좌식 생활의 즐거움을 알게 해준 곳인 셈이다. 일본에 살 때나 서울에 살 때는 나 역시 자연스럽게 입식 생활을 했다. 침대는 당연했고, 의자와 테이블을 두고 생활했다. 하지만 대전에서의 경험으로 생활의 방식은 완전히 달라졌고, 이러한 변화는 곧 좌식 생활에 어울리는 한옥에 대한 관심으로 이어졌다.

한옥에 관심을 가진 이유는 좌식 생활 때문만은 아니었다. 나는 아파트에서의 생활이 그렇게 싫을 수가 없었다. 가장 싫은 건 엘리베이터였다. 대덕연구단지의 교수 아파트는 단지 자체가 크지 않아 주로 계단을 이용했는데, 삼익아파트는 가구 수가 많은 대단지 아파트여서 엘리베이터를 타고 드나들어야 했다. 엘리베이터는 혼자 탈 때도 있지만, 대부분 다른 사람과 좁은 공간에 함께 있어야 한다. 잘 모르는 사람과 대화를 나눌 수도 없는 그 공간에서 서로가 서로에게 투명인간이 되는 그 순간의 분위기가 무척 싫었다. 게다가 내가 장이라도 보고 오는 날이면 장바구니에 뭐가 들어 있는지 노골적으로 살피는 듯한 사람들의 시선이 불편했고, 사생활이 침해당하는 것처럼 느껴졌다. 층간 소음은 그때도 심각했다. 어느 날은 한밤중에 위층 사는 부부가 크게 싸웠는데 그 소리가 고스란히 내 방까지 들려와 제대로 잠을 잘 수가 없었다. 복도식 아파트라 내 집 앞을 누군가 계속 왔다갔다 하는 것도 신경이 쓰였고, 남의 집 부엌에서 흘러나오는 음식 냄새를 통해 그 집의 식사 메뉴를 짐작하게 되는 것도 거슬렸다. 그건 바로 내가 오늘 뭘 해먹는지를 옆집에서도 알 수 있다는 의미이기도 했으니까. 이렇다보니 내 집에 사는 느낌보다는 임시 숙소 또는 기숙사에 사는 것 같아 내내 유쾌하지 않았다. 서울

1988년 대전 삼익아파트에서 본 전경.

의 강남에 건설되기 시작한 대규모 아파트 단지를 바라보며 느낀, 뭔가 정확하게 표현할 수 없는 반감이 어디까지나 생각에서 비롯한 것이었다면 대전에서 체감한 아파트에 대한 불만은 실제 경험에서 비롯한 셈이다. 그럴수록 나는 아파트를 벗어나 단독주택에서 살고 싶다고 생각했고, 마음에 드는 좌식 생활에 어울리는 한옥에서 살고 싶다는 마음을 어렴풋하게나마 갖게 되었다.

그렇게 보자면 1987년 대전에서의 경험은 나에게는 매우 중요한 의미가 있다. 한국의 민주화 과정을 바로 곁에서 지켜보았을 뿐만 아니라 지역의 정치성에 대해 깨닫게 되었고, 서울만이 아닌 지역의 도시에 대해 관심을 갖기 시작했다. 아울러 단순히 학습자로 접근하는 것에서 벗어나 동시대의 정치 사회적 변화에 동참하는 위치에서 한국어 텍스트를 수용하게 되었다. 또한 오늘날까지 내가 가지고 있는 한국의 주택에 대한 입장을 형성하는 데 밑바탕이 되어준 것이 대전에서의 아파트 생활이다. 이때로부터 먼 훗날, 2010년경 나는 한옥 보존을 위한 활동을 열심히 하게 된다. 간혹 언론과 인터뷰를 하기도 했는데 그때마다 한옥을 왜 좋아하느냐는 질문을 받곤 했다. 그럴 때의 내 답변을 요약하면 다음과 같다.

"한옥은 전통 건축의 멋을 느끼게 해줄 뿐만 아니라 개인 공간을 갖춘 단독주택이기 때문입니다. 저는 아파트는 개인의 공간이 부족하고, 아무래도 사생활이 침해 받는 것 같아 예민해지곤 합니다. 스트레스가 매우 큽니다."

이렇게 답할 때마다 머리 한쪽에는 대전 시절 삼익아파트에서의 생활이 오버랩되곤 했다.

●

내가 머물던 무렵의 대전은 어떤 곳이었을까? 대한민국의 한가운데라는 지리적 이점 때문에 대덕연구단지 등을 비롯해 몇몇 국가 연구 기관이 이곳으로 옮겨가고 있었다. 더 많은 정부 기관이 서울에서 내려갈 듯한 분위기였다. 이런 분위기 때문인지 인구가 계속 늘어나는 추세였고, 교통은 매우 혼잡했다. 386세대가 20대였던 시절이라 밤늦게까지 삼삼오오 모여 술을 마시는 분위기로 시내는 언제나 활기찼고, 도시 전체가 전반적으로 밝은 느낌이었다. 아직 주5일 근무제가 도입되기 전이어서 오전 근무를 마친 직장인들로 토요일 오후는 대전 시내 어딜 가나 인파가 대단했다.

1987년 대전은 내 기준으로 세 개의 영역으로 이루어졌다. 대전역에서 도청과 서대전까지 이어지는 곳이 하나였고, 유성을 중심으로 발달한 작은 온천 마을이 또 하나의 영역이었으니, 대덕연구단지와 충남대학교 인근 일대가 마지막 하나였다.

대덕연구단지는 계획 도시이기는 했으나 상업과 주거지라기보다 연구 기관을 중심으로 삼았기 때문에 중간중간 녹지 비중이 꽤 컸다. 그렇지만 별다른 특색이 있는 건 아니었다. 국가의 관리를 받는 연구소라서 당연히 보안이 중요하겠지만 연구소마다 담과 정문이 반복적으로 배치되어 있어 오갈 때마다 무척 지루했다. 정서적인 어떤 교감이나 이곳을 오가며 누리는 즐거움을 갖기 어려웠다. 그저 여기에서 저기로, 저기에서 여기로 목적지에 닿기 위해 통과하는 공간일 뿐이었다.

유성은 마치 시골 휴양지 같은 분위기를 풍기고 있어 갈 때마다 짧게 여행이라도 다녀온 듯했다. 대전 바깥 지역 사람들에게 널리 알려진, 1993년 대전 엑스포가 열린 곳과 인근의 신도시는 그때만 해도 온통 논과 밭으로 가득했다. 일제강점기 철도의 거점이 되었던 터라 상업 도시로 발전했다는 이야기를 들었고, 도시 공간의 차원으로 볼 때 일본 제국주의가 만들어놓은 바둑판 같은 반듯한 도로와 그 당시 지은 건물 등이 눈에 띄었다. 그때까지만 해도 특별한 랜드마크는 찾아보기 어려웠다.

아이러니하게도 대전은 바로 그 평범함 때문에 인상적이었다. 앤아버는 미시간 대학교와 도시가 함께 엮어온 역사가 있고, 도쿄는 나에게 최초로 경험한 대도시라는 의미가 있으며 서울은 비빔이라는 매우 독특한 특징이 있다. 부산의 이국성은 흔히 보기 어렵다. 대전은 특별한 자극 없이 편안한 일상을 누리기에 좋은 도시였다. 교통은 혼잡했지만 시내는 너무 크지도 작지도 않아 다니기에 매우 편리했다. 앞에서 나는 문경서적에서의 추억을 이야기했다. 하지만 사람은 책만 읽고 살 수는 없다. 오늘날 전국적으로 유명해진 성심당은 당시 나의 단골가게였다. 서울에서도 틈만 나면 맛있다는 빵집을 찾아다녔는데, 성심당은 서울의 태극당만큼이나 규모도 크고 빵의 종류도 다양했을 뿐만 아니라 맛도 매우 좋았다. 서울에서도 찾기 어려운 유럽식 호밀빵이 있다는 점도 마음에 들었지만, 나는 이 집의 야채빵을 특히 좋아했다. 클래식 음악 카페 브라암스는 안식처였다. '브람스'가 아닌 '브라암스'라는 독특한 표기가 신기했다. 서울에서는 난다랑 카페 체인점을 즐겨 다녔는데, 이곳 커피도 그에 못지 않았고 문을 열고 들어가면 늘 흘러나오는 클래식 음악이 좋았다. 친구를 만날 때도 자주 찾았지만 혼자서도 단골로 드나들었다. 이 무렵 문을 연 이중섭이라는 카페도 생각난다. 브라암스보다는 한결 최신식 유행을 따르는 분위기였고, 커피도 맛있어서 자주 찾았다. 이중섭 화가를 처음 알게 된 것도 이 카페 덕분이었다. 나에게 대전 시내란 문경서적과 성심당과 브라암스였다.

그 밖에 여러 단골가게에 갈 때마다 주인들과 반갑게 인사를 주고 받았다. 대전에서의 하루하루는 편안하게 흘러가고 있었다. 낯을 익히는 사람이 많아지면서 차차 여러 가지 이야기를 나누게 되었다. 그러면서 나는 이곳 사람들에 대한 흥미로운 지점을 발견하게 되었다.

대전 사람들은 충청도 사람이라는 정체성은 자주 강조하는데 이에 비해 대전 사람이라는 정체성을 강조하는 경우는 드물었다. 서울 사람들은 서울에 살고 있다는 자부심을 은연중에 드러낸다. 1980년대 서울 시민 중 서울이 고향인 사람이 얼마나 될까. 때문에 그들은 자신들이 고향을 벗어나 서울에서 살고 있다는 미묘한 우월감을 가지고 있었고, 사는 곳이 곧 성공의 상징이자 자부심의 원천이 되곤 했다.

인근 농촌 지역에서 대전 시내로 이주해왔다는 것을 자랑스러워 하는 이들도 간혹 있긴 했지만 대전에서 산다는 그 자체만으로 자부심을 느끼는 대전 사람을 나는 거의 만나보지 못했다. 대전 사람들에게 대전만의 매력이 무엇인지 묻곤 했는데 그럴 때마다 대전이라는 도시의 매력이 아니라 대전 안에서 좋아하는 곳들이 주로 화제에 올랐다. 이를테면 대전만의 음식, 대전의 특산품이 아닌 유명 맛집과 자주 들르는 가게에 대해서 주로 이야기를 나눴다. 간혹 도시에 관해 이야기를 꺼내는 사람도 대전의 역사나 명소에 관해 이야기하는 사람은 거의 없고, 모두들 대덕연구단지를 비롯해서 앞으로 들어올 국가 연구 기관에 대해서만 관심을 가졌고, 언젠가 대한민국의 수도가 될 거라는 기대에만 부풀어 있었다. 나 역시도 잠깐이나마 살았던 이 도시를 떠올리면 '대전'만의 역사나 특징 대신 문경서적이나 성심당 그리고 브라암스만 애틋하게 기억이 난다.

그당시 내가 느끼기에 대전은 매우 편리하게 일상을 살아가는 데 최적화된 곳이었다. 같은 역사를 공유하는 사람들이 과거로부터 현재를 거쳐 미래를 함께 꿈꾼다기보다 하루하루의 현재를 무사하고 편안하게 보내는 모습이 잘 어울리는 도시였다. 그 이전까지 나는 자신이 속한 도시를 역사적 공동체로 인식하기보다 각각의 개인들이 '현재'를 위해 살고 있는 도시에 익숙하지 않았다.

하지만 그 이후 여러 도시에 살면서 나는 수많은 '대전'을 경험했다. 제2차 세계대전 이후 전 세계 주요 선진국의 대도시 인근에 형성된 신도시들은 대부분 마찬가지였다. 일본 나고야나 미국 피닉스 역시 세계의 수많은 '대전' 중 하나라 할 수 있다. 한국에 새로 생기는 신도시 역시 수많은 '대전' 중 하나였다. 그렇게 보자면 서울이나 도쿄, 그리고 런던이나 뉴욕처럼 도시로서의 특징이 뚜렷한 곳이 오히려 매우 예외적인 게 아닐까, 하는 생각을 하곤 했다.

●

대전에서의 생활은 생각보다 일찍 끝났다. 고려대학교 영어교육과에서 학생들을 가르칠 기회를 얻은 나는 곧 대전을 떠났고, 그 이후 개인적으로 내려갈 일이 거의 없었다. 그뒤 대전을 찾은 건 1993년의 일이었다. 대전 엑스포가 열렸을 때 미술전시 도록을 영어로 번역하는 일을 맡아 몇 차례 다녀올 일이 있었다. 예전에 자주 다니던 원도심 쪽은 들를 시간이 없어 못 가봤고, 유성 쪽은 잠깐 들렀는데 예전 모습 그대로였다. 하지만 엑스포 전시장 인근은 완전히 달라졌다. 거의 비어 있던 곳이었는데 새로운 도로도 많이 생겼고, 아파트 역시 대단지로 조성되기 시작했다. 새로운 도시가 탄생하는 듯했다. 얼핏 봐서는 내가 있을 때의 모습을 떠올리기 힘들 정도로 달라져 있었다. 그렇게 다녀온 뒤로 또 한참 동안 내려갈 일이 없었다. 꽤 오랫동안 다녀올 만한 계기가 만들어지지 않았다.

대전을 다시 찾은 건 2013년 무렵이었다. 서울의 오래된 골목길을 함께 걷곤 했던 대전 출신 젊은 건축가와 함께여서 가능했다. 대전역에 도착한 뒤 우리는 천천히 대로변 뒷길을 걸으며 오래된 건물과 도시의 풍경을 살폈다. 대로변에 있는 근대문화유산 건물들은 기억이 나기도 했지만 인접한 뒷길로 들어서면 옛모습이 떠오르지 않을 정도로 많이 변해 있었다. 성심당은 다른 건물로 이사했고, 브라암스가 있던 건물은 물론 그 주변의 건물까지 사라졌다. 혹시나 했던 문경서적은 온 데 간 데 없고 그 자리에는 삼성생명 빌딩이 높게 자리를 잡았다. 1987년 3월, 뜻밖의 원서를 이곳에서 만난 뒤로부터 불과 26년이 지났을 뿐인데 이렇게 변했다는 사실이 그저 놀라웠다. 지극히 '다이나믹 코리아'답다는 생각을 했다. 더 놀라운 것은 사람들이 거의 없다는 점이었다. 1987년 수많은 인파가 몰려다니던 그 활기찬 거리가 텅 비어 있었다. 비어 있는 점포도 많았고, 문을 연 점포에도 손님은 거의 없었다.

이런 모습은 대전만이 아닌 한국의 지역 도시 어디에서나 흔하게 볼 수 있는 풍경이다. 1990년대 들어 전국적으로 신도시 조성 붐이 일면서 원도심은 점차 쇠락의 길로 들어섰다. 사람들이 신도시로 다 떠나고 나니 별수가 없었다. 2010년 이후 이런 현상은 더욱 더 심해졌다. 모르는 바가 아니었다. 하지만 이 거리의 예전 모습을 뚜렷하게 기억하고 있는 나로서는 대전의 변화가 놀라웠고, 그 상실감이라는 건 말로 다 표현할 수 없을 정도였다. 성심당의 빵 맛이 여전히 좋다는 사실이 그나마 위로가 되었다. 일본의 도시에서도 이런 공동화 현상은 사회 문제로 대두되고 있고, 장기 불황을 거치면서 도시 재생이 화두가 되곤 했는데 한국의 수많은 '대전'들 역시 근본적이고 장기적인 대책을 세워야 한다는 생각이 들었다.

1932년에 지었다는 옛 충청남도청 본관은 대전근현대사 전시관으로 다시 사용하기 위해 한창 공사 중이었다. 1987년만 해도 이곳을 지키는 사람이 많아 매우 권위적으로 느껴지기도 하고, 드나들기가 조심스러웠는데 이제는 누구나 쉽게 들어갈 수 있는 '문화 콘텐츠' 공간으로 거듭난다고 하니 감회가 새로웠다. 일본의 도시뿐만 아니라 세계 여러 도시에서 역사적으로 의미가 있는 건물들을 활용함으로써 도시 재생의 씨앗을 삼는 사례가 매우 많다. 나는 한창 공사 중인 건물 앞에 서서 1987년 그 시절 그 사람들이 문경서적과 성심당, 브라암스를 사랑했던 것처럼 이 거리가 새로운 시절의 사람들로부터 사랑 받기를, 다시 또 한번 도시의 중심지로서의 역할을 부여 받아 도시 재생의 기점이 되기를 기원했다.

2013년 대전천.

2013년 대전
원도심.

2013년 대전
근현대사 전시관.

시간은 또 흘렀다. 2014년 한국을 떠난 뒤에도 매년 한두 차례씩 꼬박꼬박 한국을 찾았지만 대전을 다시 찾은 건 2019년의 일이었다. 관심이 없던 것은 아니었는데 한국을 찾을 때마다 일정이 많았고, 가보지 못한 도시를 먼저 찾느라 우선순위에서 비껴나기만 했다. 그렇다고 대전에 대한 애정이 없을 리 없었다. 이 책의 초판본 구상 단계에서부터 대전을 포함하기로 마음먹었고, 그렇게 한 장의 원고를 쓰는 내내 대전을 다시 찾아야겠다고 생각했다. 그리고 책 출간을 계기로 대전에서 열린, 두 차례의 북토크에 초대를 받게 되었다.

먼저 들른 곳은 목척교 가까이에 있는 애트였다. 한남대 건축공학과 한필원 교수가 문을 연 곳이었다. 그는 오랫동안 재개발 계획으로 방치되었던 원도심 한복판 상가에 헌책방, 카페, 그리고 회의 공간을 열어 스스로 도시 재생의 가능성을 보여주고 있었다. 북토크 시작 전 인근 오래된 중국 음식점 봉봉원에서 저녁 식사를 했다. 상권이 거의 사그라든 지역에서 이 식당이 계속 문을 열 수 있는 것은 수많은 단골들 덕분이라고 했다. 두 번째 북토크는 성심당에서 머지 않은, 역시 원도심 복판에 자리한 책방 다다르다에서 마련해줬다. 이 책방을 운영하는 젊은 부부는 독서를 통해 새로운 공동체를 만들기 위해 고군분투하고 있었다.

짧은 시간 경험한 이 세 공간의 공통점은 한마디로 공동체라고 할 수 있다. 사람들이 서로 만날 수 있는 장소를 제공하고 있는 이곳을 찾아 멀리서 오는 이들이 많아 보였다. 바로 도시 안에 존재하는 '장소성'을 보여주고 있었다. 세 곳 모두 그 공간, 그 장소에서 모이고 싶고, 시간을 보내고 싶다는 마음을 들게 하는 확실한 분위기가 느껴졌다. 그런 분위기가 오래전 청년 시절의 내가 자주 가던 브라암스나 이중섭 같은 장소성을 확보해주고 있었다.

새로운 인연이 만들어지자 대전은 어느덧 자주 가는 도시가 되었다. 코로나19팬데믹 이후 오랜만에 한국을 찾은 2022년에는 봄, 가을 두 번을 다녀왔다. 봄에는 새로운 인연의 장소인 애트와 다다르다, 봉봉원은 물론이고 오래전 인연인 성심당에도 들러 줄을 서서 빵을 샀다. 사람들로 붐비는 성심당에서 가까스로 빵을 사서 나오며 이런 곳들이 어려운 시기를 잘 넘긴 것은 바로 이 공간이 갖는 장소성의 힘 때문이라는 생각을 했다. 동시에 대전과 새롭게 시작한 인연들 덕분에 나와 대전의 관계는 제2장의 막이 오른 느낌을 갖기도 했다 그 새로운 장에서 어떤 이야기가 펼쳐질지 사뭇 궁금하기도 했다.

늦가을에는 대전과 새로운 추억을 만들었다. 10여 년 전부터 종종 왕립아시아학회 한국지부Royal Asiatic Society Korea Branch의 서울과 인천 답사를 이끌어왔다. 영어로 진행하는 프로그램이라 대부분 외국인들이 참여하지만 간혹 한국인들도 함께 하곤 한다. 대전과 다시 인연이 이어지면서 문득 이 도시를 답사해봐도 좋지 않을까 생각했다. 하지만 사람들이 얼마나 관심을 가질지 확신할 수는 없었다. 왕립아시아학회에 대전 답사를 제안하면서 어쩌면 신청자가 한 명도 없을 수 있다고 생각했다. 답사 전날, 열 명이 신청했다는 연락을 받고 몹시 기뻤다. 날씨 좋은 일요일이었다. 대전역 앞에 모인 참가자들과 함께 약 다섯 시간을 내내 걸으며 대전근현대사 전시관을 포함해 근대 문화유산 등을 둘러보며 도시 재생의 과제를 설명했다. 애트와 다다르다에 들러 현장의 목소리

2019년 대전 대흥동.

2019년 대전 소재동.

2019년 대전역 근처.

2022년 대전 애트.

2022년 대전 다다르다.

2022년 대전 소재동.

2022년 대전 봉봉원.

2022년 대전 중앙로.

를 듣기도 했다. 답사를 마친 뒤 대전역에서 헤어지기 전 참가자 한 명은 "지금까지 대전은 그냥 지나가는 곳이었는데, 볼거리가 이렇게 많을 줄 몰랐다"고 소감을 밝혔다. 그 순간 보람과 함께 묘한 자부심을 느꼈다. 나 역시도, 1980년대 잠시 살던 때를 제외하고, 대전은 그저 "그냥 지나가는 곳"이었지만, 이제는 관심의 대상이자 아끼는 도시로 의미가 달라졌다. 아마도 내가 느낀 보람은 함께 걸은 참가자에게도 그런 대전을 만날 수 있도록 일조했다는 데서 비롯한 것이리라.

그렇다고 해서 대전의 원도심이 아주 낙관적이라는 의미는 아니다. 대전의 여기저기를 걸으며 역시 힘겹게 버티는 원도심의 현재를 마주하기도 했다. 서울을 비롯한 한국의 수많은 도시는 구도심을 원도심이라고 새롭게 지칭하면서 그 가치를 되살리기 위해 매우 열심히 노력하고 있다. 1960년대부터 1980년대까지 각 도시의 급속한 성장을 이끌던 원도심은 1990년대부터 본격화한 신도시 개발의 영향으로 쇠락의 길로 접어들었다. 신도시 개발 붐의 선두에는 대규모 아파트 단지 건설이 있었고, 이 새로운 도시 주변으로 구매력 있는 인구의 대이동이 도시마다 이어졌다. 원도심은 텅 빈 거리가 되었고 상권은 철저하게 소멸되었다. 그러던 차에 신도시의 삭막한 분위기에 지친 젊은 세대들이 새로운 취향을 형성, 원도심을 다시 찾기 시작했다. 이들은 아파트 단지와는 또다른 도시적 삶을 즐기기 시작했고 상권은 다시 활기를 되찾았다. 그리고 이제는 또다시 원도심의 임대료 상승과 건물주와 세입자 간의 갈등이 사회 문제로 대두되었고, 전 세계 공통의 문제인 젠트리피케이션은 한국 사회에서 거의 일상용어로 사용할 만큼 보편적이고 골치아픈 고민으로 떠올랐다. 2020년 이후 느닷없는 코로나19팬데믹으로 나를 포함해 도시 문제를 고민했던 많은 사람들은 당장 눈앞에 떨어진 불 앞에서 전전긍긍하느라 젠트리피케이션에 대해 고민할 여유가 없었다. 그러다 점차 일상이 다시 회복되면서 이에 대한 관심도 다시 높아지고 있다.

대전 역시 예외는 아니다. 대전에서 젠트리피케이션의 조짐을 보였던 대흥동은 외견상으로 볼 때 2019년에 비해 변한 게 없었다. 일제강점기 시대 관사 건물들이 늘어서 있던 소제동 인근은 오래된 건물마다 카페나 레스토랑 등으로 변신해서 눈길을 끌었는데, 2022년에 다시 가 보니 문 닫은 가게가 많아, 오히려 역젠트리피케이션degentrification 사례로 거론되고 있었다.

대전 같은 지역 도시들의 고령화와 인구 감소가 심각해질 것이라는 전망이 우세하다. 이렇게 가다가는 원도심뿐만 아니라 도시 상당 부분이 공동화될 것이라는 우려 역시 고조되고 있다. 대전의 인구는 이미 2013년 정점을 찍은 뒤 감소세로 접어들었고, 이대로라면 감소 속도는 앞으로 더 빨라질 것이다. 여기에 교육 환경이 좋다고 알려진 인근 세종시로 이사를 희망하는 사람들도 많아 공동화 속도도 빨라질 거라는 우려가 크다.

사람들은 유명한 장소, 유서 깊은 역사, 멋진 풍광 등 다양한 방식으로 도시를 기억한다. 미국은 영국으로부터 독립한 뒤 서부로 확장하면서 새로운 도시들을 건설했다. 그 가운데 전국적인 철도망의 연결로 1833년 탄생한 시카고를 많은 미국인은 가장 미국다운 도시로 여긴다. 대전은 대한민국에서 어떤 의미를 갖는 도시일까. 이곳에 살았거나 머물렀거나 잠시 스쳤던 수많은 개인이 기억하는 대전은 어떤 모습일까.

1987년부터 1988년까지, 20대 후반의 나는 대전에 잠시 머물렀다. 그렇지만 곧 대도시의 자극과 활기를 찾아 다시 서울로 떠났다. 그 후 대전은 문경서적에서 읽은 수많은 책과 성심당의 빵, 브라암스의 음악과 커피가 떠오르는 곳이 되었다. 이것뿐일까. 아니다. 나에게 대전은 대한민국 현대사의 현장을 경험하게 해준 매우 직접적인 장소이자 서울이라는 대도시를 벗어나 한국의 지역에 대해 관심을 갖게 해준 곳이다. 눈에 띄는 특색이나 특징 없이도 하나의 도시가 유일무이한 의미로 남을 수 있다는 것을 알게 해준 곳이기도 하다.

문경서적에서 만난 충남대 그 친구는 지금 어디에서 무얼 하고 있을까. 그에게 오늘의 대전은 어떤 도시일까. 언젠가 성심당의 변하지 않은 빵을 맛보며, 애트에서 커피를 마시며 마주 앉아 나의 대전과 그의 대전에 대해 이야기를 함께 나눌 날을 바란다면 지나친 꿈일까.

06

역사의 앙금을 극복한,
이 도시의 선택

청춘의 한때를 보낸
더블린Baile Átha Cliath
_아일랜드, 렌스터 주

1993년 가을, 나는 한국을 떠나 다시 낯선 곳으로 향했다. 이번에는 아일랜드의 더블린이었다. 언어학 박사 과정을 밟기 위해서였다. 나는 왜 이곳을 선택했을까.

미국과 한국의 박사 과정은 정해진 학기 동안 학교에 다니며 강의를 듣고, 그후 논문을 쓰는 절차를 밟는다. 아일랜드는 달랐다. 유럽과 마찬가지로 지도교수 밑에서 논문을 쓰고 그것으로 학위를 받는다. 미국이 전공을 초월하여 전 세계적으로 학문적 헤게모니를 장악하고 있기 때문에 이왕 박사 학위를 받으려면 미국에서 받는 것이 좋다는 조언도 들었지만 30대 초반이었던 나는 혼자서 주도적으로 공부할 수 있는 곳을 원했다. 게다가 모어 외에 제2의 언어, 그뒤에 제3의 언어를 배우는 학습 과정에 관심을 두고 있었는데 마침 트리니티 칼리지 더블린Trinity College Dublin에서 다중언어습득에 대한 연구가 진행 중이라는 걸 알게 됐다. 그 분야를 연구하는 영어권 연구자는 내 지도교수가 유일했다. 이 학교라면 박사 과정의 방식도, 연구 주제도 나와 잘 맞을 거라고 생각했다. 당시 빠른 속도로 통합을 하고 있던 유럽의 정세 역시 관심을 끌었고, 그런 역사적 변화가 요동치는 현장에서 공부를 해보고도 싶었다. 아무도 모르는 곳에서 고독하게 온전히 공부에만 집중하고 싶기도 했다.

9월 초부터 11월 초까지 날씨가 비교적 좋은 편인 더블린은 내가 적응하고 얼마 뒤인 11월 중순으로 접어들면서부터 해도 짧아지고 비도 자주 내렸다. 저절로 고독해지지 않을 수 없었다. 어두컴컴하고 흐린 날씨가 싫지 않았다. 내 선택이 마음에 들었다.

제3의 언어에 대한 관심은 나의 경험에서 비롯했다. 1990년대 초까지 모어인 영어 외에 일본어, 한국어, 독일어, 에스파냐어를 줄곧 공부했다. 한문을 따로 익히기도 했고, 미시간 대학교에서 석사 과정을 밟는 동안 라틴어와 북미 선주민 언어인 루슈트시드Lushootseed를 배우기도 했다. 한국어를 배울 때는 앞서 익힌 일본어와 유사한 점을 적극적으로 활용했다. 새로운 언어를 배우는 즐거움은 물론 이런 학습 방식 자체에도 큰 흥미를 느꼈다. 외국어의 가짓수와 종류가 다를 뿐 한국에서도 제3의 언어를 공부하는 이들을 많이 만났다. 다양한 언어를 배우는 이들이 먼저 익힌 언어의 학습 과정에서 터득하고 축적한 방법과 지식을 다른 언어를 배울 때 어떻게 활용하는지에 대해 체계적이고 본격적으로 공부를 해보고 싶었다. 그때만 해도 '제2의 언어 습득'second language acquisition에 대해 관심을 갖는 이들이 있긴 했지만 제3의 언어 습득에 대해 연구하는 이들은 거의 없었다. 시간이 흐른 뒤인 2000년대에 진입하면서 이에 대한 관심이 조금씩 생기기 시작했다.

●

더블린에서 내가 공부했던 트리니티 칼리지는 이 도시를 이해하는 데 아주 유용하다. 넓고 오래된 캠퍼스 건물들이 도시 한복판에 펼쳐져 있다. 마치 서울 사대문 안의 중심이 경복궁인 것처럼 더블린 시내의 가장 상징적인 랜드마크가 바로 트리니티 칼리지다.

1592년 설립 당시부터 그랬던 건 아니다. 12세기 무렵부터 아일랜드는 영국의 간섭을 받기 시작했고, 더블린은 영국과 지리적으로 가까워 언젠가부터 행정의 중심지가 되었다. 16세기에 접어들면서 영국의 개신교 귀족들이 아일랜드를 침략했고, 이들은 정복지에 새로운 지배 세력의 상징을 구축할 필요를 느꼈다. 영국 여왕 엘리자베스 1세는 1592년 더블린 성곽 밖에 개신교에 뿌리를 둔 대학을 설립했다. 일차적인 설립 목적은 지배 세력의 상징을 구축하는 것이었지만 아일랜드를 효과적으로 지배하기 위해서이기도 했다. 즉 대학 교육을 통해 영국에 충실한 아일랜드 지배 계층을 양성하려는 뜻이 포함되어 있었고, 트리니티 칼리지는 그 핵심 기지 노릇을 해냈다. 굳이 예를 들자면 일제강점기 일본 제국주의자들이 행정 수도인 경성에 제국대학을 세운 것과 비슷한 맥락이다.

도시가 커지면서 트리니티 칼리지의 역할도 더 중요해졌다. 18세기는 더블린의 황금기였다. 도시는 팽창했고, 성곽 밖에 있던 트리니티 칼리지를 지나 더 넓게넓게 확장되었다. 이와 함께 영국 상인들의 유입도 크게 증가했고, 그들의 경제적 지위도 가파르게 상승했다. 이들이 모여 살았던 트리니티 칼리지 주변에는 오늘날에도 18세기 건물들이 상당수 남아 있다.

18세기 건축물의 양식은 1714년부터 1820년까지 약 100여 년 동안 영국 왕위에 있던 조지 1세부터 3세까지의 왕의 이름에서 따와 조지언Georgian 양식으로 불린다. 18세기 과학의 발전으로 시공 기술이 뛰어났고, 고대 그리스와 로마에 대한 관심을 반영하여 고전주의 건축 양식을 따랐던 조지언 양식은 영국 건축 역사에서 그 수준이 가장 높았던 것으로 평가 받는다. 오늘날에도 남아 있는 트리니티 칼리지 정문 가까이에 있는 몇몇 건물이 바로 조지언 양식 건축물의 대표적인 사례인데, 그동안 보아온 수많은 대학 건물 중 가장 인상적이었다. 고전적인 느낌이 무척 아름답기도 해서 1983년 영국 영화 〈리타 길들이기〉를 이곳에서 촬영하기도 했다. 근처에 있는 벽돌로 된 멋진 문도 조지언 양식의 하나다.

●

더블린을 수도로 삼고 있는 섬나라 아일랜드는 12세기부터 약 700여 년 동안 영국의 지배를 받다가 1921년 독립했다. 32개의 지역 중 26개 지역만 아일랜드 공화국이 되었고, 나머지 북아일랜드는 여전히 영국의 지배를 받고 있다. 그러니 말하자면 한국처럼 분단국인 셈이다.

　개신교 신자가 많은 북아일랜드는 정체성으로 놓고 볼 때 아일랜드보다는 영국 연방 쪽과 더 가까웠다. 따라서 이들은 외부적으로는 영국으로부터의 독립을 간절히 원하지 않아 영국령으로 남았고, 내부적으로는 상대적으로 그 수가 적은 가톨릭 신자들과의 종교적 분쟁이 심각했다. 1969년에는 상황이 더 나빠져 신교와 구교 사이의 항쟁이 전국적으로 확산, 영국군이 가톨릭 신자들을 향해 발포, 14명이 사망하는 사건이 일어나기도 했다. 분쟁은 이것으로 끝나지 않았다. 이번에는 남과 북 아일랜드의 통일을 주장하는 아일랜드 공화국군Irish Republican Army이 폭탄 테러를 일으켜 9명이 사망하는 사태가 벌어졌다. 이 전쟁은 1993년에도 끝나지 않았다. 더블린에 머물면서도 북아일랜드를 떠올리면 왠지 무섭기도 하고 어두운 이미지가 떠올랐다. 가까스로 평화가 찾아온 것은 1996년 무렵이다. 아일랜드와 영국 등이 평화협상을 시작했고, 1998년 드디어 평화협정이 북아일랜드 벨파스트에서 체결되었다. 이

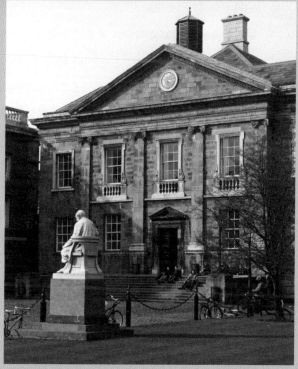

1994년
트리니티 칼리지
더블린.

협정으로 아일랜드는 북아일랜드가 영국의 영토임을 인정하고, IRA는 2002년까지 차차 무장을 해제했다.

평화협정이 진행되는 한편으로 유럽연합의 등장이 본격화하면서 아일랜드는 순식간에 놀랍게 변신했다. 민족주의와 보수성이 짙은 국가에서 유럽식 열린 복지국가로 변모한 것이다. 이러한 변화가 시작되자 더블린 시내에는 관광객이 점차 늘어나기 시작했고, 이민자들의 행렬도 이어졌다. 유럽이 통합되면서 이동이 쉬워지자 자연스럽게 일어난 현상이었다. 특히 동유럽권에서 온 이민자가 많았다. 이런 변화는 인구의 구성에도 영향을 미쳤다. 1993년 더블린에 사는 사람들은 대부분 아일랜드에서 태어났다. 하지만 2016년 인구 조사에 따르면 약 17퍼센트의 사람들이 아일랜드 바깥에서 태어났다. 매우 급속하게 다문화 도시로 변한 셈이다.

더블린에서 이민자의 역할은 매우 긍정적이다. 물론 이민자들과의 마찰이 아주 없는 건 아니겠지만, 도시와 나라가 경제적으로 급격하게 성장하는 동안 이민자들은 노동력을 제공함으로써 아일랜드 경제 발전에 기여했다. 한편으로 아일랜드가 새로운 정체성을 형성하는 데도 크게 영향을 미쳤다. 2017년부터 2020년까지 그리고 다시 2022년 수상으로 선출된 리오 버라드커Leo Varadkar는 아일랜드의 첫 인도계 수상이며, 남성과 결혼한 최초의 게이 수상이기도 하다. 그의 존재는 이민자, 나아가 소수자에 대한 아일랜드 사회의 열린 태도를 잘 보여주는 상징이기도 하다.

아일랜드 하면 어떤 게 떠오를까. 나에게는 더블린의 어두컴컴한 펍에서 기네스 맥주 한 잔을 앞에 두고 느릿느릿 아일랜드식 영어로 이야기를 나누는 장면이다. 더블린에 살 때 펍에 자주 들렀다. 맥주도 맛있지만 아일랜드식 영어를 듣는 즐거움이 컸기 때문이다.

제임스 조이스가 1914년 15편의 단편 소설을 묶어 펴낸 소설집 『더블린 사람들』은 20세기 초 더블린의 중산층 생활을 묘사하면서 다양한 계층이 사용하는 영어를 잘 기록했다. 특히 해학과 풍자의 표현이 흥미롭다. 오늘날과는 시대 차이가 있긴 하지만 전체적인 분위기는 크게 다르지 않다. 소설에서 묘사한 아일랜드식 영어를 듣고 싶다면 더블린에 가면 된다. 아일랜드식 영어에는 영국 지배의 역사가 반영되어 있다. 영국으로부터 지배를 받는 동안 상류층은 주로 지배 세력과 가까워지기 위해 노력했다. 서민들은 지배국은 물론 자국의 상류층으로부터도 소외를 당할 수밖에 없었다. 이들의 말이 같을 수 없었다. 이런 차이는 지금도 남아 있다. 주로 부유층들이 사는 트리니티 칼리지 인근 또는 화이트칼라 계층이 사용하는 말에는 영국식 영어의 영향이 드러나 있는 반면 서민들의 말에는 아일랜드식 발음과 표현이 두드러진다. 때문에 더블린에서는 어떤 말투와 표현을 쓰느냐로 그 사람의 계층과 경제적인 수준 등을 파악하곤 한다.

더블린에서 그곳 사람들과 이야기를 나누려면 알아둬야 할 게 있다. 이들은 오랫동안 지배를 받았던 역사를 가지고 있기 때문에 누군가 권력을 행사하려는 상황에 매우 예민하다. 누구라도 소위 '갑질'을 한다거나 다른 사람을 깔보기라도 하는 눈치가 보이면 분위기는 금세 얼어붙는다. 미국식 '손님은 왕'이라는 태도는 더블린에서는 통하지 않는다. 만나는 사람이 누구든 격의없이 수평적으로 대해야만 대화가 잘 풀린다. 여기에 더해 위트와 해학을 구사할 수 있다면 더 부드럽게 대화를 이어나갈 수 있다. 지나치게 진지하거나 딱딱하게 말하는 경향이 있다면 더블린 사람들과 즐겁게 이야기를 나누는 건 조금 어려울 수도 있겠다.

펍에 가면 어디나 자유롭고 편안하게 이야기를 나누는 사람들의 모습을 볼 수 있다. 오늘 처음 만난 사람들끼리도 잡담을 나누는 건 일상적이고, 몇 마디만 주고 받으면 금방 친구처럼 이야기를 나눌 수 있다. 나 역시 그런 경험을 자주 했다. 기숙사에 같이 살았던, 역시 외국인 유학생이었던 친구와 더블린 근교의 시골 마을로 여행을 갔을 때다. 그곳의 펍에 들어가 맥주 한 잔을 하는데 우리가 쓰는 영어가 달랐던 게 느껴졌던지 옆자리에서 '웰컴 투 아일랜드' 하며 인사를 건네왔다. 그 자리에서 바로 인사를 나누고 합석을 해서 즐겁게 맥주를 마셨다.

그렇다고 아일랜드에 영어만 있다고 생각한다면 오해다. 켈트 어족에 속한 아일랜드어가 이 나라의 고유어다. 하지만 12세기경 귀족 중심의 외세 침략 세력이 아일랜드 땅에 들어오면서 새로운 언어도 유입되기 시작했다. 이후 노르만 족은 프랑스어를, 16세기 영국의 개신교는 영어를 가지고 들어왔다. 영어는 곧 지배 계층의 언어가 되었다. 서민들은 한동안 아일랜드어 사용을 고집하긴 했지만 언제까지나 지배 계층의 언어를 외면하고 살 수는 없었다. 이들은 영어를 빠르게 받아들였고, 국가는 19세기 중반경 초등학교 교육을 보급하면서 영어 교육을 강화했다. 전국적으로 서민들의 영어 습득 속도가 빨라지기 시작했다.

1993년 더블린 동네 펍.

19세기 말부터 점차 강조되어온 아일랜드의 민족주의 노선에서 아일랜드어를 유지하고 회복하려는 움직임이 두드러졌다. 1922년 아일랜드 공화국을 설립할 당시 제1공용어는 당연히 아일랜드어였고, 영어는 제2공용어였다. 국어인 아일랜드어를 학교에서 가르치는 것은 당연시되었다. 공식적인 안내판에도 어김없이 아일랜드어를 표시해뒀다. 하지만 이미 아일랜드어는 소멸의 단계를 밟고 있었다. 식민지배를 받았지만 자신들의 언어를 잊지 않은 한국인들과 달리 아일랜드에서는 전체 국민 중 약 2퍼센트 정도만이 아일랜드어를 일상생활에서 사용했다. 이런 형편이니 새롭게 배우려는 동기가 쉽게 부여될 리 없었다. 1994년, 공항으로 가는 택시 안에서 만난 젊은 기사는 자신이 아일랜드 사람이면서 아일랜드어를 못한다는 사실을 부끄러워 했고, 자신들의 고유어가 거의 사라지고 만 현실이 슬프다고도 했다. 그 이야기를 들으며 한국어를 지키기 위해 노력했던 분들의 위대함에 대해 혼자 속으로 생각했다. 아일랜드는 자신들의 언어 대신 영어를 사용했고, 그로 인해 언어를 잃어버린 슬픈 나라가 되고 말았다.

　　영어를 할 줄 안다면 더블린은 매우 편리하다. 하지만 앞서 말한 것처럼 이곳 영어는 고유한 특징을 지녔다. 아일랜드 사람들은 비록 자신들의 언어 대신 지배자의 언어를 선택, 수용하긴 했지만 있는 그대로 사용하기보다 일정 정도 변형하고 심지어 파괴시키기도 했다. 즉, 수용 과정에서 아일랜드식 영어는 매우 독특한 특징을 지니게 되었고, 새롭고 신선한 느낌의 매우 매력적인, 읽는 재미가 큰 영어가 탄생했다. 아일랜드의 문학과 연극의 힘은 이런 언어에서 비롯한 것일지도 모른다.

　　하나의 문학 작품 안에서 영어와 다른 언어를 섞어 쓰거나 이를 통

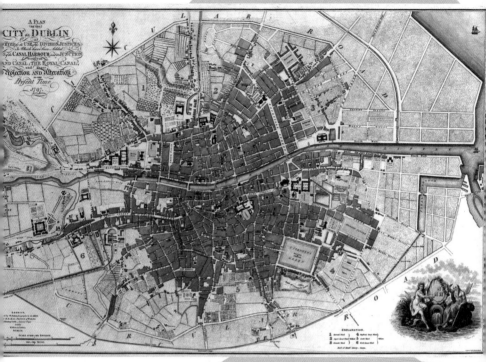

1797년 사무엘 존 닐이 제작한 더블린 지도.

해 새로운 언어를 만들어내는, 일종의 언어 놀이 전통은 이미 몇백 년 전에 등장했다. 세계 일주의 환상을 그린 조너선 스위프트의 풍자소설 『걸리버 여행기』나 제임스 조이스의 『율리시스』와 『피네간의 경야』 등은 대표적이다. 비교적 가까운 시대에 살았던 아일랜드 출신의 작가 사무엘 베케트의 경우도 눈여겨볼 만하다. 트리니티 칼리지에서 영어와 프랑스어를 전공한 그는 초기에는 영어로 집필했다. 하지만 제2차 세계대전 후 파리 근처에 살면서는 프랑스어로 먼저 집필한 뒤 다시 영어로 번역을 했다. 즉, 외국어로 먼저 글을 쓴 뒤 모어로 번역을 한 것이다. 그의 이런 행위는 아일랜드인으로서 영어를 모어로 받아들이기를 거부하는 것으로 여겨져 민족주의적 성향의 발로로 여겨지기도 했다. 하지만 정작 아일랜드를 떠나 살았던 그가 민족주의적 성향 때문에 영어를 거부했다고 보는 건 무리가 있다. 오히려 그의 문학 세계 안에는 언어를 둘러싼, 난센스에 가까운 아일랜드의 상황이 간접적으로 반영되어 있다.

다소 개인적인 이야기지만 모어인 영어가 아닌 한국어로 책을 쓸 때마다 베케트를 떠올리곤 한다. 그의 존재가 미국인인 나에게 한국어로 책을 쓸 수 있는 용기를 북돋워준 셈이다. 그래서 그는 여러모로 내 선배다. 트리니티 칼리지 선배이자 외국어로 책을 쓴 저자로서도 선배.

●

트리니티 칼리지에서의 생활은 즐거웠다. 학교는 아름다운 조지언 양식의 건축물 중 하나를 식당으로 사용했다. 한국식으로 말하자면 일종의 교수 식당인데, 이곳에서는 매일 저녁 '코먼즈'Commons라는 모임이 이루어진다. 마치 영화 〈해리 포터〉의 한 장면 같은 멋진 식당에서 교수들은 까만 가운을 입고 식사가 시작되기 전 라틴어로 감사의 기도를 올린다. 대학원생이라면 누구나 지도교수와 함께 코먼즈에 참석하는 걸 꿈꾼다. 여기에 자주 참석하곤 했는데, 그렇다고 이걸 말하고 다녔다가는 자칫 잘난척하는 것처럼 보일 수 있어 무척 조심스러웠다. 이밖에도 와인 파티를 비롯해 동료 학생들과 어울릴 수 있는 자리가 많았다. 미국 대학의 삭막한 분위기와는 사뭇 달랐다. 트리니티 칼리지는 앞에서 말한 것처럼 영국에 충성할 아일랜드 지배 계층 양성이 설립 목적 중 하나였다. 때문에 학생들끼리의 끈끈한 연대감과 학교에 대한 애정을 갖게 하는 것이 매우 중요했다. 이런 목적을 위해 다양한 사교 행사가 만들어졌고, 어느덧 전통으로 오랜 세월 내려오고 있었다.

물론 학생들끼리의 연대감이 이런 이유로만 형성되는 건 아니다. 트리니티 칼리지는 개신교에 뿌리를 둔 학교였다. 당시 아일랜드는 천주교의 영향으로 매우 보수적이었는데 학교의 분위기는 개방적인 편이라 학생들에게는 일종의 해방구였고, 이런 분위기 속에 학생들의 연대는 더욱 끈끈해졌다.

●

서울의 한강처럼 더블린에는 리피Liffey 강이 흐른다. 이 강을 경계로 강북과 강남으로 나뉘는데 트리니티 칼리지가 있는 곳은 강남의 핵심이다. 이쪽은 예전부터 행정의 중심이었고, 18세기 부촌으로 부상한 이래 오늘날까지도 여전히 잘 사는 사람들이 모여 산다. 강북은 주로 서민층이 살고 있고, 빈민촌도 이쪽에 있었다. 1990년대만 해도 학생들 사이에는 어두워진 뒤 강북 쪽으로 가면 위험하다는 주의사항이 돌았고, 대낮에 갈 때도 곳곳에 구걸하는 사람들을 쉽게 볼 수 있었다. 도쿄의 야마노테와 시타마치, 서울의 강남과 강북처럼 역사적으로 오래된 도시 안에는 어쩔 수 없이 차이와 구분이 존재하는 걸까? 더블린의 강남과 강북을 오가며 생각하곤 했다.

더블린 한복판을 관통하는 리피 강은 매우 흥미롭다. 그 이전까지 내가 살았던 대부분의 도시에도 강은 흘렀다. 대부분 도시 안에 흐르는 강 주변 가까이는 빈터로 남겨두거나 공원으로 꾸며두곤 한다. 강을 관리하기 위해서는 인접 공간이 필요하기 때문이다. 개천 정도의 크기가 아닌 다음에야 만일의 경우를 대비해서 강 바로 옆에는 건물을 짓지 않는다. 하지만 리피 강 주변은 여느 도시와는 그 풍경이 달랐다. 강물이 흐르는 바로 옆에 좁은 길과 건물들이 나란히 자리를 잡고 있다.

내가 자주 가던 곳은 19세기 무렵 철강으로 만든 하프 페니Ha'penny 다리 근처였다. 이 다리는 더블린의 강북과 강남의 분위기를 초월하는 상징적 가교였는데, 다리가 길지 않아 강을 건너는 일이 전혀 번거롭지 않았다. 나를 비롯한 수많은 더블린의 젊은이들은 강의 이쪽과 저쪽으로 오가며 취향에 맞는 장소를 골라 즐기곤 했다. 강북 쪽으로는 오래된 서점이자 나의 단골 책방인 더 와인딩 스테어The Winding Stair가 있었다. 그런가 하면 강남 쪽으로는 술집과 식당이 많은 템플 바Temple Bar라는 동네가 있었다. 아일랜드 영화 센터, 공연장, 갤러리 등이 모여 있어 서울 홍대앞과 얼핏 비슷한 분위기의 이곳에서 학교 친구들과 주말마다 신나게 놀았다. 이곳에서 1840년부터 자리를 지키고 있는 더 템플 바

1994년 더블린.

The Temple Bar 역시 단골 펍이었다.

펍에서 빼놓을 수 없는 것은 바로 아일랜드의 자랑이자 가장 인기 있는 맥주 기네스다. 기네스는 더블린에서 맛보는 게 최고다. 기네스 공장이 이 도시에 있으니 어느 곳보다 신선한 맛을 즐길 수 있다. 보수적이고 민족주의 성향이 강한 아일랜드가 다른 유럽 국가들처럼 개방적으로 변신하면서 유럽식 라거 맥주의 인기가 점점 올라가고 있다는 소문이 들리기도 하지만, 기네스는 여전히 아일랜드의 넘버원 맥주다.

하지만 더블린에 기네스만 있는 것도 아니고, 모두의 취향이 다 같은 것도 아니다. 나도 그랬다. 더블린에 살면서 어쩐지 나는 기네스와 멀고도 가깝게 지냈다. 싫어하는 맛은 아니었지만 내게는 조금 무겁고 텁텁한 느낌이었다. 나의 선택은 스미딕스Smithwick's였다. 역시 아일랜드 맥주인데 라거가 아닌 에일 맥주다. 영국의 맥주나 최근 한국에서 유행하는 수제 맥주와 비슷한 맛이다. 기네스가 워낙 유명세를 타서 그렇지, 역사로 보면 1710년에 탄생한 스미딕스가 1759년에 등장한 기네스보다 더 오래되기도 했다. 학교 친구들과 함께 펍에 가면, 모두들 기네스를 시킬 때 나는 홀로 스미딕스를 시켰다. 그런 나를 아일랜드 친구가 놀리면서 '영국인과 여자들이 스미딕스를 좋아하는 법'이라고 했는데, 그 순간 1980년대 한국에서 '사나이는 무조건 진로'라고 외치던 사람들이 떠올랐다. 한마디 반론을 펼치고 싶었지만 꾹 참고 그로부터 한 달 동안 그 맛을 제대로 이해해보려고 펍에 갈 때마다 기네스를 시켰다. 물론 싫은 맛은 아니었다. 하지만 마음은 역시 스미딕스로 향하고 있었고, 언젠가부터 다시 자연스럽게 스미딕스를 고집하곤 했다.

그렇게 즐겁게 학창 시절을 보내던 1993년은 아일랜드 역사상 매우 중요한 해였다. 유럽연합의 등장으로 줄곧 더뎠던 아일랜드 경제가 급성장하기 시작했다. 이후 2008년을 제외하고 2023년 현재까지 아일랜드의 경제성장률은 유럽연합의 평균보다 늘 높았고 코로나19팬데믹으로 어려움을 겪긴 했지만, 유럽연합의 다른 나라들보다는 피해가 적었다. 지속적으로 경제가 성장하면서 아일랜드의 1인당 GDP는 자신들을 지배했던 영국보다 올라갔고, 미국을 초월함으로써 오늘날 영어권 국가들 중 가장 높은 순위를 차지했다. 오랫동안 유럽의 구석에 자리잡은 곳에서, 보수적인 천주교 문화의 그늘 아래 머물러, 유럽에서 가장 못 사는 나라로 여겨졌으나 이제는 아니다. 나아가 지속적인 경제 성장으로 인해 어느덧 이민 적자국에서 이민 흑자국이 되었다. 2019년 전체 인구 가운데 18퍼센트는 외국에서 태어난 이들이었다. 불과 30년 만에 다문화국가가 된 것이다. 바로 그 역사적 전환기가 1993년이었고, 나는 뜻하지 않게 아일랜드의 중요한 순간에 그 안에서 청춘의 시절을 보낸 셈이다.

아일랜드의 위상은 거듭해서 달라졌다. 2020년 영국이 유럽연합을 탈퇴하자 아일랜드는 유럽연합국 가운데 유일하게 영어를 사용하는 국가가 되었다. 탈퇴 후에도 영국은 여전히 유럽연합과 긴밀한 관계를 유지하고는 있지만 유럽연합에 대한 비판적인 태도는 아일랜드의 호의적인 입장과 사뭇 다르다. 오랫동안 유럽 변방 국가로 영국 그늘 밑에 있던 아일랜드는 유럽연합을 좋은 기회로 받아들였다. 반면 영국은 유럽과 거리를 두려는 전통적 심리가 강화되면서 결국 탈퇴를 선택했다. 변방의 작은 나라인 아일랜드는 내부적인 민족 문제에도 불구하고 시선을 나라 밖으로 둔 반면, 한때 전 세계 영토와 인구의 25퍼센트를 차지하던 '대영제국' 영국의 시선은 나라 안으로 향했다. 이런 차이에는 여러 이유가 있겠으나, 밑바탕에 깔린 두 나라의 의식의 차이가 영향을 미친 것으로 볼 수 있다. 고립해서는 살 수 없다는 아일랜드인의 상식과 세상의 중심이자 여전히 큰 나라라는 영국인들의 대국 의식이 오늘날 두 나라의 차이를 만들었다.

변화의 한복판에서는 정작 그것을 정확하게 느끼지 못한다. 더블린의 변화를 제대로 체감한 것은 오히려 한참 시간이 흐른 뒤 일본에 살 때였다. 2003년 무렵까지 일본에서 교수로 재직하면서 1년에 한 번 정도는 더블린을 찾았다. 갈 때마다 변화하는 모습을 보며 놀라곤 했다. 변화를 더욱 더 체감한 것은 그후로도 한참 시간이 흐른 뒤였다. 2018년 가을, 15년 만에 더블린을 방문한 나는 그 많던 펍이 사라져버린 것을 보며 놀라지 않을 수 없었다. 프랑스식 비스트로나 화려한 디자인의 세련된 바들은 어딜 가나 눈에 띄었지만 더블린의 고유한 분위기를 느끼게 해준 수많은 펍은 거의 보이지 않았다. 관광객이 급증하고 있음은 피부로 느낄 수 있었다. 시내 어디에서나 다양한 언어가 거리를 채우고 있었다. 자연스럽게 동네의 풍경도 달라져 있었다.

학교와 기숙사를 오갈 때마다 지나쳤던 동네 랫마인스Rathmines에는 학교 친구들과 자주 가던 펍이 있었다. 내게는 더블린에서의 추억을 떠올리게 하는 소중한 장소다. 1994년 월드컵은 미국에서 열렸다. 한국과 독일의 월드컵 C조 경기가 있던 날 마침 친구들과 이곳의 펍을 찾았다. 아일랜드의 축구 사랑도 어떤 나라에 뒤지지 않는다. 그날은 유난히 떠들썩했는데, 경기를 보는 사람들의 응원 모습이 매우 흥미로웠다. 한국이 득점을 할 때는 환호성을 지르고, 독일이 득점을 하면 야유가 쏟아져 나왔다. 이 사람들이 한국을 이렇게 좋아하는 건가, 무슨 이유로 이러는 걸까 궁금하지 않을 수 없었다. 옆에 있는 친구에게 '한국을 좋아하느냐', '한국에 대해 잘 아느냐', '왜 이렇게 한국을 응원하느냐'고 물었다. 대답은 간단했다.

"독일이 아니니까."

아일랜드는 제2차 세계대전 당시 중립을 지켰고, 오히려 영국에 대한 반감이 깊었기 때문에 독일을 그렇게까지 싫어하는 걸 쉽게 납득할 수 없었다. 그렇지만 독일에 대한 반감은 유럽인들의 뇌리에는 기본적으로 깔려 있다는 것, 제2차 세계대전으로 인한 트라우마가 여전히 유럽 전체에 남아 있다는 것을 그 펍에서 나는 비로소 알게 되었다. 그리고 아마도 오랫동안 외세로부터 지배를 받아온 아일랜드였기에 힘 있는 패권 국가에 대한 저항 심리도 작동했을 거라 짐작한다. 또다시 월드컵 경기에서 한국과 독일이 붙는다면 어떨까? 이미 민족주의적 성향이 줄어든 더블린 사람들로부터 한국이 그때 같은 열화와 같은 성원을 받기는 어렵지 않을까?

랫마인스에는 주민과 학생이 많이 살았다. 일상생활을 하는 데 필요한 가게들이 즐비했던 이 동네는 2018년 다시 가보니 관광객들이 늘어나면서 점점 값비싸고 분위기 좋은 식당들, 유행을 따라가거나 선도하는 바가 하나둘 들어와 거리 전체를 차지한 듯했다. 이미 2010년 무렵부터 부동산 가격은 상승했고, 이는 곧 젠트리피케이션으로 이어졌다. 사람 사는 냄새가 물씬 풍기던 랫마인스는 사라지고, 소중한 추억의 장소였던 펍도 보이지 않고, 그저 건조하기만 한 부자 동네가 그 자리에 남아 있었다.

부동산 가격 상승과 젠트리피케이션 문제는 결국 2020년 선거에서 폭발했다. 그 이전까지 아일랜드에서는 오랫동안 중도 정당과 중도 우파 성향의 정당에서 번갈아가며 수상이 선출되었고, 선거 당시 수상은 중도우파 성향의 리오 버라드커였다. 그런데 그해 선거에서 부동산 가격이 치열한 이슈로 떠오르면서 진보 성향 정당의 지지율이 올라갔다. 특히 진보 성향이 짙은 아일랜드 민족주의 정당의 신 페인이 이전 선거에 비해 거의 두 배의 표를 얻어, 두 번째로 의석이 많은 정당으로 부상했다. 또한 진보 성향이 강한 녹색당도 선전했다. 비록 진보 진영 전체의 득표 수가 과반을 넘지는 못했지만 오랫동안 중도에 머물러 있던 아일랜드의 정치 성향을 보자면 매우 충격적인 결과라 할 수 있었다. 특히 더블린은 일부 부유한 남쪽 지역을 제외하고는 거의 다 신 페인이 1위를 차지했다. 오랫동안 지켜온 중도 정치의 틀을 깰 만큼 부동산 문제 해결책을 강조한 결과였다. 이 선거 결과로 인해 리오 버라드커 수상은 2024년까지의 임기 중에 약 2년 동안 잠시 수상직에서 내려오기도 했다.

부유해진 아일랜드의 문제는 부동산만은 아니다. 어쩌면 더 근본적인 문제는 여기에 있다. 경제적으로 여유로워진 대신 사람들 사이의 소외감이 짙어지고 있다. 2018년 샐리 루니Sally Rooney의 베스트 셀러 소설 『노멀 피플』Normal People에서 그런 부분이 잘 그려져 있다. 내가 다녔던 트리니티 칼리지 학부생인 소설 속 주인공들은 서로 사랑하지만,

많은 사람들 사이에서 소외감을 종종 느낀다. 두 사람 사이에도 어색한 기운이 감돌곤 한다. 말도 많고 위트 있기로 유명한 아일랜드인들이 언젠가부터 말수도 줄어들고 생각이 많아졌다고도 한다. 예전이라면 가족 수가 많은 이들이 어렵지만 이웃과 부대끼며 살 수밖에 없었다면 경제적 상황이 나아지면서 불편한 관계를 피할 수 있는 여유가 생겼다. 얼핏 좋은 일처럼 보이지만 그로 인해 사람들 사이의 관계는 거리가 생기면서 끈끈함도 사라졌다. 아일랜드의 옛모습을 기억하는 나로서는 소설 속 두 사람 사이에 흐르는 차가운 분위기가 어쩐지 아일랜드의 오늘을 말해주는 것 같았다.

●

더블린에 오래 살았던 건 아니다. 약 1년 반쯤 머물면서 박사 학위를 받고 나서 돌아왔으니 대전에서 살았던 기간과 비슷하다. 아일랜드에 살면서 한국을 자주 떠올렸다. 두 나라의 역사가 비슷하게 여겨졌기 때문이다. 오랜 세월 외세의 침략을 많이 받았고, 20세기에 들어서면서 독립 운동을 전개하고, 뒤이어 분단을 겪어야 했다. 이로 인한 끝없는 갈등이 이어졌고, 가파른 경제 성장의 주인공이 되기도 했다. 더블린과 서울을 나란히 놓고 비교하기에는 무리가 있지만, 양국을 둘러싸고 있는 각각의 상황은 더블린의 거리를 오갈 때마다 한국의 역사를 생각나게 했다.

비슷한 상황을 겪으며 두 나라가 취한 태도에는 분명한 차이가 있다. 민족을 강조하면서 독립을 요구하고 외세로 인한 분단 상황을 통일로 극복하겠다는 양국의 태도는 1990년대 말부터 조금씩 차이를 보였

2018년 더블린.

다. 한국은 21세기에 접어든 오늘날에도 여전히, 한결같이 '우리의 소원은 통일'이며 분단의 극복만이 '민족의 염원'이다. 아일랜드는 달랐다. 유럽연합의 등장 이후 약 25년여가 흐른 뒤 어느새 과거의 지배자인 영국보다 훨씬 부유해진 아일랜드는 오랜 세월 남아 있던 영국에 대한 감정의 앙금을 털어버린 듯했다. 스스로 잘 사는 복지국가가 되었다는 자부심과 자신감이 충만해졌고, 북아일랜드와의 통일은 관심사 밖으로 밀려났다. 이들에게는 번영의 토대인 평화만이 주요 관심사가 되었다. 북아일랜드와 굳이 통일하지 않아도 유럽연합이라는 테두리 안에서 평화와 번영을 찾을 수 있는 방법이 있다고 믿기 때문인 듯하다.

새로운 시대에는 새로운 상징이 필요하다. 더블린 리피 강 위쪽, 강북의 상업 지역에 2003년 한 기의 탑이 자리를 잡았다. 더블린 첨탑Spire of Dublin이다. 영국 넬슨 제독을 기념하기 위해 1809년 세운 비가 있던 자리였다. 1966년 IRA가 이 기념비를 폭파했고, 그로 인해 윗부분은 완전히 파괴되었다. 바로 그 자리에 새로운 상징이 등장한 것이다. 이를 위해 남아 있던 넬슨의 흔적은 모두 철거되었다. 새로운 평화와 번영의 시대, 새로운 천년을 기념하는 120미터 높이의 더블린 첨탑은 그렇게 세워졌다.

더블린은 햇빛이 드문 도시다. 갑자기 해가 나타나면 은색의 더블린 첨탑은 마치 새로운 시대의 희망을 전해주기라도 하듯 아름답게 빛난다. 2018년 오랜만에 더블린의 거리를 걸으며 나는 또 언젠가처럼 한국을 생각했다. 서울에는 언제쯤이나 한반도의 평화와 번영의 시대가 도래했음을 기념하는 상징물이 세워질까. 누가 그것을 알겠는가. 그저 그날이 어서 오기만을 바랄 뿐.

07

흔들리는 국가,
그러나 홀로 즐거운

언제나 두 마음이 교차하는
런던London
_ 영국, 그레이터런던

할머니는 스코틀랜드에서 태어나셨다. 아홉 살 때 부모님과 함께 미국으로 이민을 오셨는데, 어릴 적 기억 때문인지 홍차를 일상적으로 즐기셨다. 큰 잔에 홍차를 따르고 직접 만든 스콘과 쇼트브레드를 함께 드셨다. 나 역시 그런 할머니를 따라 언젠가부터 홍차를 즐기곤 했는데, 10대 시절까지는 작은 잔에 마셨지만, 스무 살 이후부터는 자연스럽게 할머니가 드시던 것 같은 큰 잔에 마시기 시작했다. 런던에 갈 때마다 들르는 가게에서 홍차를 고르곤 하는데 이 도시에서 누리는 소중한 즐거움 중 하나다. 홍차를 마실 때면 할머니와 함께 보낸 그 시절이 떠오른다.

할머니의 홍차 때문인지는 모르지만 어릴 때부터 영국에 대해서는 묘한 친밀감이 있었다. 학창 시절 수업 시간에 미국사를 배울 때마다 건국을 둘러싼 여러 전쟁이 등장했고, 그때마다 영국은 빠지지 않았지만 나로서는 썩 적국이라고 여겨지지 않았다. 19세기 들어오면서부터 미국은 정치·경제·사회적으로 성장하고, 남북전쟁을 치르느라 바빠서 영국을 특별히 신경 쓸 일이 없었고, 20세기에는 양차 세계대전을 겪으면서 다시 영국이 미국사에 등장하는데 이번에는 적국이 아닌 가장 믿을 만한 우방국으로 나타났다. 그런 역사적 배경과 홍차의 상호 작용으로 런던은 어린 내게 언젠가는 가보고 싶은 도시 중 하나였다.

영국과 미국은 사소한 차이는 있지만 공용어가 같으니 의사 소통하는 데 어려움이 거의 없다. 그런 데다가 한국의 국어 시간에 해당하는 미국의 '영어' 시간에 영국 문학을 꽤 비중 있게 배운다. 셰익스피어는 물론 초서의 『캔터베리 이야기』 같은 고전 작품, 그리고 조지 오웰의 『1984』

와 같은 현대 소설을 수업 시간에 읽었다. 영국의 문학 작품을 원서로 읽는 데 어떤 어려움도 없고, 의미 역시 정확하게 파악할 수 있어 영국의 문화는 이질감이나 거부감 없이 있는 그대로 받아들일 수 있었다.

나를 포함해 미국인들이 영국을 바라보는 입장에는 다소 묘한 구석이 있다. 정서적인 바탕에 영국이 미국의 '본국'이라는 인식이 깔려 있다고나 할까? 때로 미국은 영국의 '아이'처럼 여겨지기도 한다. 다른 영어권 국가들은 어떨까. 캐나다와 호주의 경우 거리상으로 멀긴 하지만 무기를 들고 독립을 쟁취한 것이 아니기 때문에 영국에 대해 느끼는 본국이라는 느낌은 어쩌면 미국보다 강할지도 모른다. 물론 이렇게 단순하게만 말할 수는 없다. 제국주의 시절 영국령이었던 캐나다는 독립 후 미국을 경계하기 위해서라도 영국과의 관계를 우호적으로 이끌고 가는 측면이 있고, 영국의 식민지였던 호주는 애초에 영국의 죄인들을 수송해 정착시킨 것으로부터 이민의 역사가 시작되었기 때문에 영국에 대한 일종의 열등감 비슷한 것도 있는 듯하다. 그래서 그런지 영국에 대한 입장이 매우 미묘하고 복잡해 보인다. 영국과의 정서적 관계가 복잡한 건 캐나다와 호주, 미국만은 아니다. 제국주의 시절 영국의 지배를 받았던 인도·나이지리아·케냐와 같은 나라들의 엘리트 중에는 여전히 영국을 본국처럼 여기는 이들이 있고, 그들은 아직까지도 영국과 긴밀한 유대 관계를 지속하고 있다. 영국의 지배는 오래전에 끝났지만, 그들에게는 여전히 영국이 본국인 셈이다.

내가 언급한 본국이라는 개념은 자국의 역사적 배경과 문화의 출발이 영국에서 비롯했다는 인식을 의미하기도 하는데, 이런 인식으로 보면 영어권 국가들을 구성하는 거의 모든 것의 중심이자 근원은 다름 아닌 영국이다. 그런 이유 때문일까. 미국을 포함해 제국주의 영국의 식민지였던 나라의 사람들은 영국을 여행하거나 오래 머물 때면 마치 본국에 돌아온 것 같은 기분을 느끼곤 한다. 거기에는 또한 자국보다 영국이 문화적으로나 어떤 것으로나 우수하다는 인식도 작동하곤 한다. 런던은 이런 인식의 정점에 있다.

과거 자신들을 지배한 국가인 영국을 향한 이런 마음 탓에 옛 식민지 사람들은 영국에 대해 수용과 비판 사이 그 어디쯤에서 매우 미묘한 감정을 갖게 마련이다. 미국 출신으로 유명한 시인 T. S. 엘리엇과 소설가 헨리 제임스는 영국 문화를 적극적으로 흡수, 스스로를 영국화시켰다. 반면에 인도의 독립운동가 마하트마 간디는 19세기 말 유니버시티 칼리지 런던University College London에서 공부하면서 오히려 영국에 대한 비판적인 태도를 갖기 시작했다. 그에게 영국 문화는 적응하기 어려운 것이었고 나아가 거부감까지 들게 했다. 간디와는 다른 예지만 일본 현대문학의 대가 나쓰메 소세키夏目漱石 역시 유니버시티 칼리지 런던 출신이다. 그 또한 런던에서 공부하는 동안 영국 문화에 적응하지 못해 괴로워했다.

●

2016년 영국은 국가의 운명을 좌우할 중대한 선택을 해야 했다. 유럽연합의 일원으로 남을 것인가, 그 테두리를 벗어날 것인가를 결정하는 국민투표의 결과는 매우 뜻밖이었다. 많은 사람의 예상과 달리 52퍼센트의 영국인들은 유럽연합을 떠나는 쪽에 표를 던졌고, 기나긴 협상을 거처 2020년 초 결국 탈퇴를 선언했다. 이를 가리켜 브렉시트Brexit라고 한다.

나는 그들의 결정을 지켜보면서 얼핏 영국의 뿌리 깊은 우월감이 드러난 결과라는 인상을 받았다. 유럽연합의 일원이 되기 위해서는 다른 나라와의 협력이 전제되어야 한다. 존중과 타협은 필수다. 영국은 자국 중심이 아닌 사안을 앞에 두고 뭔가를 타협하는 데 익숙한 국가가 아니다. 그러느니 국익을 해칠지언정 차라리 테두리 바깥으로 나가는 걸 선택하고 만 셈이다. 이 결과는 매우 단적으로 영국이 유럽 대륙으로부터 얼마나 멀리 있는가를 보여준다. 브렉시트를 좌우하는 영국의 국민 투표 결과가 예상 가능했던 그 순간 나는 유튜브를 통해 1990년 10월 마거릿 대처 수상의 의회 질의 응답 장면을 찾아보고 있었다. 그는 유럽 연합의 행정 기구에 국가 권력을 양보하는 것에 대해 매우 단호하고 큰 목소리로 세 번이나 'No'를 외쳤다. 이 유명한 장면을 다시 보면서 영국이 유럽으로부터 거리를 지키고, 자국의 자주를 수호하려는 의지가 얼마나 강한가를 새삼 확인했다. 그런 측면에서 보면 투표 결과는 오히려 놀라운 일이 아닐지도 모른다. 비록 현실적으로는 브렉시트로 인해 유럽 금융의 중심 도시로서의 런던의 위상이 이미 흔들리기 시작했고 앞으로 더 가속화할 것이라는 예상도 있지만 그럼에도 불구하고 이 결과는 매우 영국다운 것인지도 모른다.

브렉시트라는 어려운 도전을 영국과 런던이 어떻게 풀어나가느냐는 전 세계적인 관심사이다. 성공한다면 영국은 중심국, 런던은 중심 도시로서의 입지를 단단하게 굳힐 수 있을 것이고, 실패한다면 그 타격으로 몇백 년 만에 변방의 도시로 전락하게 될 것이다.

2003년 런던.

영국이 유럽의 강대국으로 부상한 것은 1588년경부터라고 할 수 있다. 당시 유럽의 최강국 에스파냐 해군과의 전투에서 승리한 이후 영국은 내내 세계의 중심에서 벗어나지 않았다. 17세기, 끊임없는 내란을 겪어야 했지만 그 와중에도 나라 밖으로 식민지를 개척하기 시작했다. 18세기에 와서 영국은 계몽주의의 중심지이자 산업혁명의 발신지로 세계사의 전면에 자리를 마련했고, 세계 최강의 국가라는 타이틀을 20세기 초까지 유지했다. 영국의 기나긴 역사를 훑어볼 때마다 유럽 변방의 작은 섬나라가 지속적으로 국력을 키워 마침내 인류 역사상 가장 넓은 제국을 만들고 세계의 중심국이 된 것이 그저 신기하게 여겨지곤 한다.

영국을 관통하는 이 기나긴 역사의 무대는 늘 런던이었다. 왕실은 물론 제국 전체를 관리하는 군과 관료들이 런던에 집중되어 있었다. 영국의 천 년 수도 런던은 산업혁명을 통해 축적된 부의 집결지이기도 했고, 이로써 세계 금융의 중심이라는 타이틀도 확보했다. 자본이 모이니 문화·예술·출판·학문 등 거의 모든 분야 역시 런던으로 집중되었고, 이는 다시 중앙·중심으로서의 런던의 정체성을 강화했다. 어느덧 런던은 영국의 중심이면서 세계의 중심이 되었다. 요리와 패션에서는 뒤처진다는 평이 있긴 했지만, 무엇보다 런던에는 그 모든 것을 소비할 수 있는 자본이 있었다.

런던 중심주의의 상징은 만국표준시다. 런던 인근의 그리니치 천문대는 전 세계인들 시간의 기준점이다. 천문대를 중심으로 삼아 동쪽 방향으로 갈수록 시간의 기준은 +1이 된다. 반대로 서쪽으로 가면 시간의 기준은 -1이 된다. 그리니치평균시란 이런 것이다.

런던이 세계의 중심 도시로 부상하면서 각지에서 사람들이 모여들었다. 역사적으로 도시의 인구 수는 그 도시의 규모를 가늠하는 기준이 되곤 했다. 1750년부터 현재까지 런던은 유럽에서 인구 수가 많은 도시로, 세계에서 큰 도시의 하나로 늘 꼽혀 왔다. 물론 그 이전에도 런던의 역사는 흘러왔다. 서울, 도쿄, 더블린보다 훨씬 오래된 도시 런던은 로마 시대의 지도에도 존재했다. 런디니움Londinium이 옛 명칭이다. 로마 멸망 후 런던 역시 다른 중세 유럽의 도시들처럼 한동안 쇠락과 번영을 반복했다.

●

런던과 나의 인연은 더블린에 살던 때부터 본격적으로 시작한다. 더블린에서 공부하는 동안 지리적으로 가까웠던 런던을 여러 차례 찾았고, 이후에도 학회에 참석하기 위해 자주 찾았다. 세어보니 약 25여 년 동안 2~3년에 한 번씩 꾸준히 찾은 셈이다. 살아본 적은 없는데, 이렇게 자주 드나든 곳은 런던이 거의 유일하다. 특별한 인연이 있다기보다 늘 스치듯 다니면서 나도 모르게 익숙해진 곳이랄까. 추억이나 그리움이 쌓일 기회가 없었기 때문인지 언제나 다시 찾아도 반갑기는 하지만 가슴이 두근거리지는 않는다. 갈 때마다 다양한 문화생활과 어디서든 배우는 즐거움이 큰 이곳은 굳이 표현하자면 친구나 가족보다는 스승 같은 도시다.

런던에 갈 때면 거의 언제나 영국박물관을 찾곤 한다. 하루에 다 보

2003년 런던.

는 것이 불가능한 이곳에 가면 온갖 유물들이 방방마다 가득가득 화려하게 전시되어 있어, 그 다양한 문화유산을 보는 즐거움과 배우는 기쁨을 동시에 누릴 수 있다. 이 유물들을 보고 있으면 영국 제국주의의 범위가 얼마나 넓었는지 저절로 알 수 있다. 하지만 마음 한쪽은 늘 불편하고 무겁기까지 하다. 박물관을 채우는 수많은 유물 중에는 제국주의 시대 영국이 전 세계에서 휩쓸어온 것들이 역시 방방마다 가득하기 때문이다. 그리스의 민족적 상징이라고 할 수 있는 파르테논 신전의 무수히 많은 조각과 부조들 역시 영국박물관에서 소장, 전시하고 있다. 아테네에 있어야 할 이 유물들은 '엘긴 대리석 조각군'Elgin Marbles이라는 엉뚱한 이름을 얻었다. 그리스의 반환 요구에 대한 영국의 입장은 한마디로 이렇다.

"그리스의 문화유산이기도 하지만, 이제는 세계 인류 모두의 것이 되었다. 즉, 그리스의 소유가 아닌 인류 모두의 것이다. 그리고 영국에 있어야 더 많은 사람이 볼 수 있다."

그리스에 대한 영국의 우월감이 고스란히 드러나 있다. 이러한 우월감은 제국주의의 특징이라고 할 수 있는 중심과 변방의 인식에서 비롯했다.

제국주의자들은 거의 하나같이 자신들이 가지고 있는 권력이나 문명의 우월함을 다른 민족이나 국가를 지배하는 명분으로 내세운다. 문화, 경제, 종교를 비롯한 모든 면에서 스스로가 대단히 뛰어난 성취를 이루었다고 여기는 동시에 중심으로부터 멀리 떨어진 변방의 문화, 경제,

종교 등을 존중하기는커녕 열등한 것으로 치부한다. 그러면서 피지배국에 자신들의 '문명'을 주입시키는 행위를 마치 커다란 시혜라도 베푸는 것으로 미화한다.

이런 태도와 인식을 장착한 채 영국은 바다 건너 북아메리카를 개척하기 위해 길을 나섰고 이미 그곳에 터를 잡고 살고 있던 선주민들을 무력으로 진압, 점령해버렸다. 이들은 아프리카, 아시아, 호주 등 어딜 가나 선주민과의 갈등과 맞닥뜨렸고 이를 해결하기 위해 기술적으로 뛰어난 무력을 활용해 진압했다. 이런 영국의 침략에 대응할 수 없던 많은 나라들은 스스로의 언어와 문화를 말살당한 채 영국의 것을 고스란히 받아들여야 했다. 앞에서 이야기한 아일랜드는 그렇게 해서 모어를 상실하고 영어를 공용어로 사용하게 되었다. 제국주의자들은 하나같이 비슷하다. 프랑스 역시 이런 우월감으로 가득 차 있다. 그들은 제국주의 당시 아프리카 여러 국가를 지배하면서 프랑스어를 보급했다. 프랑스인들 중에는 오늘날까지 프랑스어를 사용하는 아프리카를 보며 자신들의 조국이 얼마나 우월한가를 확인하고 자랑스럽게 여기는 이들이 꽤 많다.

제국주의의 역사와 과거 제국주의에 앞장섰던 국가들의 태도에 민감한 것은 아무래도 한국에 오래 살면서 보고 들은 게 있기 때문일 것이다. 일제강점기 일본 제국주의로부터 한국이 어떤 피해를 입었는지, 이에 대해 일본은 어떤 태도를 취하고 있는지에 대해 느낀 바가 매우 많다. 이유는 또 있다. 나는 내가 태어난 나라 미국이 전 세계를 상대로 취하는 제국주의적 태도에 대해서 잘 알고 있고, 이에 대해 매우 비판적인 입장을 가지고 있다.

그런 이유로 제국주의의 중심 도시 런던에서, 그 절정의 상징을 즐

1572~1624년 사이에 제작된 런던 지도.

기고 있는 상황은 늘 썩 유쾌하지만은 않다. 게다가 영국은 독일처럼 과거에 대해 정확하게 반성하는 자세를 보이지도 않는다. 어쩌면 여전히 스스로를 세계에서 가장 우월한 나라이며, 제국주의야말로 자연스러운 현상이었다고 여기는 게 아닐까 하는 의심도 떨치기 어렵다. 그러니 미국의 '본국' 같은 런던에서, 다양하고 흥미로운 여러 경험을 즐기면서도, 런던이 가지고 있는 이런 태도로 인해 마음이 매우, 자주 불편해진다. 처음부터 오늘날까지 런던을 대하는 내 마음은 늘 어렵고 복잡하기도 하다.

●

영국은 역사적으로 권력을 차지하기 위한 왕과 귀족의 대치가 팽팽했다. 하지만 늘 왕권이 더 막강했는데 1215년 마그나 카르타Magna Carta 이후 새로운 국면이 펼쳐졌다. 마그나 카르타는 왕의 실정에 반기를 든 귀족들이 런던 시민의 지지를 얻어 왕의 승인을 받아낸 조항으로, 한글로는 대헌장大憲章이라고도 한다. 이후 왕의 권력은 점차 분산되기 시작했고, 역사적으로는 영국의 민주주의가 이때부터 시작했다고 평가한다.

영국 민주주의의 심장이라고 할 수 있는 영국 의회는 템스강 인근에 자리를 잡고 있는데, 왕이 사는 버킹엄궁전도 근처에 있다. 영국 의회와 버킹엄궁전은 좁은 길로 연결이 되어 있다. 말하자면 권력의 양대 축이 가까운 거리에 있긴 하지만 그 사이를 연결하는 길은 매우 좁은 셈이다. 이는 곧 두 권력 사이에 존재하는 정신적 거리를 상징하는 것일지도 모른다. 버킹엄궁전은 1837년부터 영국의 왕이 살기 시작했는데 모든 왕이 그곳에 살았던 건 아니다. 왕들은 각자의 사정에 따라 거처를 옮기기도 했고, 이동도 잦았다. 따라서 버킹엄궁전이 영국 왕실의 유일한 궁궐은 아닌 셈이다. 이에 비해 의회는 언제나 같은 자리였다. 늘 고정된 자리에서 조금씩 힘을 쌓아 마침내 영국 정치 권력의 중심이 되었다.

권력의 분산은 도시의 구조에도 영향을 미쳤다. 권력의 힘으로 대규모 도시 계획을 실행에 옮긴 프랑스 파리의 도시 구조와 런던의 도시 구조는 사뭇 다르다. 런던에 가게 되면 지하철도 타지만, 2층 버스를 타고 다닐 때도 많다. 버스 2층에 앉아 런던 시내를 구경하는 일은 여러 번 해도 전혀 지루하지 않다.

런던에서는 택시 기사가 되려면 도시 지리를 얼마나 알고 있는지에 관한 매우 엄격한 시험을 치러야 하고, 시험에 합격을 해야만 택시 기사 면허증을 받을 수 있다. 런던은 뉴욕처럼 바둑판 같은 구조도 아니고, 파리처럼 화려하고 넓은 길이 많지도 않다. 주로 골목으로 이어지는 중세 도시의 구조를 그대로 유지하고 있기 때문에 금융의 중심지인 시티오브런던City of London과 관광객이 많이 찾는 코번트가든Covent Garden 역시 도로도 좁고, 도로를 벗어나면 바로 좁은 골목길로 접어들게 된다. 그러니 택시 기사가 되어 이런 골목을 자유자재로 다니려면 런던 지리를 잘 모르지 않고서는 곤란하다. 나는 이런 런던의 골목길을 찾아다니는 걸 매우 즐긴다. 특히 런던의 진보초라고 할 수 있는 세실코트Cecil Court는 20여 개의 헌책방이 나란히 모여 있어 한 번 들어가면 몇 시간이 훌쩍 지나곤 한다.

런던 역시 서울이나 더블린처럼 강을 중심으로 강북과 강남으로 나뉜다. 오래전부터 지역에 따라 거주하는 사회 계층이 크게 달랐다. 강남 쪽에는 주로 이민자들이 많았고 도시의 중심 지역이 주로 모여 있는 강북 쪽은 다시 동쪽과 서쪽으로 나뉘었다. 강북의 서쪽은 상류층과 화이트 칼라가 많이 살았고, 동쪽에는 서민들이 주로 살았다. 강북의 서쪽과 동쪽은 거주하는 사람들의 사회적인 계층이 서로 달라서인지 말씨도 달랐다. 유명한 영화 〈마이 페어 레이디〉의 중요한 설정이 바로 여기에서 비롯했다. 음성학자이자 상류층의 정제된 말씨를 쓰는 헨리 히긴스 교수가 런던의 동쪽에 살면서 서민들의 투박한 말씨를 쓰는 엘리자 둘리틀에게 엄격하게 발음 연습을 시키는 장면이 매우 상징적인데, 이 영화는 더블린 출신 버나드쇼의 희곡 『피그말리온』을 각색해 만든 것이다. 20세기 초반 언어에 대한 상류층의 집착과 계층의 서열 의식을 잘 드러내주고 있는 작품이기도 하다.

●

런던의 중심지는 전 세계에서 워낙 많은 사람이 몰려오기 때문에 하루 종일 다녀도 런던만의 방언을 따로 듣는 것은 거의 불가능했다. 히긴스 교수는 엘리자에게 동쪽의 말씨를 교정시키려고 애를 썼지만 영어의 여러 방언을 좋아하는 나는 런던에 처음 갔을 때부터 한동안 강북 동쪽의 독특한 말씨를 듣기 위해 온종일 그쪽 골목을 돌아다니곤 했다. 독특한 말씨를 들을 수 있을 거라는 기대를 잔뜩 하고 갔지만 정작 소득은 별로 없었다.

1990년대 중반 이미 이 지역에는 여러 나라에서 이민자들이 많이 들어와 살고 있었다. 때문에 강북 동쪽만의 고유한 말씨보다는 각국의 모어 발음을 반영한 영어가 골목골목을 차지하고 있었다. 아주 가끔 나이 많은 주민들끼리 나누는 대화 속에서 듣고 싶었던 말씨를 듣곤 했지만 일부분이었고, 대부분은 도시 중심에서 흔히 들을 수 있는 표준어에 가깝거나 이민자들의 다양한 말투였다. 애써 돌아다닌 것이 헛수고처럼 느껴져 실망하지 않을 수 없었다.

하지만 생각해보면 그게 당연했다. 이미 전 세계적으로 글로벌화가 크게 이슈가 되었고, 런던에도 이민자들이 많이 유입되고 있었다. 이미 런던의 인구 중 약 37퍼센트는 외국에서 태어난 사람들이고 부모가 외국에서 태어난 사람도 많다. 2022년 가을에는 인도계인 리시 수낵 Rishi Sunak이 처음으로 수상이 되었다. 영국 식민지 시기 케냐와 탄자니아에서 태어나 영국으로 이민을 온 부모를 둔 수낵 수상은 오늘날 영국의 다양성을 상징하는 새로운 얼굴이 되었다. 예전에는 영국의 지배를 받았던 아시아와 아프리카 등에서 이민을 온 사람들이 많았다면 20세기 후반에는 유럽 전역은 물론 중동에서 온 이민자들이 늘어나고 있었다. 런던이라는 한 도시 안에서 학교를 다니는 아이들이 각자 집에서 사용하는 언어가 약 300여 개라고 하니 런던 이민자들의 현황이 얼핏 가늠이 된다. 런던보다 훨씬 먼저 이민의 역사가 시작된 뉴욕에 살고 있는 사람들 가운데 외국에서 태어난 이들의 비율은 런던과 거의 비슷하다. 이민자들이 대거 유입하기 시작하면서 런던은 더욱 흥미로운 도시가 되었다. 우선 식문화가 다양해졌다. 런던은 먹을 게 없는 도시로 꼽혔던 적도 있지만 이제는 어딜 가나 새로운 음식을 발견하는 재미가 있다.

한편으로는 젠트리피케이션이 진행되기도 했다. 1950년대 유럽과 미국의 많은 대도시처럼 런던의 인구 역시 1981년 680만 명으로 감소했지만, 1980년대부터 다시 늘어나기 시작해 2021년에는 역사상 가장 많은 880만 명에 육박했다. 이러한 인구 증가는 부동산 가격 상승에 큰 영향을 미쳤고, 그로 인해 원래 이곳에 살던 서민들은 이 지역을 떠난 지 오래되었다. 있던 사람은 떠나고 새로운 사람들이 들어왔으니 지역은 같아도 떠다니는 말투가 달라지는 것은 당연했다. 이때의 경험으로 나는 매스컴을 통해 형성된 도시의 이미지라는 것은 '현재'의 것이라기보다 이미 지나간 현상을 뒤늦게 드러내는 것임을 알게 되었고, 어떤 곳이든 주입된 선입견으로 그 도시를 바라보지 않도록 노력하기 시작했다.

●

2017년, 나는 오래된 재래시장으로 유명해진 스피탈필즈Spitalfields를 찾았다. 젠트리피케이션의 현황을 살피는 것이 목적이었다. 인파가 대단했는데, 유명한 관광지답게 대부분 사진을 찍는 데 열심인 외국인 관광객들이었다. 눈에 띄는 초콜릿 가게에 들어갔는데 점원은 매우 피곤해 보였고, 그다지 친절하지 않았다. 혹시 미국식 영어를 쓰는 내 말투 때문에 반감을 가진 걸까 잠깐 생각했지만 다른 손님들에게도 별 차이가 없었다. 영어가 서툰 아시아인들에게는 특히 더 불친절했다. 썩 유쾌하지 않은 기분으로 근처의 책방을 찾았는데 이곳 역시 친절하지 않았고, 내가 뭘 물어봐도 시큰둥했다. 책을 더 볼 기분이 내키지 않아 곧 나왔다.

이런 내 기분과는 상관없이 거리의 분위기는 '런던'다웠다. 거리는 화려하고 건물은 예뻤다. 실제의 런던과는 동떨어진, 이미지로 만들어진 '런던'과 매우 비슷한 런던의 거리를 걷고 있자니 기분이 매우 묘했다.

한참을 걷다보니 내 기분이 묘해진 이유를 알 것도 같았다. 여전히 사진을 찍는 관광객들이 많았는데 이들은 거리의 풍경보다 자신의 모습을 찍느라 바빴고, 그러면서 즐거워했다. 이 지역은 바로 이런 '셀카 촬영'에 매우 적합한 곳이었다. 오래된 거리, 신기한 간판, 활기찬 인파 등으로 '런던다운' 배경을 제공해주기 때문이다. 이런 배경 속에 스스로를 등장시켜 완성한 한 장의 사진은 완벽한 여행의 '인증샷'이 되어준다. 이 지역만의 문화나 멋, 맛을 즐기기보다 셀카 촬영에 몰두하는 관광객들의 입맛에 맞춰 가게들은 안팎을 꾸며 손님들을 끌어들인다. 하지만 가게 입장에서 보면 이런 손님들은 모두 한 번만 오고 다시 만나기 어려운 이들이다. 단골 손님이 될 가능성은 거의 없다. 그러니 특별히 친절할 이유도 없다. 식당들 역시 맛과 서비스에 신경을 별로 쓰지 않는다. 셀카용 배경으로서의 이미지만 잘 만들어놓으면 장사가 된다.

유명한 관광지 중 하나인 리젠트 가나 피커딜리서커스의 경우는 다르다. 이곳은 셀카용 장소라기보다 실제로 맛과 쇼핑을 즐기는 곳이다. 비싼 값을 치르고 제대로 된 서비스를 누리기 위해 찾아오는 손님들이 많다. 점원들은 친절하고 맛과 서비스는 훌륭하다. 한때 반짝 뜨고 곧 쇠락의 길을 걷는 수많은 '유명 관광지'와 오랜 세월 한결같이 관광객들이 찾는 곳의 사소하지만 큰 차이가 여기에 있는 것은 아닐까?

●

오늘날 런던의 지도는 예전과 사뭇 다르다. 서울의 홍대앞이나 경복궁 옆 서촌에서 이미 일어난 젠트리피케이션은 한국만의 문제가 아니다.

런던 강북의 서쪽에는 여전히 상류층과 화이트 칼라 계층이 많이 살지만 동쪽은 젠트리피케이션이 진행되어 기존의 서민층 대신 상대적으로 젊은 화이트 칼라 계층이 많이 살게 되었다. 〈마이 페어 레이디〉에 등장하던 서민들의 말투는 이제 이곳이 아닌 런던의 교외로 나가야 들을 수 있다. 런던의 강남도 예외가 아니다. 역시 젠트리피케이션으로 인해 예전에 이곳에 터를 잡고 살던 이민자들은 런던은 물론 교외 곳곳으로 흩어져 살고 있고, 그곳을 중심으로 또 그들만의 지역을 만들어내고 있다. 예전의 런던은 강남과 강북의 동쪽, 서쪽으로 그 특징을 나눠볼 수 있었다. 이제는 다르다. 오래된 중심부 쪽에는 상류층이나 세계를 무대로 일하는 이들, 젊은 힙스터들이 살고 있고, 그외의 지역에는 중산층과 빈민층, 이민자가 섞여 살고 있다.

런던에 가면 중심부를 들르게 된다. 가보고 싶은 곳이 모여 있기 때문이다. 갈 때마다 거리의 느낌은 다르다. 언젠가부터 이 거리는 분명히 런던이지만 런던의 안팎을 넘나들며 일하는 사람들이 이 거리를 채우고 있는 것 같다. 이런 '글로벌 런던'은 브렉시트 찬반 투표 당시 압도적으로 유럽연합에 남는 쪽에 표를 던졌다. 하지만 결과는 그들의 뜻과 달랐다.

●

런던에 갈 때마다 눈에 보이는 오늘날의 런던과 그 이면에 드리워진 제국주의의 흔적 사이에서 여러 생각이 떠오른다. 그럴 때마다 마음이 복잡하긴 하지만, 그렇다고 이 도시에서 만나는 온전한 즐거움을 포기할 수는 없다.

영국박물관과 내셔널 갤러리에서는 교과서에서 봤던 수많은 유물과 작품을 직접 볼 수 있어 즐겁다. 테이트 모던의 특별전은 한 번도 실망시킨 적이 없고, 포토그래퍼 갤러리The Photographers'Gallery의 전시는 일정에 맞춰 꼭 보러 간다. 연극과 뮤지컬을 빼놓을 수 없다. 영어권 도시 중 뉴욕과 런던은 거의 쌍두마차다. 런던에는 극장이 매우 다양하지만, 나는 특히 1870년에 문을 연 로열 코트 극장Royal Court Theatre을 좋아한다. 이곳에서는 전위적인 연극을 주로 무대에 올린다. 바비캔 센터 Barbican Centre도 좋아하는데, 1971년 브루탈리즘 건축 양식으로 설계한 뒤 1982년에 개장한 이곳은 건물도 훌륭하지만 2002년까지 로열 셰익스피어 컴퍼니가 이 안에 있어 이곳에서 셰익스피어 연극을 많이 봤다. 런던에서 셰익스피어 연극을 본다는 것은 도쿄에서 가부키를 보는 것 같은 재미가 있다. 연극도 물론 훌륭했지만 언어학을 공부하는 사람 입장에서 이런 무대를 통해 16세기 말의 영어를 들을 수 있어 흥미롭기도 했다.

런던 거리를 걷다보면 고풍스러운 건물마다 예전에 누가 살았는지를 표시하는 파란 안내판을 자주 보게 된다. 1866년에 이미 설치를 시작한 파란 안내판은 오늘날까지 약 930여 개가 붙었다. 다시 말해 런던 거리에는 유명 인물들이 살았던 약 930여 개의 건물들이 존재한다는 뜻이다. 오래된 '건물'이 도시 안에 얼마나 많이 남아 있는지를 이 숫자로 간단히 알 수 있다. 이렇게 말해서 안됐지만, 유명한 사람들이 살았던 '집 터'만을 '표석'으로 기념하는 서울과는 차이가 크다고 말하지 않을 수가 없다.

런던은 책방의 도시다. 책방이 많다는 건 출판 문화의 역사가 그만

2017년 런던.

2017년 런던.

큼 오래되었음을 반영한다. 런던은 뉴욕이 부상하기 전까지 영어권 도서 출판의 중심이었다. 런던 사람들은 남녀노소 할 것 없이 책읽기를 좋아해서 책 시장이 매우 활발했던 데다가 유럽의 어느 곳보다 표현의 자유가 보장되었기 때문에 다양한 주제의 책이 출판되었다. 프로이센의 억압을 피해 영국으로 건너간 카를 마르크스는 프리드리히 엥겔스와 함께 『공산당 선언』을 독일어로 집필했는데, 이 원본은 런던에서 출간되었다. 당시 런던에서 표현의 자유가 얼마나 보장되었는지 알 수 있다. 2010년 이후 온라인 서점이 인기를 끌면서 런던에서도 여러 책방이 고전을 하고 있긴 하지만 아직까지도 런던의 골목에는 책방이 많고, 작지만 개성 있고 전문적인 책방들도 새롭게 등장하고 있다.

이런 런던도 코로나19팬데믹으로 인한 어려움을 겪지 않을 수는 없었다. 확진자와 사망자가 급증하는 상황에서 사회적 거리 유지 정책을 도입하면서 학교와 공공장소는 문을 닫았고, 사업장들 역시 의무적으로 문을 닫거나 고객을 제한했다. 늘 사람들로 붐비는 극장가까지 문을 닫자 런던의 거리는 고요하기까지 했다. 재택 근무를 도입한 회사가 늘어나면서 출퇴근 인구가 급감하자 도시 한복판에도 인적이 줄었다. 관광객으로 가득했던 세계적인 대도시일수록 피해는 컸는데, 런던 역시 예외가 아니었다. 이 무렵 영국 출신의 세계적인 록 밴드 그룹 롤링스톤스가 발표한 뮤직 비디오 〈유령 마을 살이〉Living in a Ghost Town는 충격적이었다. 서로 만나지 못한 채 화상 통화를 통해 제작한 것으로, 영상 속 텅 빈 런던의 거리와 지하철과 2층 버스는 직면한 현실이 어떤 것인지 적나라하게 보여주고 있었다. 런던만이 아니라 미국의 LA, 일본의 오사카 등을 비롯한 다른 도시의 텅 빈 모습도 함께 담아 인류가 마주한 역사적 순간의 의미있는 기록이 되었다.

2020년 12월 초 세계 최초로 영국에서 코로나19백신 접종이 이루어지면서 전 세계적으로 백신 보급이 이어졌고, 그뒤로 서서히 일상이 회복되면서 런던 역시 이전의 활기를 되찾았다. 이미 정착된 재택 근무로 인해 출퇴근 인구가 예전처럼 돌아오지 않는 지역들도 있긴 하지만 일부 사무실들이 주거용으로 리모델링을 시도하는 등 자구책을 마련, 점차 활기를 되찾아나갈 궁리를 하고 있다. 이런 와중에도 런던 전체 인구는 계속해서 증가 추세다. 집값은 갈수록 높아져 서민이나 젊은 세대들이 살기에는 여러모로 여전히 고단한 도시이기도 하다.

●

도시의 얼굴은 하나가 아니다. 런던 역시 그렇다. 제국주의의 흔적이 여전히 남아 있는 것도 런던의 얼굴이다. 유럽과 거리를 두고 싶어하지만 이미 글로벌 도시가 된 지 오래인 모순 가득한 현실도 런던의 얼굴이며, 글로벌 도시로서 자국의 문화적 배경과 함께 다양한 이민자들을 통해 여러 문화가 꽃피는 것도 런던이다. 그렇다면 런던은 앞으로 어디로 갈 것인가.

유럽연합에서 빠져나오기로 결정한 영국은 한창 가파른 성장세를 보이고 있는 인도나 브라질 등의 추격을 받으면서 예전에 비해 국제 사회에서의 힘이 확연히 줄었다. 런던은 어떻게 될까? 점점 작아지는 영국 안에 있으니 그 영향으로부터 자유로울 수 없겠지만 덩달아 그럴 일은 없어 보인다. 이미 글로벌화한 도시가 좁아지는 국가의 영역 안에 머물 수는 없다. 영국의 도시 런던이라기보다 국경을 넘어 그동안 축적해 온 안정감을 바탕으로 마음껏 역량을 발산하는 글로벌 도시로서의 매력과 힘을 드러낼 가능성 쪽에 무게가 실린다. 그런 런던에게 영국은 어떤 역할을 해줄 수 있을까. 이미 거대하게 팽창하는 도시를 둘러싼 국가가 스스로의 입지를 줄이는 방향으로 가려 할 때 국가와 도시, 도시와 국가의 갈등은 필연적일 수밖에 없다. 나는 브렉시트 이후 런던이 어쩌면 국가와 도시의 관계에 대한 진지한 질문을 우리에게 던져줄지도 모른다고 생각한다. 브렉시트는 말하자면 오랫동안 국제 질서의 핵심이었던 국가가 쇠퇴의 두려움으로 인해 내린 한시적인 오판의 결과일 뿐이며, 런던은 이미 그런 오판의 범주 안에 스스로를 방치할 수 없는 글로벌 도시가 되어 있다. 런던은 심지어 영국이 쇠퇴의 수순을 밟는다 해도 이미 확보한 지식과 상업 네트워크의 거점으로서의 역할을 통해 미래 세계 질서의 중심에 서 있게 될 것이다.

나는 미국에서 한국을 방문할 때마다 런던을 경유하는 일정을 짜곤 했다. 이 계획은 앞으로도 당분간 반복될 것이다. 브렉시트로 영국은 흔들릴지언정 런던은 앞으로 더 새로운 자극과 문화적인 즐거움을 만끽하기에 충분한 도시가 될 것이기 때문이다. 물론 그 도시에 드리워진 제국주의의 흔적을 어떻게 해소할 것인가는 여전히 묵은 숙제로, 어렵고 복잡한 문제로 남아 있을 것이다. 그 숙제는 곧 나의 숙제이기도 하다.

08

소멸의 위기 앞에 선,
평화로운 지역 공동체

온통 행복한 시절
구마모토와 가고시마熊本&鹿児島
_일본, 구마모토 현과 가고시마 현

2008년 서울대학교 국어교육과 교수로 일하게 되어 한국으로 오기 전까지 나는 일본의 규슈에 살았다. 구마모토와 가고시마의 대학에서 일하면서 지낸 시간을 꼽아보니 약 8년 남짓이다.

일본 본토 남쪽의 규슈는 온난한 기후 덕에 농작물이 풍부하다. 한국으로 치면 영남 지방과 비슷한 크기에 산과 섬이 많고, 바다가 가까이에 있어 일본의 다른 지역은 물론 인접한 국가들과도 다양한 관계를 가져왔다. 일본 활화산 중 상당수가 이곳에 있고, 그만큼 자주 폭발한다. 구마모토 현의 아소산이나 가고시마 현의 사쿠라지마가 활화산으로 유명하다. 그 덕분에 벳부나 유후인 같은 온천이 발달해 있기도 하다. 규슈의 가장 큰 도시는 인접한 하카다를 통합한 후쿠오카이고, 네덜란드·중국 등과 교류하면서 국제적인 항구로 발달한 나가사키도 규슈의 중심 도시 중 하나다. 일본의 중심도 아니고, 경제적으로도 부유하지는 않지만 사람들은 늘 여유롭고 서로 존중하는 태도가 몸에 배어 있다. 서울로 옮긴 뒤에도 간혹 찾긴 했는데, 갈 때마다 나도 모르게 이렇게 중얼거리곤 한다.

'이렇게 아름다운 세상도 있구나.'

규슈와 처음 인연을 맺은 건 1997년 3월이었다. 1995년부터 그 직전까지 교토 리쓰메이칸 대학에서 영어를 가르쳤는데 학생들과 잘 맞지 않았다. 어떻게 해야 할까 고민하던 중 인연이 닿아 구마모토 가쿠엔熊本

學園 대학으로 자리를 옮기게 되었다. 이곳에서도 영어를 가르치게 되었는데, 첫 수업부터 분위기가 참 좋았다. 이런 분위기는 수업 시간 이후에도 이어졌다. 새로운 교직원을 위한 환영모임에서 많은 사람이 한결같이 따뜻하게 반겨주는 걸 느꼈다. 구마모토에서 지낼 날들이 기대가 되기 시작했다.

이곳 사람들은 처음 만나는 사람에게 빼놓지 않고 '물' 자랑을 했다. 물도 물이지만 물이 맛있으니 밥도 차도 맛이 있으며, 심지어 목욕하고 난 뒤의 느낌도 다르다고 덧붙였다. 한두 사람만 그러는 게 아니고 만나는 사람마다 같은 이야기를 하니 호기심이 생기지 않을 수 없었다. 천천히 음미하며 마시니, 과연 그 맛이 다른 곳과는 달랐다. 맛있는 건 또 있었다. 야채와 과일 역시 맛이 좋았다. 특히 딸기와 토마토는 구마모토에 살면서 정말 많이 먹었다.

물과 음식이 맛있는 구마모토에 살면서 나는 규슈 지역에 대한 관심이 갈수록 커졌다. 학회나 학술 모임 등은 주로 후쿠오카에서 열렸는데, 그때마다 시간을 내 큰 책방에 들러 규슈에 관한 역사와 문화를 소개한 책을 열심히 찾아봤다.

●

구마모토는 대표적인 '성 밑 마을'城下町이다. 16세기 말 가토 기요미사에 의해 발전했다. 임진왜란 당시 조선을 침략한 장수로 한국인들에게도 유명한 그는 구마모토 성을 크게 확장한 인물이기도 하다. 임진왜란 당시 조선을 앞장서 침략하면서 세력을 크게 키웠고, 구마모토를 성 밑 마을로 자리잡게 한 것도 그의 역할이 컸다. 성 밑 마을이란 말하자면 한복판에 커다란 성이 있고, 그 주변에 발달한 상업 지구가 도시의 근간을 이루는 곳을 가리킨다. 이를테면 도쿄도 그렇다. 에도 막부의 행정 도시였던 도쿄는 메이지 유신 이후 천황이 사는 황거皇居가 들어서면서 성이 없는 도시가 되긴 했지만 원래는 에도 성을 중심으로 한 성 밑 마을이었다. 그 규모는 물론 구마모토보다 훨씬 컸다.

구마모토와 도쿄만이 아니라 일본의 거의 모든 도시는 크거나 작거나 성을 중심으로 발달했다. 오늘날 볼 수 있는 대부분의 성들은 원래의 것은 훼손이 되어 훗날 복원이 되었지만, 구마모토 성은 2016년 큰 지진으로 훼손되기 전까지만 해도 보존 상태가 매우 좋았다. 지진으로 훼손된 뒤 2021년까지 복원 작업을 끝낼 예정이었으나 아직 마무리가 덜 된 상태로 공사를 계속하고 있다. 막대한 예산이 들어가는 일이니 그럴 것이다. 1990년대 이후 경제 성장의 둔화로 일본의 많은 지자체들의 재정 상황은 썩 좋지 않다. 구마모토 역시 예외가 아니다. 그럼에도 불구하고 구마모토를 상징하는 문화유산 복원을 위해 곧바로 예산을 확보, 공사를 시작한 것은 말 그대로 깊은 애향심에서 비롯한 것이라고 할 수 있다.

기차를 타고 구마모토 역에 내리면 가장 먼저 보이는 것이 구마모토 성이다. 멀리서 보면 특색 없는 콘크리트 건물 숲에 구마모토 성 주변만 녹지로 둘러싸여 있다. 구마모토 역은 성 주변 상업 지구에서 남쪽으로 다소 떨어져 있다. 철도는 바깥 세상과 교류를 촉진하는 대표적인 시설일 텐데 이렇게 중심부에서 멀리 있는 것이 무척 의아했다.

2023년 봄, 구마모토에 오랜만에 가봤다. 거의 10여 년 만에 와보니 역 주변은 사뭇 달라져 있었다. 최근 10년 사이에 호텔과 식당, 그리고 쇼핑 시설 등이 많이 들어서 새로운 부도심으로 부상하고 있었다. 현지의 지인들에게 들은 바로는 2016년의 큰 지진으로 피해를 입은 건 구마모토 성만이 아니었고, 그때 훼손된 오래된 건물들은 새로 지을 수밖에 없었다고 한다. 그렇다보니 나처럼 오랜만에 찾은 사람의 눈에는 예전에 볼 수 없던 새로운 건물들로 들어찬 도시가 낯설게 느껴졌다.

성 밑 마을은 대체적으로 몇 가지 특징이 있다. 외지인을 꺼리는 것도 그중 하나다. 친절한 듯 보이지만 속마음은 그렇지 않은 경우가 많다. 교토에서도 그런 걸 느꼈는데, 구마모토는 규슈의 다른 도시에 비해서도 그런 경향이 좀 더 강하다고 동료 교수로부터 들었다. 바다와 인접하지 않고 내륙에 있기 때문에 무역과 상업보다는 행정 도시로서 발달한 도시의 역사와 관계가 있다.

후쿠오카에서 가고시마까지 신칸센이 놓일 때도 의견이 분분했다고 한다. 규슈의 남쪽 가고시마는 '규슈 북쪽에서 관광객들이 많이 찾아올 거'라며, 신칸센이 들어온다는 것에 매우 호의적이었지만 구마모토는 '후쿠오카와 가까워질수록 사람들이 그쪽으로 빠져나가 상업이 위축될 거'라며 반대했다고 한다. 외부와 연결되는 것에 대한 구마모토의 폐쇄성이 드러나는 지점이다.

성 밑 마을은 용도에 따라 도시의 구획이 나뉘어 있다. 우선 성은 지배자의 권력의 상징이면서 동시에 행정의 중심이다. 여기에 군사적 기능 역시 빠질 수 없다. 외부로부터의 침략을 늘 대비해야 했기 때문에 성 주변은 해자로 둘러싸여 있다. 성문 앞에는 직선으로 쭉 뻗은 도로도 없다. 성 주변에는 사무라이들이 주로 모여 살았기 때문에 비교적 대지가 넓은 주택지가 많다. 에도 시대에는 큰 전쟁이 일어나지 않아 무사 계급인 사무라이들도 여느 귀족들처럼 평화롭게 살았다. 성은 물론 그 주변에 사는 사무라이들은 경제적으로 부유했다. 이는 곧 소비 능력이 있었음을 의미한다. 따라서 사무라이들의 주택지 근처에는 상업 지구가 형성되었다. 에도 시대에는 일종의 사회 계층이 형성되어 있었고, 그에 따른 서열로 볼 때 상인의 신분은 높지 않았지만 도시의 주요 구성원 중 하나로 여겨졌다. 여기에 사찰 마을이 또 하나의 구획을 이루었다. 정치와 종교는 늘 긴장 관계를 이룬다. 권력을 둘러싸고 늘 견제하면서도, 외부의 침략에 맞설 때는 협력해야 하는 관계인 셈이다. 때문에 이런 사찰을 성에서 멀지 않은 인근에 두고 관리하기 위해 일종의 사찰 마을을 형성했다. 이렇게 보자면 성 밑 마을의 기본 구조는 성과 사무라이들이 사는 주택지, 상인들의 상업 지구, 그리고 사찰 마을로 이루어져 있다.

오늘날의 구마모토에 가면 에도 시대 당시 도시 구획의 흔적을 볼 수 있다. 성은 그 자리에 있고, 사무라이 주택지에 있던 커다란 주택은 사라졌지만 넓은 대지에 여러 공립 시설이 들어와 있다. 조금 떨어진 곳에는 길쭉한 상점가가 있는데, 애초의 상업 지구는 성을 중심으로 볼 때 남쪽 지역이었다. 상점가 인근에는 사찰이 많이 모여 있는데, 이 역시 사찰 마을의 흔적이다. 이 지역에는 1874년 문을 연 나가사키 지로 서점 長崎次郎書店이 있다. 일본에서 가장 오래된 서점 가운데 하나로, 1920년대 지은 건물은 문화유산으로 지정되었다. 구마모토에 살 때 단골로 다니던 이 서점은 나 말고도 메이지 시대 유명한 작가 모리 오가이森鷗外와 나쓰메 소세키가 단골이었다. 2023년 이 근처를 오랜만에 찾았다. 곳곳에 빈 가게들이 있어서 안타까웠는데, 그 사이사이로 오래된 건물에 자리를 잡은 카페며 식당, 그리고 작은 가게들을 발견했다. 반가운 마음에

1990년대 초 구마모토 성.

2023년 구마모토.

2023년 구마모토 나가사키 지로 서점.

2023년 구마모토 도시 재생 공간.

카페와 갤러리로 꾸민 한 곳에 들어가 커피를 마시며 주인과 인사를 나누었다. 주인의 말에 의하면 이 단독 건물은 2016년 지진 이후 철거 대상이었는데, 그대로 허물기에는 너무 아까워 안전하면서도 원형을 살리는 쪽으로 공사를 했다고 했다. 한쪽에서는 쇠퇴가 진행되고 있고, 또 한편에서는 다시 살아나고 있었다. 하나의 지역 안에서 쇠퇴와 재생이 공존하고 있는 셈인데 과연 앞으로 어떤 방향으로 나아갈까 궁금해졌다.

●

구마모토에서의 일상은 매우 평화롭게 흘렀다. 교토 리쓰메이칸 대학 학생들의 수업 태도가 몹시 거슬렸던 나로서는 이곳 학생들이 마음에 들었다. 처음 부임하기 전 학생들의 수준이 높지 않다는 말을 들었을 때만 해도 어떻게 가르쳐야 하나 고민을 했다. 내가 맡은 과목은 교양 영어였는데 첫 수업을 해보니 기초적인 수준이라 영어로 수업을 진행하기가 조심스러웠다. 하지만 초보 영어 수준으로 강의를 시작하니 열심히 따라와주었다. 조별로 세미나를 진행하기도 했는데 서로 도와가며 준비하는 모습이 인상적이었다.

　학생들은 대부분 구마모토 출신으로, 졸업 이후에도 이곳에 남아 자리를 잡을 생각들을 하고 있었다. 크게 성공해야 한다거나 대도시로 가야겠다는 야망 대신 지역에 남아서 자신의 삶을 안정적으로 꾸려나가는 데 관심이 많았다. 이런 성향 때문인지 이들 사이에는 매우 끈끈한 공동체 의식이 자리잡고 있는 듯했다. 학생들과 보내는 시간이 쌓이면서 차츰 친해졌다. 한 학기에 한 번씩 술자리를 갖곤 했는데, 그럴 때는 수

20세기 초 구마모토 상점가.

2023년 구마모토 상점가.

업 시간에 하지 못했던 여러 이야기가 오가게 마련이다.

"일본인들은 모두 일종의 관리를 받고 산다. 그래서 다들 기계 인간
처럼 살고 있다."

한 학생이 어느 날 술자리에서 툭 던진 이야기다. 일본 사회에 대
한 나름의 불만을 토로한 것인데, 이왕 이런 이야기가 나온 김에 다른 학
생들과도 좀 더 이야기를 나누고 싶었지만 생각보다 싱겁게 마무리되었
다. 젊은 대학생들이 일본의 사회 시스템에 불만을 느끼면서도 그것을
바꾸려고 노력하기보다 주어진 현실을 있는 그대로 받아들이고 체념하
고 산다는 느낌을 받았다. 한국에서 386세대가 사회를 바꾸기 위해 어
떤 투쟁을 해왔는지 알고 있던 나로서는 바로 가까이 있는 나라의 젊은
이들이 이렇게 다르다는 사실이 의아했다.

그때로부터 한참 더 지난 뒤인 2020년 이후 코로나19팬데믹이 길
어지자 일본 정부는 오랫동안 국경을 폐쇄했고, 일본 국민들은 대부분
그 정책을 지지했다. 미국에서 기사를 통해 이런 일본의 모습을 지켜보
면서 구마모토에서 들은 이 학생의 지적이 얼마나 예리했던 건가 새삼
스럽게 깨달았다.

●

구마모토에서의 일상은 약 2년여 동안 이어졌다. 평화롭고 즐거웠지만
언제까지나 교양 영어만을 가르치면서 살고 싶지는 않았다. 나 역시 진

로를 고민할 때였다. 그러던 차에 1999년 가을, 지역 학회에서 오랜만에 만난 대학 선배로부터 자신이 있는 학교로 와보라는 제안을 받았다. 구마모토와 같은 규슈에 있는 가고시마 대학이었다. 신칸센으로 한 시간이면 갈 수 있는 곳이라 멀리 떠난다는 느낌도 크지 않았고, 바라던 대로 교양 영어가 아닌 전공 과목을 가르칠 수 있었고, 국립대학이어서 연구에 전념할 수 있을 거라는 기대로 마음이 부풀었다.

가고시마는 2004년 개통한 신칸센 덕분에 규슈는 물론 일본 전역에서도 비교적 손쉽게 가볼 수 있게 되었지만, 예전에는 무척 먼 곳이었다. 규슈의 남쪽 끝이라 중심지에서 멀리 있어 거의 고립되어 있다시피 했고, 가파른 산이 가로막혀 있어 교류가 쉽지 않았다.

이러한 고립은 가고시마의 역사에 큰 영향을 미쳤다. 가고시마는 접하기 어려운 본토 쪽과의 교류보다 바다 쪽을 택했다. 그 결과 오늘날의 오키나와 등 남쪽의 여러 작은 섬과 오래전부터 긴밀한 관계를 가졌고, 국제 정세에도 밝아 서양 제국주의의 동향에 대해서도 일찌감치 알고 있었다. 보노쓰坊津라는 항구를 통해 밀수도 활발하게 이루어졌다. 이러한 '외세와의 교류'는 고립으로 인해 에도 막부와 정치적으로도 거리를 유지할 수 있었기 때문에 오히려 가능한 일이었다. 같은 규슈 안에 있지만 지역적으로 워낙 다른 특징을 가진 곳이라는 점에서 가기 전부터 호기심이 생겼다. 여러 가지 면에서 흥미로울 것 같았고, 이런 나의 예상은 틀리지 않았다.

가고시마 대학에서는 처음으로 영어를 전공하는 대학생들과 대학원생들에게 교양 영어가 아닌 전공 과목을 가르치게 되었다. 학과의 정원이 적어서 모든 학생과 친해졌는데, 특히 졸업 논문을 지도하는 학생

1930년대 가고시마.

2005년 가고시마.

과는 더욱 가깝게 지냈다. 나로서는 이 학생들과 개인적으로 친해진 것
도 의미가 있었지만, 이 친구들을 통해 일본 젊은 세대의 생각을 접할 수
있어 더 반가웠다. 정확히 말하자면 '일본'의 젊은 세대라기보다 '가고시
마'의 젊은 세대였다.

　　가고시마에는 큰 회사가 별로 없고, 도시의 소득이 낮은 편이어서
안정적인 일자리가 많지 않았다. 학생들에게는 졸업 후 공무원이나 교
사가 되는 길이 최선으로 여겨졌다. 당시 내가 가르친 학생들이 희망하
는 미래는 대부분 영어 교사가 되는 것이었다. 가고시마의 고교 졸업생
중 성적이 우수한 학생들이 주로 국립대학교의 영어교육과에 지원하고,
교사가 되기 위해 대학에서 열심히 공부하지만 이들의 희망은 쉽게 이
루어지지 않았다. 가고시마에 교사 자리가 넉넉하지 않았기 때문이다.
대부분 가고시마에서 태어나고 자라 대학까지 다니는 이들은 공부를 정
말 열심히 했고, 우수한 학생도 많았다. 그렇지만 이들 중에 가고시마 바
깥으로 나가는 것에 대해 진지하게 고민하는 학생들은 많지 않았고, 졸
업 후에는 구마모토의 학생들처럼 역시 가고시마 안에서 자리를 잡고
사는 것을 자연스럽게 여기고 있었다. 가고시마의 학생들도 공동체 의
식이 매우 강했는데, 지역 사회에서 어려움을 겪지 않으려면 인간 관계
를 잘 유지해야 한다는 인식이 몸에 배어 있는 것 같았다.

●

학생들과 친해지면서 학생의 친구와도 가까워졌다. 역시 가고시마에서
태어나 자라 이 대학 지리교육과를 다니고 있던 친구였다. 이 학생은 같

은 지리교육과 선배와 함께 가고시마 탐험회를 설립, 가고시마의 역사를 공부하며 정기적으로 답사를 다녔다. 나 역시 이 모임의 회원이 되어 답사에 참여하곤 했는데 어쩌면 도시 답사에 대한 관심이 이 무렵부터 시작된 것인지도 모른다.

같은 규슈 안의 구마모토에서도 살았던 나로서는 여러모로 두 도시를 비교하면서 공통점과 차이점을 저절로 살피곤 했다. 가고시마에는 구마모토와 달리 성이 남아 있지 않았다. 1877년 일어난 세이난 전쟁 때 불에 타 없어져버렸다. 성을 복원하는 대신 그 자리에 역사박물관, 미술관, 현립도서관 등 공공 문화 시설이 들어섰다. 성이 있던 자리 뒤에는 산이 있는 게 독특했는데, 성은 없지만 도시의 기본 구조는 역시 성 밑 마을인 구마모토와 비슷했다. 성터 앞에는 옛날 사무라이 주택지가 있는데, 여기에는 현립극장과 같은 공공 시설이 자리를 잡았다. 조금 더 가면 상업 지구가 나오는데 이곳에 예전에 천문관이 있었다고 해서 오늘날까지도 이 거리를 천문관 거리로 부른다.

인구 약 59만 명의 도시 가고시마는 약 74만 명 인구의 구마모토보다 작긴 하지만, 상업의 규모가 유난히 커보였다. 규슈 남쪽 끝 가고시마에는 경쟁할 만한 다른 도시가 없던 까닭에 상업이 비교적 크게 발달할 수 있었지만, 이에 비해 언제나 후쿠오카의 그늘 밑에 있던 구마모토로서는 도시 규모에 비해 상업이 다소 위축될 수밖에 없었다.

가고시마 기차역의 위치 역시 구마모토와 비교가 된다. 상업 지구에서 떨어져 있는 건 맞지만 구마모토를 비롯한 일반적인 성 밑 마을의 기차역보다는 한결 중심지와 가까운 곳에 있다. 이로써 역 근처의 상업 지구는 도시의 중심부 상업 지구와 자연스럽게 연결되어 가고시마 시내 전체의 크기를 훨씬 커보이게 만든다. 가파른 산으로 둘러싸여 있어 얼핏 유럽의 어느 항구 도시 같은 느낌을 주기도 한다.

가고시마는 제2차 세계대전 당시 폭격을 많이 받아 시가지의 90퍼센트가 파괴되는 피해를 입었다. 그 때문에 오래된 것이 거의 남아 있지 않았다. 따라서 역사성을 느낄 수 있는 유적지가 거의 없는데, 이런 이유로 이곳 사람들은 남아 있는 것에 대해서는 각별한 관심을 갖고 있다.

답사를 다니며 나는 눈에 보이는 가고시마는 물론 보이지 않는 이곳 사람들의 정서에 대해서도 많은 걸 느낄 수 있었다. 가고시마는 일본 열도의 끝에 있어 중앙으로부터 멀리 떨어진 변방의 도시다. 동시에 일본의 메이지 유신을 주도한 인물 중 하나인 사이고 다카모리의 출신지이면서, 메이지 유신의 성공에 결정적인 공헌을 한 곳이기도 하다. 이런 두 가지의 배경으로 인해 가고시마 사람들의 밑바닥 깊은 곳에는 변방이라는 열등감과 메이지 유신을 성공시킨 곳이라는 우월감이 음과 양처럼 언제나 함께 흐르고 있었다.

●

가고시마 답사를 다니면서 눈에 띈 것은 또 있다. 바로 마을 만들기まちづくり였다. 1990년대 말, 일본 경제의 불경기가 길어지면서 도시마다 화려했던 상점가는 활기를 잃었고, 상업 지구의 공동화 현상이 전국적으로 나타나기 시작했다. 마을 만들기란 이렇게 공동화되어가는 상점가와 도심의 재생을 위해 지자체와 상인들이 서로 협력하는 일종의 공동체 운동이다. 여러 사람이 협력해서 새로운 마을을 만들자는 취지인데

이러한 시도는 2000년대 들어서면서 일본 전역의 주요 도시로 확산되었다. 앞에서 이야기한 천문관 거리 역시 1980년대까지만 해도 북적거려 활기찬 분위기였으나 이후 공동화 현상으로 예전 같지 않다는 소리를 오랫동안 들었다. 이 거리 역시 마을 만들기를 통해 차차 나아지고 있는 중이었다.

이는 2010년대 후반 한국에서 일종의 붐을 일으켰던 도시 재생과는 성격이 다르다. 한국의 도시 재생은 그동안 여러 지역에서 수차례 시도한 재개발이 무산되면서, 추진을 진행하던 지역이 슬럼가로 전락하자 이곳을 살리는 데에 주로 초점을 맞췄다. 이 과정에서 민간의 요구가 우선인지, 정책의 지향점이 우선인지를 둘러싸고 논란이 끊임없이 이어진다. 이에 비해 일본은 오로지 쇠퇴해가는 상가를 다시 활성화시키는 데에만 관심을 두고, 상업 지구의 매력을 향상시키는 것에 논의를 집중한다. 여기에다 이미 국가 부채가 GDP를 넘어선 지 오래되어 예산이 매우 한정적이다. 따라서 정부가 주도하는 대신 지역의 상인과 민간 단체가 중심이 되어 이끌어가는 작은 규모의 활동이 많다.

가고시마에 있을 때 가고시마 대학 영문과 교수와 학생들이 진행한 가고시마 미술지도 프로젝트를 지켜보았다. 가고시마 안에 있는 미술관과 갤러리를 표시해서 지도를 만드는 것이었는데, 지도를 제작한 기념으로 여러 갤러리의 협조를 받아 갤러리를 소개하고 축하 행사를 즐겁게 치르던 모습이 오래도록 기억에 남았다. 훗날 서울 서촌에 살면서 마을 관련 여러 활동을 하곤 했는데, 가고시마에서 듣고 본 많은 일이 추억으로 떠오르곤 했다.

이런 사례는 또 있다. 가고시마 남쪽의 섬 중 하나인 다네가시마種

子島를 찾은 적이 있다. 이 지역의 역사와 문화를 가르치는 교수 등과 함께였다. 인구가 줄어들고, 남아 있는 사람들은 대부분 고령자들이었다. 이런 이유로 섬 전체적으로 활기가 사라진 상황이었다. 섬 이곳저곳을 안내해준 사람은 지역 재생을 추진하는 민간 단체의 책임자였다. 그의 설명을 듣다보니 재생을 둘러싼 다양한 시도가 작은 섬마을이나 큰 도시에서나 큰 차이가 없다는 걸 알게 되었다. 다시 말해 일본의 지역 재생의 방향은 지역의 규모와 관계없이 경제적인 상황과 인구의 구조 변화에 따라 달라진 시장의 변화에 발맞춰 새로운 대안을 만들어내는 데 중점을 두고 있었다. 즉, 마을 만들기를 포함해 일본에서 오래전부터 이루어지고 있는 재생의 방식은 새로운 공동체를 만들어내기보다 이미 형성되어 있는 공동체가 여러 변화로 인해 당면하고 있는 문제점의 부작용을 최소화하고 이를 극복하도록 돕는 것에 중점을 두고 있었다.

●

가고시마에서의 일상 또한 구마모토에서처럼 평화로웠다. 이곳에서는 학생들뿐만 아니라 동료 교수들과도 슬거운 시간을 많이 보냈다. 그때마다 빠지지 않았던 것은 바로 고구마 소주다. 일본의 고구마 생산 1위답게 가고시마에서는 고구마로 소주를 만들어 마신다. 술자리에서 자주 들은 말은 이것이다.

"가고시마 사람들은 정이 두텁다."

살면 살수록 이 말이 맞다는 걸 실감했다. 이곳 사람들은 의리도 깊었다. 전통적인 농경 사회에서 오랫동안 형성된 공동체 의식이 도시화 과정을 겪으면서도 사라지지 않고, 정과 의리로 지속되어오는 듯했다. 공동체의 일원이기보다 개인주의자로서 자유와 독립을 추구하는 미국인들과는 다른 가치관을 피부로 느꼈다. 어떤 것이 더 좋고 나쁘다고 말할 필요는 없다. 서로 다른 것일 뿐, 각각의 장점이 있는 것이 아니겠는가.

그러던 중 교토 대학교에서 교양 영어는 물론 외국어 교육학을 가르칠 수 있는 기회가 만들어졌다. 가고시마에서의 생활이 만족스러워 고민을 했지만 일본 학생들에게 외국어 교육학을 가르쳐본다는 것은 나로서는 역시 매력적인 기회였다. 하지만 막상 교토대에서의 생활은 만족스럽지 않았다. 학교에서는 나에게 교양 영어 수업에 집중할 것을 기대했고, 나는 그런 반복적인 수업에 지치기 시작했다. 그러던 중 가고시마 대학에서 기회를 마련해준 대학 선배와 학회에서 다시 만났고 우리의 이야기는 소주 한 잔을 타고 흘러흘러 가고시마 대학에서 한국어 과정을 새로 시작해서 맡아보면 어떻겠느냐는 데까지 이르렀다. 이로써 끝난 듯했던 가고시마와의 인연이 새롭게 시작되었다.

교토에서 구마모토를 거쳐 가고시마에서 생활하다 다시 교토 그리고 다시 4년 만에 가고시마로 돌아가게 된 나는 대도시 교토와 가고시마를 절대 비교하지 말자고 다짐했다. 하지만 그런 다짐은 가고시마에 돌아가는 순간 전혀 의미가 없었다. 나는 도착하자마자 가고시마를 있는 그대로 받아들이고 있었다. 교토는 교토였고, 가고시마는 가고시마였다. 4년여 만에 돌아온 가고시마는 이미 인터넷이 발달되어 지방 도시라는 불편함은 거의 사라졌다. 대도시에서 누릴 수 있는 여러 장점을 이곳에서 누릴 수 없는 면이 분명히 있다. 하지만 이곳에서는 이곳에서만 누릴 수 있는 면이 또한 존재한다는 걸 나는 잘 알게 되었다. 어느덧 40대 중반이 되었고, 세상을 경험할 만큼 경험한 뒤 얻게 된 소중한 깨달음이기도 했다. 나로서는 어릴 때부터 내 안에 무의식처럼 자리잡은, 앤아버 시절부터 가지고 있던 중심에 대한 집착을 비로소 극복했다는 확인처럼 여겨지기도 했다. 결국 어떤 도시에서나 즐거움은 내가 노력하면 얻을 수 있다는 사실을 먼 길을 돌아 알게 된 셈이다.

그렇게 다시 시작한 가고시마에서의 일상은 평화롭게, 흥미롭게 흘러갔다. 새로 시작한 한국어 교양 과정은 대성공을 거뒀다. 2000년대 중반부터 일기 시작한 한류 붐 덕분에 가고시마에도 한국어를 배우고 싶어하는 학생들이 생각보다 훨씬 많았다. 1학년 첫 수업부터 한글을 가르치기 시작했는데 학생들이 열심히 글씨 연습을 하는 모습을 보며 정말 보람을 느꼈다.

한국어만 가르친 건 아니었다. 가고시마 대학에서는 한창 e-러닝 도입에 주력했는데, 이 업무의 총책임을 맡기도 했다. 이미 2000년대 초부터 외국어 교육에 e-러닝을 어떻게 적용할까에 대해 고민을 많이 해왔고, 교토 대학교에서는 CD-ROM 기반의 영어 교육 e-러닝 책임자 교수단에 속해 있으면서 무들Moodle이라는 오픈 소스 e-러닝 시스템에도 어느 정도 능숙한 상태였다. 하지만 일본 대학에서 처음으로 맡은, 책임이 있는 자리라 부담도 많이 느꼈다.

일본의 대학에서 보직을 맡으면 행정 직원과의 협력 관계가 매우 중요하다. 부임할 때부터 IT에 관심 많은 한 직원과 친하게 지냈는데, 보직을 맡은 뒤 e-러닝 시스템의 서버를 도입하면서 늘어난 업무 처리 때

2023년 가고시마.

2023년 가고시마 도시 재생 공간.

마다 이 직원으로부터 행정적인 도움을 많이 받았다. 그 덕분에 가고시마 대학은 무들 기반 휴대 전화기 버전을 최초로 개발, 전국적으로 모범 사례가 되기도 했다.

그 직원과의 이별은 갑작스러웠다. 개강을 앞둔 9월 중순 금요일 오후, 다음 주 업무 계획을 점검한 뒤 주말 인사를 나눈 뒤였다. 토요일 오전 일찍 그의 부서장으로부터 전화가 걸려왔다. 간밤에 그가 세상을 떠났다는 소식이었다. 뜻밖의 비보에 눈물이 쏟아졌다. 그날 저녁 동료 교수들과 함께 참석한 장례식장에서 오쯔야お通夜를 지냈다. 그 다음 날 장례식에서는 같이 일했던 교수와 직원들과 함께 서로 위로하고 기꺼이 일을 도왔다. '가고시마 사람들의 뜨거운 정'을 피부로 느꼈다. 그가 도와주던 일을 그 없이 혼자 하려니 무척 괴롭고 힘들었지만 다른 직원들이 너나할것없이 똘똘 뭉쳐서 나를 도와주었다. 그러면서 함께 했던 직원들, 동료 교수 등과 정이 들었고, 시간이 갈수록 깊어졌다. 이후로도 가고시마를 떠올릴 때면 그렇게 떠난 그와 함께 그곳 사람들과 나눈 끈끈한 정이 떠올랐다.

2020년 초 코로나19팬데믹 이후 2022년 가을까지 모든 외국인의 일본 입국이 금지되었다. 일본에 가고 싶어도 쉽게 갈 수가 없었다. 팬데믹이 길어질수록 이런 정책에 대한 불만이 내 안에서 고조되었고, 일본에 대한 부정적인 감정이 쌓여갔다. 그럼에도 불구하고 팬데믹으로 변해가는 미국 도시들의 현실을 지켜보면서 구마모토와 가고시마가 떠올랐다. 두 도시와 그곳의 사람들은 어떻게 지내고 있는지 걱정이 앞섰다.

규모가 큰 도시는 집값은 비싸고 자연 환경은 열악한 경우가 많고, 규모가 작은 도시는 자연 환경은 우수하지만 의료 시설이나 교통망 등의 인프라가 열악한 경우가 많다. 구마모토와 가고시마는 도시 생활의 편리함을 갖춘 동시에 빼어난 자연 환경을 갖췄다. 도시와 자연의 균형이 잘 이루어진 곳이다. 지금 살고 있는 프로비던스와 비슷한 특징을 지녔다. 프로비던스의 경우 코로나19팬데믹 이후 원격으로 일할 수 있는 직업군의 사람들이 보스턴과 뉴욕에서 이사를 많이 왔다. 실제로 이 당시 프로비던스의 주택 매수 거래의 약 30퍼센트가 다른 주에서 온 사람들이었다. 일본은 미국처럼 재택과 원격 근무를 적극적으로 도입하지는 않아 상황은 다를 수 있으나, 도시의 편리함과 자연 환경의 우수함을 갖춘 구마모토와 가고시마의 미래를 혹시 이런 가능성에서 찾을 수 있지 않을까 생각했다. 고령화에 따른 암울한 전망, 쇠퇴를 예견하는 어둡기만 한 지배적 서사로부터 발상을 조금만 바꾼다면 삶의 질을 높이려는 사람들이 늘어나고 있다는 데서 밝은 미래를 꿈꿔볼 수도 있지 않을까.

이런 호기심으로 2023년 두 도시를 찾은 내 눈에 구마모토와 가고시마는 명쾌한 답을 보여주지는 않았다. 상업 중심지는 한결 발전한 듯한 인상을 주었지만 뒷길로 조금만 들어가면 텅 빈 가게들이 많고 인적은 드물었다. 원도심 가까운 주거지의 집들은 허름하고 역시 인적은 거의 없었다. 그렇지만 두 도시를 천천히 걸으며 여전히 살기 좋은 도시라고 생각했다. 어쩌면 희망은 거기에서 가져볼 수 있지 않을까 생각했다.

가고시마를 떠나게 된 건 새로운 변화를 선택했기 때문이었다. 일본인들에게 한국어를 가르치면서 나는 한국어를 마음껏 쓰며 교양 영어가 아닌 전공 과목으로 한국 학생들을 가르쳐보고 싶다는 마음을 갖게 되었다. 거짓말처럼 기회가 찾아왔고, 가고시마를 다시 떠나야 할 때가 되었다.

영국인이지만 그리스에서 태어나 더블린 랫마인스에서 자란 작가 라프카디오 헌Lafcadio Hearn, 1850~1904은 1890년부터 1904년까지 일본에서 살았다. 14년 중 약 3년 동안 구마모토에 살았던 그는 그때의 경험을 『낯선 일본에 대한 일별』Glimpses of Unfamiliar Japan이라는 책에 담았다.

"일본의 미래는 앞으로 이 나라가 얼마나 규슈 또는 구마모토의 정신을 유지할 수 있는가에 달려 있다. 검소한 삶과 선함, 단순함을 좋아하고, 쓸 데 없는 호화와 낭비를 싫어하는 그 정신 말이다."

구마모토와 가고시마에서 보낸 시간 동안 나는 무엇보다 수많은 사람과 두터운 정을 나눴다. 가고시마를 떠나며 나는 라프카디오 헌의 문장을 떠올렸다. 그는 구마모토를, 규슈를 사랑했던 것이 분명하다. 그가 사랑한 구마모토와 내가 사랑한 규슈가 다를 수는 있으나 나 역시 그곳과 그곳에서 만난 모든 것을 사랑한다. 언제나 떠올리면 소다드를 느끼게 하는 곳, 내 인생의 한때를 그곳에서 보낼 수 있어 참으로 행복했다.

09
그런 곳이면서
그런 곳이 아닌

나의 살던 그곳 **교토京都**
_ 일본, 교토 부

아버지는 제2차 세계대전 이후 1946년부터 1948년까지 교토에 머물며 미군용 건물과 시설을 설계하는 일을 도왔다. 건축가를 꿈꿨던 아버지는 고등학교에서 기본 설계를 배웠는데, 졸업을 하고 얼마 되지 않아 교토에 가게 된 것이다. 숙소가 헤이안진구 가까이에 있어 주말마다 그 근처는 물론 기요미즈데라, 긴카쿠지 등을 다니시기도 했다. 집으로 편지를 보내실 때는 다닌 곳들을 간단하게 스케치해서 그려보내기도 하셨다.

어린 시절, 아버지가 교토에 머무실 때 찍은 흑백사진 몇 장과 당시 보내신 편지, 그리고 아버지가 들려주시는 이야기로 나는 교토와 처음 만났다. 그때만 해도 교토는 머나먼 이방의 나라였고, 그 실제보다는 환상적인 이미지가 저절로 연상되는 그런 곳이었다. 1978년 도쿄에서 홈스테이를 하던 중 그 가족들과 함께 처음으로 교토를 방문했을 때 흑백사진으로만 보던 그 도시가 그대로 눈앞에 펼쳐지는 게 신기했다. 3박 4일 동안 나라와 교토 등을 돌아보며 아름다운 곳이라고 생각했지만 그저 여행자의 시선일 뿐이었다.

1995년 교토의 리쓰메이칸 대학에서 교양 영어를 가르치기 위해 교수로 부임하면서 비로소 첫번째 '교토 라이프'가 시작되었다. 여행지로서의 교토와 거주지로서의 교토는 같은 듯 달랐다. 처음 얻은 숙소는 학교 근처 원룸이었다. 산책하기에는 좋았지만 시내에서 멀리 떨어져 있었고, 교토 역까지는 더 멀었다. 내가 얻은 방은 방음이 제대로 되지 않아 무척 불편했다. 교토에 대한 첫인상이 썩 좋지 않았다.

학교에서라도 편안했으면 좋았을 텐데 그쪽 사정은 더 좋지 않았

1947년 아버지가 찍은 교토.

1978년 내가 찍은 교토.

1978년 교토.

다. 리쓰메이칸 시절은 지금 돌이켜봐도 악몽 같다. 나 역시도 가르치는 것보다는 내 공부를 하는 데 더 몰두한 탓도 있고, 학생들 역시도 수업에 그다지 열의를 보이지 않았다. 내가 아무리 수업 준비를 열심히 해가도 학생들이 관심을 보이지 않으니 서로 재미가 없었다. 내가 문제인가 싶어 다른 대학의 일본인 영어 교수와 의논을 했지만 "원래 교양 영어가 그렇더라. 수업은 서로 부담 없는 선에서 형식적으로 하고, 연구에 좀 더 집중을 하는 게 좋을 거"라는 답이 돌아왔다. 솔직한 답변이긴 했지만 학생들의 변함없는 태도에 힘든 날이 이어졌다.

나는 더 버티지 못하고 약 2년 만에 규슈 구마모토로 떠났다. 떠나고 보니 교토가 자주 떠올랐다. 어쩌면 교토라는 도시를 제대로 경험하지 못한 게 아닐까 하는 아쉬움이 내내 마음 한쪽에 자리를 잡고 있었다. 구마모토와 가고시마를 거쳐 2002년 교토 대학교에서 교양 영어와 외국어 교육학을 가르치게 되면서 다시 교토로 돌아왔다. 이번에는 제대로 교토를 즐겨보기로 굳게 마음을 먹었다.

●

그 결심을 실천하기 위한 나의 선택은 교토에 집을 마련하는 일이었다. 처음 교토에 왔을 때처럼 세를 얻어 살 수도 있었지만 이 도시와 좀 더 깊은 관계를 만들기 위해서는 집을 사서 교토 사람들의 일상 속으로 깊숙하게 들어가는 것이 좋겠다고 생각했다. 일본에서는 외국인도 부동산을 자유롭게 사고 팔 수 있다.

긴카쿠지와 난젠지 사이에 이어지는 철학의 길 근처, 제2차 세계대전 직후에 지어진 집 한 채를 구했다. 산책하기에도 좋고 주변 경치도 좋은 이 지역의 집값은 매우 비싸지만, 나는 토지가 아닌 건물만 구매하는 조건으로 집을 샀다. 이런 걸 지상권이라고 한다. 다만 지상권으로 거래를 할 경우 토지 소유자의 동의를 받아야 한다. 내가 사려는 집과 그 이웃의 집들은 큰 사찰에 속한 암자의 소유였다. 계약을 위해 찾아간 곳은 그 암자 주지 스님의 거처였다. 다다미방에서 또 다다미방으로 몇 번이나 이어지는 방을 지나 마침내 작은 정원이 내다보이는 작은 방으로 안내를 받았다. 그곳에서 스님과 차 한 잔을 마시며 이야기를 나눈 뒤 계약서에 도장을 찍고 나왔다.

"제가 이 절의 25대 주지입니다. 교토에 오래 사시게 되면 아마 26대 주지도 만나게 되실 겁니다."

다른 이야기에 정신이 팔려 별생각없이 돌아나왔는데, 그날 저녁 숙소에 돌아가 문득 계산해보니 한 세대를 25년으로만 잡아도 625년이 아닌가. 그 절의 역사가 까마득하게 느껴졌다. 미국만 해도 다음 세대는 이전 세대보다 사회적으로나 경제적으로 더 크고 높은 성취를 이뤄야 한다고 흔히 생각한다. 이런 생각이 사회 전체적으로 볼 때 발전의 원동력이 될 수는 있지만 한편 생각해보면 그렇게 되지 못하는 세대인 경우 불안을 느낄 수밖에 없다. 그날밤 625년 이상의 역사를 가진 절의 주지 스님으로 사는 개인은 자신의 삶을 어떻게 바라볼까, 하는 생각을 했다. 아마도 자신만의 한평생을 바라보며 사는 사람의 삶과는 다를 것 같았다. 수백 년 전부터 이어온 절의 역사에 자신의 역사가 함께 흐르고,

자신의 역사 뒤에 또다시 수백, 수천 년의 역사가 이어진다는 생각을 한다면 그야말로 역사의 크고 깊은 흐름 속에서 살고 있다는 자각이 끊임없이 들 것만 같았다. 교토라는 도시에 살고 있는 많은 사람들은 수백 수천 년의 역사 속에 살고 있다고 생각하니 잠깐이지만 교토 전체가 새롭게 보일 뿐만 아니라 이 도시에 살게 된 나의 삶이 커다란 흐름 속에 속해 있는 지극히 작은 존재처럼 여겨졌다.

●

내가 마련한 집은 2층집으로, 밖에서 보면 일제강점기 한국에 있던, 일식 가옥과 비슷한 모양이었다. 부엌과 화장실을 제외한 나머지 방들은 모두 다다미 방이고 작은 정원도 딸려 있었다. 이사를 하긴 했지만 집이 너무 낡아서 수리를 해야 했다. 다다미를 새로 깔고 부엌과 화장실도 새로 고치고 조명도 부분적으로 새로 달았다. 이런저런 수리를 하면서 집을 고치는 일이 어떤 것인지 어렴풋하게 알 것 같았다.

　나에게는 집공사도 공사였지만, 공사하는 동안 여러 업종의 노동자들을 만나며 교토의 방언을 들을 수 있는 기회를 얻은 셈이었다. 어디나 그 지역의 방언은 나이가 많은 세대나 블루 칼라 계층에서 많이 쓰인다. 화이트 칼라의 전문직이거나 젊은 층은 주로 표준어를 사용하려는 경향이 있어 억양이 다소 남아 있기는 해도 완전한 방언을 쓰는 경우는 거의 없다.

　구마모토와 가고시마에도 방언이 있는데, 나를 만나는 그곳 사람들은 일부러 표준어에 가깝게 발음을 하려고 노력을 했다. 내가 잘 알아듣

2005년에 살던 교토의 집 거실.

지 못할까봐 배려를 해준 것일 수도 있고, 외지인이기 때문에 편하게 말을 못한 것일 수도 있지만 나로서는 그곳만의 독특한 방언을 더 많이 듣고 싶었는데 그러지 못해 늘 아쉬웠다.

집수리를 시작하지 않았다면 교토 사투리를 진하게 쓰는 사람들을 만날 일이 없었을 테니 나에게는 좋은 공부를 할 수 있는 기회라고 생각했다. 우리집 수리를 위해 처음 만난 도배집 사장님은 60대 아저씨였고, 찾아간 가게에는 그 어머니인 80대 할머니가 같이 계셨다. 아저씨도 교토 사투리를 쓰시긴 했지만 할머니는 책에서만 보던, 제대로 된 정통 교토식 말투를 쓰고 계셨다. 예를 들면 일본어의 말 끝에 붙는 '~데스'です는 교토 사투리로는 '~도스'どす로 발음하고, 역시 말 끝에 잘 쓰는 '~네'ね는 '~나'な로 발음한다. 그렇게 발음을 하니 '~데스네'ですね는 '~도스나'と

すな로 바뀐다. 공사장을 오가는 다른 인부들도 거의 다 이런 식의 교토 방언을 썼다.

이런 분들이 아니었으면 교토 사투리를 듣기 어려웠을 거라는 내 생각은 절반은 맞고 절반은 틀렸다. 정도의 차이는 있지만 교토 사람들은 사투리를 쓰는 데 거리낌이 별로 없었다. 학교에서 만나는 사람들은 물론이고 가게나 다른 곳에서 만나는 일반 주민들도 내가 외국인이라는 걸 의식하지 않고 교토 사투리를 자연스럽게 쓰곤 했다. 일본어의 표준어가 도쿄 중심의 언어로 정해진 것에 대한 저항의 표시이자 교토인이라는 자긍심의 상징으로 교토 사투리를 감추지 않고 쓰는 사람이 많다는 걸 나는 한참 지나서야 알게 되었다.

●

집을 수리하고 나니 확실히 교토의 깊은 곳과 닿은 듯한 느낌이 들었다. 전통가옥 형태인 마치야는 아니었지만 오래전에 지은 집이라 교토다운 분위기가 어딘지 집 전체에서 느껴졌다.

집을 수리하고 새로운 직장에 적응하느라 바쁘게 지내긴 했지만 동료 교수와 학교 직원들 몇몇을 초대해서 간단한 파티를 열기도 했다. 다들 교토에 오래 살았지만 대부분 아파트나 원룸 또는 일반 주택에만 살고 있어 이렇게 오래된 집에 와본 적이 거의 없다고들 했다. 현대인들의 주거 형태는 전 세계 어디를 가나 비슷하다. 각 나라의 특징이나 도시의 역사를 느낄 수 있는 집에서 생활한다는 것은 매우 드문 일이 되어버렸다. 그러니 새삼 놀라운 일도 아니었지만 천 년의 도시 교토에서도 역시 마찬가지라는 사실이 나로서는 낯설게도 느껴졌다.

교토에 집이 있으니 좋은 점은 따로 있었다. 어머니는 내가 교토에 사는 4년여 동안 1년에 한두 달씩 나와 같이 지내셨다. 주로 날씨가 좋은 봄과 가을에 오시곤 했는데 그때마다 어머니와 함께 교토의 이곳저곳을 열심히 돌아다녔다. 내가 학교에 가 있는 동안 여행서와 인터넷 검색 등을 통해 어머니가 가고 싶은 곳을 정해놓으시면 주말이나 휴일에 시간을 내서 같이 다니거나, 가까운 곳은 혼자 다니기도 하셨다.

집 근처 철학의 길은 매번 지나다니면서도 특별한 관심을 두지 않았는데 어머니가 '여기에 왜 인공운하가 들어왔는지 궁금하다'고 하셔서 함께 알아보기도 했다. 알고 보니 운하는 비와호라는 큰 호수로부터 시작해서 산 밑의 터널을 흘러 교토로 들어와 철학의 길을 따라 난젠지 뒤를 거쳐 교토의 북쪽까지 연결이 되어 있었다. 메이지 유신 이후 교토 근대화 정책의 일환으로 만들었는데, 물을 공급하는 것은 물론 물류의 이동을 편하게 하기 위한 목적도 있었다. 어머니와 함께 이 사실을 알아낸 뒤 우리는 시간이 날 때마다 운하를 따라 걸었다. 한 번에 걸을 수 없으니 나눠서 조금씩 걷곤 했는데 내가 교토에 사는 동안 땅 위의 걸을 수 있는 곳은 다 걸었나. 2010년 어머니가 세상을 떠난 뒤 무척 힘든 시간을 겪었는데, 교토에서 함께 보낸 시간들 덕분에 견뎌낼 수 있었다. 교토에서 보낸 시간은 내게 여러 모로 뜻깊은 의미가 있지만, 무엇보다 도시 곳곳에 남아 있는 어머니와의 추억 때문에 이 도시를 떠올릴 때마다 나는 깊은 소다드를 느끼곤 한다.

2003년 교토
철학의 길.

2010년 교토
철학의 길.

2023년 교토
철학의 길.

집에서 직장인 교토 대학교까지는 거의 매일 걸어서 출퇴근을 했다. 약 1킬로미터 정도 거리였는데 야트막한 요시다 산과 859년에 설립한 요시다 신사 앞을 거의 매일 지나다녔다. 어쩌다 밤 늦게 퇴근할 때면 고요한 신사 근처에서 부엉이 울음소리가 가까이에서 들리기도 했다. 출퇴근 길은 스트레스로 가득한 학교와 교토에 사는 맛을 느끼게 해주는 집 사이에서 완충과 전환의 시간이 되어주었다. 구마모토와 가고시마에서의 날이 평화롭고 즐거웠다면 교토에서는 늘 긴장하고 일정한 스트레스를 받으며 지내야 했다.

교토 대학교는 여러모로 장점이 많은 학교였다. 일본 안에서만 놓고 볼 때 서열상 도쿄 대학교 다음으로 교토 대학교를 꼽는 것에 반대하는 의견은 거의 없다. 이공계 대학으로 출발한 만큼 과학 분야의 노벨상 수상자가 도쿄 대학교보다 많다. 제2차 세계대전 이전까지만 해도 파시즘을 반대하는 목소리도 높았고, 1933년 정치적 이유로 법학과의 한 교수가 해임이 되자 동료 교수들이 집단으로 사표를 내며 반발하고, 학생들은 해임에 반대하는 시위를 하기도 하는 등 체제에 순응하기보다 불의에 반대하는 경향이 강한 학교로도 알려져 있다. 특히 학문과 학생의 자율성을 강조하고 있어, 의무적으로 출석 체크를 한다거나 교수의 연구나 교육 성과 평가에 대한 거부감이 매우 강하다. 교수나 학생의 자율성을 최대한 존중한다. 하지만 이런 자유의 이면에는 매우 미묘한 스트레스가 엄연히 존재한다. 개인주의가 강한 분위기인 탓에 교수라고 해서 저절로 존경하는 분위기는 절대 없다. 아무리 교수라고 해도 권위를

Royal Academy, Kyoto.　　　京都帝國大學全景

20세기 초 교토제국대학.

내세우기보다는 완벽한 모습을 보여주지 않으면 안 된다는 묘한 압박감을 더 느낀다. 알아서 하게 할 자유가 주어졌으니 정말 알아서 잘해야 한다는 강박이 모두에게 있는 듯했다. 자신의 흐트러진 모습을 노출하는 것도 꺼리지만 다른 사람의 흐트러진 모습에도 민감하다. 그러다보니 알게 모르게 동료 교수는 물론 학생들과의 관계 역시 일정한 경계를 긋고 시작하고, 그 선까지만 친분을 허용한다. 새로 고친 집에 다 함께 모여 파티를 할 때도 즐겁고 유쾌하게 잘 놀기는 했지만 여전히 해소되지 않는 거리감이 내내 존재했다. '정이 두터운' 가고시마에 있다가 다시 돌아왔기 때문에 더욱 그런 느낌을 받았을 수도 있다.

가르치는 학생들은 다들 똑똑했지만 내가 주로 맡은 과목이 역시 교양 영어였기 때문인지 내 수업에 그다지 열의를 보이지 않았다. 내 수업을 듣는 학생들의 그런 태도를 보는 것은 여전히 큰 스트레스였다. 수업 내용을 못 알아듣는 건가 싶어 조금 쉽게 하면 자존심이 상한다는 듯한 표정이 학생들 사이에 역력했고, 조금이라도 수준을 높이면 교양 영어 과목에서 쉽게 학점을 따고 넘어가려던 학생들의 불편한 반응이 감지되곤 했다. 너무 쉬워서도, 어려워서도 안 되는 적당한 수준에 수업의 내용을 맞추는 것이야말로 늘 신경쓰이는 일이었다.

스트레스는 사람들 사이에서도 있었다. 교토 사람들에게 품위는 매우 중요하다. 어느 추운 겨울날, 교토에서 태어나 자란 동료 교수와 사케 한 잔을 함께 마실 일이 있었다. 따뜻한 정종 한 잔을 마시고 싶어 주문을 하려고 하는데 그 교수가 나를 말리더니 다른 술을 시키는 게 좋겠다고 했다. 정종은 품위가 없는 술이니 이왕이면 좀 더 품위 있는 걸로 시키자는 것이다. 그의 말을 듣고 다른 술을 시켰고 맛은 매우 좋았으나

술에도 품위가 있는 줄 몰랐던 나로서는 퍽이나 의아했다.

　어느 날은 기온의 고급 식당을 찾았는데 말 그대로 '품위가 넘치는' 집이었다. 새로운 음식이 나올 때마다 요리에 대해 설명하는 것도 듣다 보니 지쳤고, 함께 밥을 먹는 사람들의 '품위 있는 대화'에도 흥미를 느끼기 어려웠다. 오랫동안 식사를 하긴 했는데, 다 먹고 나오니 배가 고프기까지 했다. 서민들이 주로 가는 이자카야에 가서 다른 걸 먹고 싶었지만, 워낙 '품위를 중요하게 생각하는 사람들'과 함께여서 호텔 라운지에 가서 역시 '품위 있는 칵테일'을 마신 뒤에야 헤어졌다.

　이런 교토의 품위가 내 눈에는 썩 자연스러워 보이지 않았다. 이렇게 품위를 지켜야 한다고 강조하는 이면에는 남에게 늘 품위 있는 모습을 보여줘야 한다는 일종의 강박이 역시 자리잡고 있다. 만약 품위 없는 행동을 하기라도 하면 남들의 엄격한 평가를 받을 거라는 막연한 공포가 내재되어 있고, 그러니 매사에 완벽한 모습만 보여야 한다는 의식이 교토 전체에 배어 있다. 그러면서도 한편으로 사회적 지위와 경제력으로 타인을 평가하는 것이 품위 있는 일은 아닐 텐데 이런 시선은 또 은근히 드러내기도 한다.

　품위를 중시하는 교토의 분위기는 하루아침에 만들어진 것이 아니다. 교토의 역사 전체를 놓고 볼 때 귀족은 빼놓을 수 없는 존재다. 품위를 둘러싼 교토의 태도는 바로 이런 귀족 문화에서 비롯했다. 교토에서 개인이 갖추는 품위란 즉 그가 귀족의 문화를 얼마나 수용했느냐, 그것이 얼마나 몸에 배어 있느냐를 드러내는 표시이기도 한데, 이는 비단 재산의 많고 적음을 뜻하는 게 아니다. 달리 말하면 얼마나 귀족의 가문과 닿아 있느냐, 명문가 출신이냐 아니냐를 드러내는 징표로 작용한다는 의미이다. 어쩔 수 없이 외지인일 수밖에 없는 내 눈에는 이런 분위기가 다소 억지스럽고 인위적으로 보이기도 하지만 그들에게는 그것이 매우 중요한 사회적 신분의 상징이니 있는 그대로 존중할 수밖에 없다.

이런 품위가 물론 늘 불편한 것은 아니다. 교토는 일상적인 풍경 속에서도 섬세하고 세련된 미감을 드러냄으로써 그 아름다움에 경탄하게 만들 때가 매우 많다. 어떤 곳보다 이 도시만의 아름다움을 마음껏 누릴 수 있게 한다. 유명한 문화재는 물론이고, 책방이나 찻집, 기념품점 같은 곳에서조차 교토만의 아름다운 미감을 제대로 누릴 수 있다. 이러한 격조와 우아한 아름다움을 추구하는 태도 역시 매사에 품위를 중요시하는 태도에서 비롯했음을 인정하지 않을 수 없다.

●

교토에 처음 살았을 때는 호리카와 길과 마루타마치 길 근처 원룸에서 지냈다. 서민들이 주로 사는 오래된 동네였는데, 산책을 하다보면 큰길가에 나란히 자리잡은 가게들을 오가는 주민들이 서로 반갑게 인사를 나누는 모습을 자주 보곤 했다. 동네 안쪽으로 들어가면 작은 공방과 소규모 공장도 많았다. 교토에서는 주택가와 상가가 함께 있는 동네가 꽤 된다. 지역의 구획을 정리하기 시작한 이후 형성된 도시에서는 주택가와 상업 시설이 같은 구역에 함께 있지 않도록 법적으로 엄격하게 관리를 하지만 교토처럼 그 시대 이전에 이미 도시의 규모가 커지고, 나름의 질서를 갖춘 곳에서는 오래된 가게들이 그 자리에서 그대로 영업을 할 수 있게 해주고 있다. 그 때문에 내가 살던 원룸 근처에는 오래된 가게가

많았다. 매일 아침 가게에서 직접 두부를 만들어 파는 집은 내 단골이었고, 역시 자주 가는 녹차 전문점에서는 직접 만들어 파는 차 맛이 일품이었다. 이 가게에서 때마다 만드는 호지ほうじ차의 향이 지금도 코끝에서 느껴지는 것 같다. 오래된 동네라 주민들끼리도 가깝게 지내는 모습이 매우 자연스러웠다. 더운 여름날, 골목길 바깥에 내놓은 낡은 의자에 동네 어른들이 모여 앉아 두런두런 잡담을 나누는 모습은 그 자체로 마치 영화의 한 장면 같았다. 그 앞을 일부러 천천히 지나가노라면 내 귀에 들리는 교토의 정통 사투리가 그렇게 좋을 수가 없었다.

교토는 중국의 장안성을 모방하여 계획된 도시다. 오늘날의 교토는 오랜 세월에 걸쳐 점점 확장이 되어온 것으로, 처음 시작은 교토의 중심부에 불과했다. 교토라는 명칭은 원래 특정 지역의 지명이 아닌, 천자가 거주하는 수도를 의미하는 보통 명사였고, 이곳의 이름은 헤이안쿄였다. 하지만 헤이안쿄와 교토라는 이름으로 함께 불리면서 도시의 고유명사로 점차 굳어져 오늘에 이르렀다. 교토는 794년 수도가 된 뒤 약 400여 년 동안 일본의 중심이었다. 하지만 가마쿠라 시대1185~1333에도 잠시 수도로서의 지위를 위협 받았고, 다시 원래의 지위를 되찾았으나 에도 시대1603~1867에 접어들면서부터는 정치의 중심지가 아예 도쿄로 옮겨가면서 교토는 형식상의 수도로 전락하고 말았다. 이 무렵부터 정치의 중심지는 도쿄, 경제의 중심지는 오사카로 인식되기 시작했다. 여기까지만 해도 교토로서는 매우 굴욕을 느꼈을 텐데 1868년 메이지 유신 이후에는 수도로서의 지위를 완전히 도쿄에 넘겨줘야만 했다. 새로 들어선 메이지 정부는 본격적으로 공업화 정책을 추진했고, 이에 발맞춰 도쿄·오사카·나고야 등이 빠른 속도로 발전을 거듭했다. 일본

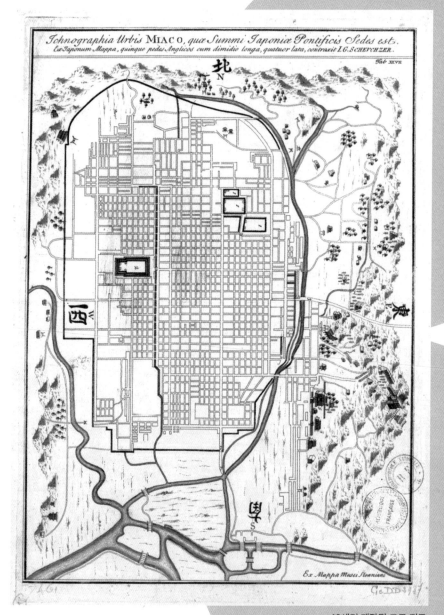

19세기 제작된 교토 지도.

제1의 도시이자 문화의 중심임을 자부하던 교토로서는 제2, 제3, 제4의 도시로 뒤처지는 수모를 감당해야 했다.

이런 교토를 일본 정부는 그대로 두지 않았고, 19세기 말부터 지역의 공예를 체계화된 산업으로 부흥시키기 위한 정책을 추진했다. 1895년 헤이안진구 주변에서 열린 내국권업박람회內国勧業博覧会는 그런 정책이 반영된 것이었다. 이로써 교토는 변방의 도시로 전락하지 않을 기회를 마련할 수 있었다.

1897년에는 교토제국대학을 설립했는데, 이는 도쿄에 있던 제국대학보다 자유롭고 창의적인 학풍을 지향했다. 교토제국대학의 설립으로 도쿄의 제국대학은 도쿄제국대학으로 이름을 바꿔야 했다. 교토는 메이지 유신으로 인해 일본 제1의 도시라는 권위를 상실할 뻔했으나 변화에 저항하는 대신 달라진 상황을 적극적으로 포용함으로써 새로운 전기를 마련했다. 그로 인해 전통을 지키면서도 새로운 문화와 문물을 받아들이는 교토만의 풍토가 19세기 이후 더욱 굳건해졌다. 오늘날 수많은 관광객이 사랑하는 '교토만의 옛것과 새것의 조화'는 이 무렵부터 본격적으로 형성된 셈이다.

●

교토에 살 때는 물론 떠난 이후에도 교토에 가면 늘 습관처럼 산책을 한다. 어떤 거리든 천천히 걸으면 이 도시에 쌓인 오래된 역사와 그 속에서 만들어진 여러 겹의 다양한 흔적을 만날 수 있다. 도쿄의 야마노테와 시타마치와는 달리 교토의 여러 겹은 특정한 지역으로 나뉘지 않고 여기

2005년 교토 아사카 신사.

저기 옛것과 새것이 혼재되어 있다. 794년 당시의 건물은 거의 없지만, 중심부에 가면 이 도시가 처음 탄생했을 때 고려했던 바둑판 같은 계획 도시의 흔적이 남아 있다. 황거는 원래 있던 자리에서 한 번 이전하긴 했지만 도시의 중심에 천황의 거처를 배치한다는 원칙은 여전히 반영되어 있다. 권력의 중심이 가마쿠라로, 도쿄로 넘어간 뒤에도 이곳에 자리잡은 불교와 천황을 둘러싼 문화의 본산은 여전히 교토다.

1202년 기온의 겐닌지建仁寺가 설립된 이래 교토에서 선불교는 난젠지南禅寺, 다이토쿠지大德寺, 묘신지妙心寺 등의 사찰 설립으로 이어지면서 그 세가 커져나갔고, 이러한 선불교는 교토의 정신은 물론 풍경을 이루는 다양한 건축과 정원의 디자인을 포함, 다도나 수묵화 같은 문화 예술 방면에도 커다란 영향을 미쳤다.

교토의 동쪽을 길게 흐르는 가모 강을 건너 강과 산 사이의 지역을 라쿠토洛東라고 하는데, 관광객들이 많이 찾는 히가시야마 인근을 포함하는 이곳은 도요토미 히데요시가 교토 주변을 에워싸 만든 담 밖에 있기 때문에 역사적으로 볼 때 외곽이었다. 도요토미 히데요시는 한국에는 임진왜란을 일으킨 장수로 알려졌지만 일본에서는 3대 영웅으로 불린다. 1467년 쇼군의 후계자 문제로 인해 벌어진 오닌의 난이라는 전란을 치르며 격전지였던 교토는 대부분 폐허가 되었다. 이런 교토를 다시 정비한 인물 중 한 사람이 바로 도요토미 히데요시였다.

이 근처에는 처음에는 사람이 많이 살지 않아 신사와 사찰이 모여 있었는데 중세 무렵부터 귀족의 별장이 들어오기 시작하더니 민가들도 점점 섞이기 시작했다. 관광지로 유명한 기요미즈데라 인근에 사찰과 신사가 많은 것도 여기에서 유래했고, 오늘날 흔히 볼 수 있는 주택가 역시 이렇게 형성되었다. 한편으로 기온 지역은 시내에 가까운 지역이면서 게이샤가 나오는 고급 술집이 주로 모여 있기도 하다. 메이지 유신 이후 헤이안진구 주변에는 공공 시설과 교토제국대학이 들어오면서 크게 성장하기도 했는데, 문화적인 유산과 대학이 있는 지역에 예술가들의 활동이 활발하게 이어지면서 교토만의 문화 창작 중심지로서의 전통이 계승되고 있다.

교토에는 대학이 많고, 책방도 많다. 한곳에 모여 있기보다 도시 전역 곳곳마다 있다. 어디를 걷다가도 아늑한 서점을 만날 수 있다는 것은 교토에 사는 또 하나의 즐거움이다. 기온 북쪽의 고미술품 골목으로 더 들어가면 아주 좁은 골목 끝 오래된 집에 걸린 'Books & Things'라는 간판을 볼 수 있다. 2010년대 초에 생긴 헌책방이다. 주인의 까다로운 큐레이션으로 엄선한 미술과 건축 관련 책은 물론 희귀본 외서도 많아 교토에 갈 때마다 찾는다. 교토대 교수 시절에는 잘 알려진 게이분샤 이치조지점惠文社一乘寺店보다 교토대학생협 서점을 일주일에 몇 번씩 찾았다. 전문 서적도 많고 테마 중심 책 전시가 항상 흥미로웠다. 특별히 화려한 공간과 배치는 없었지만, 늘 골라볼 만한 책을 만날 수 있었다. 같은 건물 2층 학생 식당에서 저녁을 먹은 뒤 가벼운 마음으로 책을 보는 시간은 바쁜 일상 속 나의 즐거운 쉼표였다.

교토를 거닐다보면 어떤 지역을 하나의 성격과 특징으로 규정할 수 없다는 걸 매번 느끼곤 한다. 이것인가 싶으면 저것이 나오고, 또 저것인가 싶으면 역시 새로운 것이 등장한다. 눈에 보이는 것은 물론이고 보이지 않는 교토스러움 역시 익숙하지만 늘 새롭고, 새로운 것은 또 익숙하다. 하나로 규정할 수 없다, 이것이 교토만의 특징이자 매력은 아닐까.

그 매력에 이끌려 나는 여전히 1년이면 한두 차례 꼬박꼬박 교토를 찾는 게 아닐까?

●

2005년 개봉한 영화 〈게이샤의 추억〉을 극장에서 본 적이 있다. 교토의 후시미이나리타이샤가 화면에 등장하자 관객들이 탄성을 지르고 몇몇은 박수를 쳤다. 커다란 스크린 속 교토는 더할 수 없이 아름다웠다. 그 장면만으로도 영화를 통해 얻을 수 있는 감동을 다 얻은 듯했다.

　사람들이 교토에서 얻고 싶은 건 어쩌면 그런 '이미지'인지도 모른다. 오래되고 아름다운 전통 사찰과 정원으로 가득한 도시, 골목마다 역사적인 정취가 그윽하게 서린, 마치 시간이 정지된 듯한 풍경. 일본 전통문화를 관람하는 디즈니랜드 같은 환상의 공간. 페이스북과 인스타그램 등에 올리기 좋은 장면들의 나열. 실체는 보이지 않는, 보고 싶어하지 않는, 그저 한폭의 그림 속의 도시.

　교토의 집에서 철학의 길을 따라 걸어서 10분 정도 거리의 산기슭에 사찰 호넨인이 있다. 어머니가 교토에 오실 때마다 낮에 혼자서 가끔 다니곤 하셨다. 나중에 교토를 떠나 살 때도 어머니는 가끔 호넨인을 떠올리며 교토에서의 추억을 이야기하셨다. 호넨인은 소설가 다니자키 준이치로谷崎潤一郎, 1886~1965의 묘소가 있어 유명한 곳이기도 하다. 그는 도쿄에서 태어났지만, 1920년대 중반 무렵 일본의 전통문화에 관심을 갖기 시작, 탈아를 추구하는 도쿄를 떠나 교토와 가까운 고베로 이사를 왔다. 그후 이곳저곳을 다니다 제2차 세계대전 이후 약 8년 간 교토에서 살았다. 어쩌면 그에게도 교토는 실제로 존재하는 도시인 동시에 생각 속에서 이상화된, 그림 속 도시였는지도 모른다. 영화 〈게이샤의 추억〉을 보면서 탄성을 지르고 박수를 치는 사람도, 어머니도, 그리고 나 역시도 그런 것처럼.

교토는 복잡하고 거친 세상에 살고 있지만, 마음 한쪽에 고즈넉한 분위기와 품위를 꿈꾸는 사람들을 위한 매력적인 이상향이다. 2000년 대 초 교토 지하철에는 이런 광고 문구가 붙어 있었다.

'일본에 교토가 있어서 좋다.'日本に、京都があってよかった.

사람들이 교토를 이상향으로 품고 있다는 걸 잘 알고, 그것을 잘 활용한 광고 문구라고 생각했다. 교토는 그런 곳이기도 하지만 그런 곳이 아니기도 하다.

일상 속으로 들어가면 교토의 얼굴은 익숙한 그 얼굴이 아니다. 신비하고 아름다운 환상 속 도시는 어디론가 사라지고, 고령화와 도시 공동화로 이미 예전의 생기가 사라진 채 복잡하고 지쳐 보이는 민낯을 불쑥 내밀곤 한다. 닌텐도 · 오므론 · 교세라 등 첨단 기술을 보유한 회사도 있고 대학도 많아 전문직들이 많이 살고는 있지만, 한편으로 고용의 형태는 저임금 서비스직이 압도적으로 늘어나고 있고, 적자로 고생하며 하루하루를 연명하듯 살아가는 소규모 자영업자도 많다. 이들은 언제 어떻게 도시의 빈민층으로 전락할지 모른다는 불안을 늘 지니고 살아간다. 생업이 없는 노인들은 더 말할 나위가 없다. 아름다운 풍경 속 뒷골목에는 빈집이 갈수록 늘어나고 있는데, 관광객들이 많이 찾는 히가시

2013년 교토.

2013년 교토 기온.

2023년 교토 마치야.

2017년 교토 호넨인.

2023년 교토 기요미즈데라 근처.

야마 쪽만 해도 약 20퍼센트의 집들이 비어 있다. 좁은 골목의 오래된 집들은 보기에는 아름답지만 정작 교토의 젊은이들은 부모 세대가 세상을 떠나면 편리한 아파트를 찾아 이사를 가고 오래된 집은 비워둔다. 관광객들로부터 언제나 넘치는 사랑을 받는 도시임에는 분명하지만 이곳의 주민들은 너무 많은 관광객들로 몸살을 심하게 앓고 있고 이로 인한 다양한 문제가 수면 위로 떠오른 지 오래다.

물론 여행지로서의 도시를 떠올릴 때 우리가 아름다움의 이면을 굳이 떠올릴 이유는 없다. 다만 역사가 오래된 도시일수록 다양한 얼굴을 갖는다는 것, 그 얼굴은 하나의 이미지로 고정되어 있지 않고 현재진행형의 다양한 고민과 더불어 변화하고 있다는 점을 생각한다면 우리가 발 딛고 사는 오늘의 도시를 조금 더 깊이 이해할 수 있지 않을까?

1200년이 넘는 역사를 품은 교토는 '오늘의 도시'이기도 하다. 21세기의 교토는 언제까지나 관광객들의 환상 속 디즈니랜드로 살아갈 수 없다는 걸 잘 알고 있다. 고령화와 공동화, 밀려드는 관광객들을 둘러싼 난이도 높은 문제를 어떻게든 해결해야 한다는 것 또한 모를 리 없다. 19세기 말 이미 교토는 변방의 도시로 전락할 위기를 이 도시만의 방법으로 극복해냈다. 그런 교토라면 어떤 문제 앞에서도 품위를 잃지 않고, 새로운 시대에 걸맞는 해법을 스스로 찾아내 길을 만들어내지 않을까? 나는 교토의 오래된 골목을 걸을 때마다 이 도시가 지치지 않고 예전의 활기를 되찾을 수 있기를 염원한다. 그래야만 앞으로도 이 도시를 찾을 때마다 마음놓고 나의 소다드를 느낄 수 있을 것이기 때문에.

교토를 다시 찾은 건 역시 2023년 봄이었다. 코로나19팬데믹으로 프로비던스에 발이 묶여 지내는 동안 내내 교토를 그리워한 건 아니었

2023년 교토 철학의 길.

다. 일본의 외국인 입국 금지 정책에 화가 나 있을 때는 떠올리고 싶은 생각도 그리 들지 않았다. 그러다 문득, 철학의 길을 산책하다 어머니와 함께 앉았던 벤치가 몹시 그리워졌다. 어머니와 마지막으로 그 벤치에 앉은 건 2005년 12월 초였다. 어머니가 돌아가신 뒤로는 교토에 갈 때마다 벤치를 찾아 한참 동안 교토의 풍경을 바라보며 소다드를 느끼곤 했다. 2019년까지만 해도 변함이 없었는데 그 사이 어떤 변화가 생긴 건 아닐까 싶었다. 일본은 2022년 가을에서야 외국인 입국 금지를 풀었다.

벤치는 그대로였다. 곧바로 앉을 수는 없었다. 고양이 한 마리가 낮잠에 빠져 자리를 비켜주지 않았다. 아무 걱정도 없이 편히 자는 고양이의 모습이 사랑스러워 잠을 깨우고 싶지 않았다. 지나가던 사람들도 잠든 고양이를 보고 웃으며 사진을 찍곤 했다. 고요하고 평화로운 시간을 지켜보고 있으니 마치 코로나19팬데믹으로 힘든 시간을 보냈을 교토가 다시 예전의 일상을 회복해 가는 듯한 느낌이었다.

나는 또 언제, 얼마나 자주 이 도시에 오게 될까. 10년 후인 2033년 교토는 어떤 모습일까. 70대 초반의 나는 또 어떤 모습일까. 철학의 길은 그대로 남아 있을 것이며 이 벤치도 어쩌면 그대로일지도 모른다. 오늘의 팬데믹은 먼 옛날 이야기가 되어 있을 것이다. 여기까지 생각이 미치자 교토의 힘은 어떤 어려움이 닥쳐도 꾸준히 자신의 모습을 지키고 버텨나가는 데 있는 게 아닐까 싶었다. 모든 것이 쉽게 변하고 흔들리는 이 불안한 시대에 이렇게 제모습을 잘 지켜나가는 곳이 있다는 사실이 문득 위안이 되었다. 낮잠에서 깬 고양이가 제 갈길을 간 뒤 오래전부터 그 자리에 변함없는 모습으로 있는 벤치에 앉아 나는 그런 생각을 했다. 언제나처럼 교토가 참 좋았다.

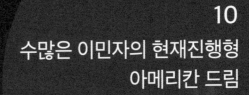

10
수많은 이민자의 현재진행형
아메리칸 드림

어머니의 도시
라스베이거스Las Vegas
_미국, 네바다 주

"미국의 독특한 도시는 네 개다. 보스턴, 뉴올리언스, 샌프란시스코, 그리고 샌안토니오."

『톰소여의 모험』으로 유명한 소설가 마크 트웨인이 한 말이다. 아마 그가 살아생전에 라스베이거스를 봤다면 그의 '독특한 도시'는 다섯 개가 되었을 것이다. 하지만 그가 세상을 떠날 무렵 라스베이거스는 도시는 커녕 800명 남짓의 사람들이 모여 사는 아주 작은 마을일 뿐이었다.

오늘날의 라스베이거스는 어떻게 시작된 걸까? 1930년대 미국이 경제대공황으로 고생하고 있을 때 근처 후버 댐 공사가 한창이었다. 이 공사를 관리하는 거점 지역이 마침 라스베이거스였다. 이를 계기로 마을은 점점 커지기 시작했고, 때를 맞춰 1931년 라스베이거스가 속한 네바다 주는 카지노 도박을 합법화했다. 제2차 세계대전이 끝나면서 다시 찾아온 호황으로 미국 경제는 다시 활기를 찾았고 라스베이거스는 카지노를 즐길 수 있는 휴양지로 각광을 받으면서 급속도로 성장하기 시작했다. 사람들이 이 도시를 찾는 이유는 또 있었다. 미국 전역을 통틀어 결혼과 이혼이 가장 쉬운 곳이 네바다 주였다. 어떤 사정 때문에라도 빨리 결혼을 하거나 이혼을 하고 싶은 사람들이 이곳으로 모여들었다. 어떤 사람은 1950년대 이 도시 근처에서 시행한 미군의 핵폭탄 실험을 멀리서라도 보고 싶다고 찾아오기도 했다.

1970년대까지 미국 전역에서 카지노 도박을 합법화한 곳은 네바다 주가 유일했다. 경쟁 상대가 없으니 라스베이거스는 갈수록 화려해

져만 갔다. 관광 산업에서 반드시 필요한 것이 있으니 바로 숙박과 쇼핑, 유흥 시설이다. 라스베이거스에는 수많은 호텔이 들어섰다. 도시의 가장 큰 건물도 당연히 호텔이다. 사람들은 호텔에서 잠을 자고 카지노를 즐기고 칵테일 라운지에서 술을 마시며 때때로 쇼핑을 하며 시간을 보낸다. 돈을 쓰러 온 사람들로 하여금 더 많은 돈을 쓰게 하려면 시설이 화려해야 하고 고급스러워야 한다. 라스베이거스의 호텔은 화려하고 어디에서든 온갖 라이브 공연을 즐길 수 있다. 초반까지만 해도 원도심에 문을 연 카지노가 중심이었지만 이제는 도심에서 외곽으로 나가는 쪽에 호텔 더 스트립The Strip을 중심으로 호텔들이 모여 있는 지역이 '메인 스트리트'가 되었다. 이곳의 화려한 네온 불빛 간판은 뉴욕의 맨해튼이나 샌프란시스코의 금문교처럼 미국 주요 도시의 대표 이미지로 등장한 지 오래다.

1972년 유명한 건축가 로버트 벤투리는 『라스베이거스에서의 교훈』*Learning from Las Vegas*이라는 책에서 더 스트립에 대해 언급한 바 있다. 라스베이거스의 건축이 모더니즘 이전의 화려한 장식과 비슷하고 인간적인 요소가 있기 때문에 관광객들이 매력을 느낀다고 주장하면서, 상대적으로 모더니즘 건축은 구조를 통해 미학을 추구하긴 하지만 오히려 인간적인 요소가 사라지면서 사람을 소외시키는 경향이 있다고 비판했다. 포스트 모더니즘 건축 분야에서 고전으로 꼽히는 이 책 때문인지는 모르지만 그 이후에도 라스베이거스는 네온으로 화려하게 장식한 카지노와 호텔을 줄기차게 지어올림으로써 이 도시만의 선명한 이미지를 만들어냈으니 그 이론의 설득력이 어느 정도 인정을 받은 셈이다. 그렇게 보자면 라스베이거스는 어쩌면 미국의 첫번째 포스트 모던 도시라고도

할 수 있겠다.

●

라스베이거스에 갈 일은 없을 거라고 생각했다. 하지만 뜻밖에도 1997년 어머니가 앤아버를 떠나 이곳으로 이사를 하면서 나 역시 어머니를 만나기 위해 자주 찾을 수밖에 없었다. 때로는 길게 머물기도 하고 바쁘면 며칠만 있다 오기도 하면서 2010년 어머니가 돌아가실 때까지 1년에 한두 번은 정기적으로 다니곤 했다. 본격적으로 살아보지는 못했지만 아주 낯선 곳도 아닌, 그런 도시가 바로 라스베이거스였다.

　미국의 주요 도시 역사를 보면 일종의 흐름이 보인다. 보스턴, 뉴욕, 필라델피아, 볼티모어, 찰스턴 등 미국 동부에 자리잡은 초반의 도시들은 유럽에서 건너온 사람들이 주로 만들었다. 유럽에 '본국'을 두고 있으니 본국과의 원활한 교류를 위해 대부분 항구나 해변가에 자리를 잡았다.

　18세기 말 미국의 독립 후, 서부로 이동하면서 '미국인'이 최초로 설립한 도시가 등장했다. 그 가운데 19세기 초까지 가장 규모가 커진 곳은 오하이오 주의 신시내티다. 19세기 중반에는 사람들이 미시시피 강을 건너 이주를 하면서 미주리 주의 세인트루이스가 거점 도시로 급성장했다. 이후 19세기 말에는 철도망의 확산과 공업화로 인해 시카고가 빠른 속도로 커지면서 제2의 도시로 부상했다. 20세기 초에 들어와서는 새로운 성장 사업으로 각광 받은 영화의 도시 로스앤젤레스가 주목을 받더니 제2차 세계대전을 치르는 동안 시카고를 제치고 제2의 도시라는 타

1970년대 라스베이거스 안내판. 미국 국회도서관.

이들을 거머쥐었다. 도시의 역사가 곧 미국의 역사이기도 한 셈이다.

그 다음이 바로 라스베이거스다. 20세기 중반 무렵 카지노의 도시로 시작한 뒤 20세기 말과 21세기 초까지 이어지는 기나긴 호황 덕분에 여전히 그 성장세를 멈추지 않는 도시가 바로 이곳이다. 때문에 라스베이거스를 보고 있으면 바로 현재의 미국을 이해하는 데 도움을 얻을 수 있다.

라스베이거스는 오로지 카지노와 관광 산업으로 도시가 움직이고 있는 것 같지만 들여다보면 꼭 그런 것만은 아니다. 물론 카지노 등이 이 도시의 대표 성장 동력인 것은 맞지만 20세기 말부터 이곳에는 미국 전역의 퇴직자와 전 세계의 이민자들이 몰려들기 시작, 오늘날에는 매우 다채로운 도시가 되었다. 지금으로부터 약 50년 전인 1970년 무렵 라스베이거스 안에는 약 12만 5,000명, 인근 지역에는 약 28만 명이 살고 있었다. 하지만 2017년 현재 도시 안에는 약 65만 명이, 외곽에는 220만 명이 살고 있다. 도시의 성장세가 얼마나 가파른지 한눈에 알 수 있는 숫자다. 부동산 가격에 거품이 많던 라스베이거스의 성장세는 2007~2008년 세계 금융 위기로 주춤했지만, 비록 예전처럼 폭발적이지는 않아도 경제 회복 이후 다시 성장세로 돌아섰다.

사람들은 왜 이렇게 이 도시로 몰려드는 걸까. 1960년대 미국 동부와 중부에 사는 은퇴자들이 플로리다 주로 대거 이동하는 붐이 일었다. 추운 곳에서 살기 싫어 따뜻한 곳을 찾아 떠나는 이들이었다. 단지 날씨 때문만은 아니었다. 추운 곳에서 살면 생활비도 더 많이 든다. 일정한 연금으로 살아야 하는 고령자들에게는 따뜻하게 사는 것만큼이나 생활비를 절약하는 것도 매우 중요했다. 나의 외할아버지와 외할머니 역시 이 무렵 미시간 주에서 플로리다 주로 이사를 했다. 세대를 건너 어머니도 나이가 들면서 비슷한 고민을 했고, 결국 날씨와 생활비 때문에 라스베이거스로 이사를 했다. 도시가 크기 때문에 지루하지 않을 거고, 큰 공항이 근처에 있어 가족들이 오고 가는 데 편리하다는 점도 이곳을 선택한 이유 중 하나였다. 게다가 앤아버가 있는 미시간 주는 주택 관련 세금이 너무 비싸서 특별한 소득이 없는 노령자에게는 큰 부담이 아닐 수 없었다. 나 역시도 서울을 떠나 앤아버로 돌아가서 맞닥뜨린 문제이기도 했다. 어머니 이전에 이미 1990년대 들어서면서부터 수많은 은퇴자가 이곳으로 이사를 하기 시작했으니 새로울 것도 없었다.

●

라스베이거스에 사시는 동안 어머니는 오스카 구드맨Oscar Goodman 시장을 높게 평가했다. 동부 필라델피아 출신인 그는 1964년 라스베이거스로 이사를 온 뒤 마피아를 변호하는 변호사로 유명세를 탔다. 1998년 처음으로 출마한 선거에서 63퍼센트의 득표율로 당선이 되었고, 그후 2002년과 2006년에 각각 80퍼센트 이상의 지지를 얻어 라스베이거스의 짧은 역사에서 가장 인기 있는 시장이 되었다. 원래는 민주당 소속이었지만, 압도적 지지를 받아 당선된 뒤 정당 정치를 초월하겠다는 명분으로 탈당, '독립 민주당'이라는 명칭을 스스로 붙이고 무소속 시장이 되었다.

그가 시장이 되었을 때는 라스베이거스의 급성장기였다. 관광 산업의 성장과 함께 도시의 규모가 커져가고 있었다. 그는 시민의 삶의 질

향상을 위한 투자가 필요한 때라고 판단한 듯 공원을 늘리고, 문화예술 활동을 지원하는 정책을 적극적으로 도입했다. 다른 도시를 벤치마킹하면서 문화예술 활동을 양성하기 위한 자체적인 정책을 꾸준히 펼쳤다.

그가 펼친 정책 중 인상적인 것은 원도심과 더 스트립 사이의 낙후된 우범 지역을 문화예술 지구Arts District로 활성화하려는 계획이었다. 뉴욕을 비롯한 세계 주요 도시에서도 정부나 민간에서 문화예술 활성화를 위해 여러 정책을 적극적으로 펼치곤 한다. 그 과정에서 인근 부동산의 가격이 급등, 원주민이나 소상공인들이 떠나는 부작용이 일어난다. 하지만 이곳은 살고 있는 사람도 거의 없고 상가와 주차장 역시 텅텅 비어 있었다. 젠트리피케이션을 염려하기보다는 비어 있거나 안 쓰는 공간을 새로운 상업 또는 주거 공간으로 만들어 최대한 사람들을 끌어들이는 것이 정책의 핵심이었다. 대도시에서 이런 정책을 시도할 만큼 비어 있는 땅은 찾아보기 힘들지만 라스베이거스에서는 카지노의 중심이 더 스트립으로 이동하면서 이미 쇠락한 원도심 주변 곳곳에 빈 땅이 많았다. 게다가 도시 자체가 오래 되지 않아 역사적 경관을 고려하거나 존중할 명분이 상대적으로 약해 얼마든지 새로운 시도를 다양하게 해볼 수 있는 장점도 있었다. 이런 정책의 효과로, 아직 비어 있는 곳이 많이 남아 있긴 하지만, 2000년대부터 본격적으로 갤러리·공방·골동품과 빈티지 가게·헌옷 가게·음식점·카페 등이 이곳에 들어와 자리를 잡기 시작했다.

2000년대 중반부터 매달 첫번째 금요일 밤이면 이 거리에는 차가 다니지 않는다. 미술, 음악, 음식 등을 중심으로 작은 규모의 축제 분위기를 만들어 시민들로 하여금 자연스럽게 이 지역에서 즐거운 시간을

2000년대 라스베이거스 인근 사막.

2005년 라스베이거스 자연 공원.

갖는 경험을 갖게 해준다. 이름하여 '첫째 금요일'First Friday이고, 라스베이거스 시에서 전폭적으로 지원한다. 추진력을 갖춘 시장이 의지를 가지고 도시를 변화시키는 좋은 사례이자, 나에게는 지역 정치의 의미와 가능성에 대해 다시 생각하는 계기가 되기도 했다. 또한 한국에 머물며 지역의 원도심을 둘러볼 때마다 이런 사례를 적극적으로 참고하면 좋지 않을까 혼자 생각하곤 했다.

한동안 라스베이거스에 갈 때마다 나 역시 어머니와 함께 이곳을 찾았다. 오고 가는 길에 우리가 나눴던 대화에는 늘 구드맨 시장이 등장했다. 어머니는 떠나셨지만 라스베이거스를 떠올리면 금요일 밤 이곳에서 보낸 즐거운 시간이 함께 떠올라 역시 나만의 소다드를 느끼곤 한다.

●

전 세계에서 미국으로 이민을 오는 이들이 늘어난 것은 1980년대 무렵부터였다. 그 이후 오늘날까지 이민자의 수는 계속해서 늘어나고 있다. 초반에는 뉴욕이나 로스앤젤레스를 찾는 이들이 많았는데 1990년대 이후 관광 산업이 붐을 일으키면서 라스베이거스를 찾는 이민자들이 급격하게 늘어나기 시작했다. 멕시코를 비롯한 중남미 사람들이 많이 오지만, 아시아 사람들도 꽤 많다. 이러한 다양성은 2020년 실시한 인구 조사 결과에서 확인할 수 있다. 라스베이거스 인구 구성은 백인이 40퍼센트, 히스패닉 33퍼센트, 흑인 13퍼센트, 아시아인 7퍼센트, 선주민과 하와이와 태평양 지역 출신 등이 나머지 7퍼센트를 이룬다. 어머니를 만나기 위해 라스베이거스로 갈 때마다 인구가 다양해지고 있다는 걸 피부로 느낄 수 있었는데, 특히 아시아 쪽 사람들이 해마다 급격하게 늘어나고 있었다.

서울이나 도쿄 등 대도시일수록 역세권에 상가들이 밀집해 있지만 라스베이거스는 큰 도로 두 개가 만나는 지점에 상가들이 모여 있다. 언젠가부터 이민자들이 주로 이용하는 상가가 점점 들어서기 시작한 것도 눈에 띄었다. 전 세계 어디를 가나 눈에 띄는 차이나타운도 라스베이거스에서는 한동안 볼 수 없었는데 이 상가 쪽에 중국인 점포가 한두 군데 들어오더니 어느새 차이나타운이 형성되었다. 한국인들을 위한 가게와 교회, 태국이나 필리핀 또는 베트남 사람들의 식재료를 주로 파는 가게들도 갈 때마다 늘어나곤 했다. 카지노에 가면 필리핀 출신 직원들이 유난히 많았는데, 영어를 할 줄 아는 것이 중요한 이유였다. 미국 동부의 오래된 도시에 비해 이민자를 포함해 여러 인종과 민족이 서로 섞여 사는 비율이 높은 것도 흥미로웠다. 미국 다른 지역 출신들도 많아서 이민자와 타 지역 출신 미국인은 라스베이거스라는 '객지'에서 서로 어울려 함께 살고 있는 셈이다. 이렇게 이민자들이 대거 유입되면서 즐길 수 있는 음식 역시 매우 다양해졌고, 이로써 라스베이거스는 전 세계 식도락을 즐기는 이들에게 인기를 끄는 도시가 되었다.

이 도시의 역사는 교토의 10분의 1도 채 되지 않지만 워낙 유명한 관광지이기 때문에 흥미로운 공통점이 있긴 하다. 관광객이 많이 오긴 하지만 주민들은 특별할 것 없는 일상을 살고 있다. 관광객들이 바라보고 즐기는 라스베이거는 화려한 호텔과 카지노 등으로 가득한 도시지만, 인근의 주민들은 전혀 다른 라스베이거스에서 각자의 삶을 지켜나가고 있다.

2000년대 라스베이거스.

널따란 분지에 자리잡은 이 도시는 한가운데 시내 중심지가 있고, 조금 비껴선 곳에 더 스트립이 있다. 그 주변으로 점점 도시를 확장하면서 주택과 상가가 들어서기 시작했고, 1990년대 이후부터 평지보다 조금 높은 지대에 주택가와 상가 등을 개발, 일반인들의 거주지를 더 늘려나갔다. 그뒤로는 바로 산이 있으니, 더이상 확장은 어렵고 이미 형성된 주택가에 새 집이 늘어나면서 점점 인구밀도가 높아지고 있다. 도시 전체로 놓고 볼 때 건물의 50퍼센트 이상은 1980년대 이후 지어진 것으로 집이며 상가, 공공 건물 등도 모두 지어진 지 얼마 안 된 새것 같은 느낌이다.

어머니가 이사한 동네는 1990년대 새로 개발한 주택지였다. 인도와 차도는 모두 새로 만들어졌고, 전선 등 시설물은 땅속으로 다 묻어서 눈에 거슬리는 것이 거의 없는 쾌적하고 깨끗한 환경이었다. 같은 시대 개발된 한국의 일산이나 분당 같은 느낌을 떠올리면 이해가 쉬울 수도 있다.

내가 태어나 자란 앤아버는 대학 도시라 외부에서 많은 사람이 오가곤 하지만, 미시간 주 또는 앤아버에서 태어나 자란 사람들이 같은 지역에서 오래 살아가고 있다. 미국의 오래된 도시들은 대부분 비슷하다.

라스베이거스는 달랐다. 도시 전체로 놓고 보면 호텔이 모여 있는 시내 인근과 더 스트립 근처를 제외하면 높은 건물도 별로 없고 주민들은 주로 단독주택에 살고 있다. 어머니가 사시던 동네는 일반인들이 모여 사는 곳이었지만 라스베이거스의 다양함은 이곳에서도 엿볼 수 있었다. 같은 미국인이지만 태어난 곳은 모두 다 달랐고, 이웃 중에는 중남미나 아시아에서 이민을 온 사람도 많았다. 이곳에서 태어나 자란 사람은 거의 찾아볼 수 없는, '토박이'가 없는 도시였다.

그래서 그런지 아무리 오래 살아도 이곳에 사는 사람들에게는 라스베이거스 사람으로서의 정체성이 만들어지지 않는다. 도시의 이미지는 굉장히 선명하지만, 그 도시에 살고 있는 사람의 정체성은 형성되지 않는 기묘한 구조인 셈이다. 어머니는 이곳에서 어떤 삶을 기대했을까? 새로운 생활에 대한 꿈을 품고 이곳으로 오셨다고 했다. 오래된 동네에서 벗어나 새로운 도시에서 다시 시작하는 삶, 더 나은 생활, 밝은 미래……. 어디선가 많이 들어본 이야기다. 바로 '아메리칸 드림'이다. 20세기 수많은 나라의 이민자들이 바로 이런 '아메리칸 드림'을 가슴에 품고 미국 땅으로 향했다. 21세기 초로 접어들면서 더이상 아메리칸 드림은 존재하지 않으며, 그런 희망 자체가 허상이라는 주장이 여기저기에서 자주 제기되었다. 그러나 라스베이거스의 거리를 거닐다보면 아메리칸 드림은 현재진행형이다. 수많은 이민자들만이 아니라 미국인들 사이에서도 그 꿈은 분명하게 살아 움직이고 있다.

그 꿈을 이룬 이들은 얼마나 될까? 정확히 말해 라스베이거스는 그런 꿈을 꾸기에 적합한 도시일까? 아메리칸 드림이야말로 라스베이거스를 지탱하는 원동력이자 처음이고 끝이다. 꿈을 꾸는 사람이 찾아오는 곳. 도시는 전적으로 여기에 의존한다. 그렇다면 답은 하나다. 아메리칸 드림이 다음 세대로까지 이어진다면 라스베이거스는 화려한 빛을 계속해서 유지할 것이다. 아메리칸 드림이 무너진다면 라스베이거스의 빛은 꺼지고 말 것이다. 오랜 역사와 다양한 산업이 뒷받침해주지 않는 도시의 숙명이다.

"라스베이거스에서의 일은 라스베이거스에 남는다!"

What happens in Vegas stays in Vegas.

라스베이거스의 거리에 내걸린 관광 구호 중 하나다. 이런 '묻지 마' 자유를 꿈꾸는 사람들의 심리가 곧 아메리칸 드림의 바탕이다. 하지만 이곳을 찾는 이들이 과연 이런 꿈을 실현할 수 있을까? 세계 최대 규모의 가전제품 박람회인 '세계가전전시회'CES가 해마다 이곳에서 열리긴 하지만, 정작 라스베이거스에서 IT산업의 비중은 크지 않다. 이 도시는 카지노나 호텔, 음식점 등으로 유지된다. 고용 역시 서비스업 쪽이 대부분이다. 의료나 과학기술, IT 등 전문직을 고용하는 경우는 극히 일부분이고, 고용이 된다고 해도 소득이 그리 높지 않다. 샌프란시스코나 보스턴 같은 전문 직종이 밀집한 도시라면 그나마 고용이 안정적일 텐데 이곳은 그나마 고용조차도 매우 불안정하다. 젊은 세대들 사이에서는 '카지노는 올드한 곳'이라는 인식이 퍼져나가고 있는데, 카지노 관광으로 시작해 그것으로 성장한 이 도시로서는 이에 대한 대책을 세우기에도 매우 어려운 구조다. 오래된 도시가 가지고 있는 안정성 또는 공동체 의식도 전무한 데다 경제 구조 역시 매우 허약하고 약자를 위한 복지 시스템 역시 거의 고려하고 있지 않다. 더 스트립이 표상하는 라스베이거스는 화려하고 찬란하지만 그 빛이 찬란할수록 어쩌면 어둠은 더 깊어만 가는 게 아닐까, 나는 이 거리를 걸을 때마다 그런 생각을 하곤 했다.

아메리칸 드림의 위기는 비단 라스베이거스만의 것이 아니다. 미국은 갈수록 인구가 늘어나고 기후 변화의 문제는 심각해지고 있다. 지금껏 아메리칸 드림을 지탱해온 경제 구조에 위기가 오면 환상적인 꿈은 순식간에 악몽으로 바뀔 수 있다. 그럴 경우 라스베이거스는, 이곳에 사는 사람들은 과연 어떻게 될까? 어쩌면 라스베이거스는 새로운 미국의 전형인지도 모른다. 새로 개발되는 단독주택 단지, 자동차에 전적으로 의존하는 삶, 퇴직자와 이민자가 새로운 아메리칸 드림을 꿈꾸며 모여드는 곳. 그렇다면 느슨한 공동체 의식과 역사적 배경이 전무한 이 도시에 모여 사는 다양한 사람들이 서로 존중하며 같이 살아나가는 실험을 시도하고 그것이 성공한다면 이 도시의 행보야말로 어쩌면 미국의 수많은 도시들이 참고할 중요한 사례가 되지 않을까?

관광과 유흥 산업을 기반으로 삼고 있는 라스베이거스 역시 코로나19팬데믹으로 위기를 겪었다. 관광객들이 찾아오지 않자 도시의 거의 모든 경제 활동이 중단되었다. 수많은 화려한 호텔과 불야성을 이루던 카지노에 정적이 흘렀다. 도시의 불안함을 드러내기라도 하듯 2020년 4월 언론 인터뷰를 하던 라스베이거스 시장은 기자와 말다툼을 했다. 그 내용을 들여다보면 충격적이다. 시장이 보건 당국의 지침에 반대하는 입장을 드러낸 것이다. 다시 말해 사회적 거리 유지 정책이 도움이 되지 않을 뿐더러 경제적 타격을 줄이기 위해서라도 하루빨리 일상을 회복해야 한다고 주장하고 나선 것이다. 이는 당시 트럼프 전 대통령의 주장과 비슷한 것으로 거센 비판을 받았다. 하지만 공화당 소속도, 트럼프 지지자도 아니었던 시장은 주류 언론과 미디어의 눈치를 보지 않고 떳떳하게 자신의 소신을 밝힌 것으로 끝내 자신의 뜻을 굽히지 않았다. 그 시장의 이름은 케로린 구드맨Carolyn Goodman이다. 어머니가 지지했던 오스카 구드맨 전 시장의 부인으로, 2011년 선거에 압승해 시장이 된 뒤 2015년 다시 재선, 2019년에 역시 압도적 승리로 세 번째 시장으로 선출된 뒤 곧이어 코로나19팬데믹 국면을 맞았다. 남편 역시 1999년부터 연달아 세 번의 선거에서 압승하여 시장직을 역임했으니 이 부부는 그 야말로 라스베이거스의 파워 커플이다.

케로린 구드맨 시장은 원래 민주당에 속했으나 2009년 남편과 같이 탈당, 무소속으로 정치 활동을 시작했다. 민주당과 공화당 양당 체제가 견고한 미국에서 무소속으로 계속 압승하는 것은 결코 쉬운 일이 아니다. 그렇다면 이들의 선거 승리 비결은 뭘까. 케로린 구드맨 시장의 인터뷰에서의 말다툼이 어쩌면 하나의 힌트가 될 수도 있다. 무엇이 되었든 라스베이거스의 번영과 미래를 위해서라면 누구의 눈치도 보지 않는 파이팅의 서사가 이들 부부에게는 존재한다. 소속 정당과 주변의 이익에만 골몰하는 정치인들의 일반적인 모습과는 달리 거침없이 자신의 소신을 밝히는 이들의 모습이 라스베이거스 시민들에게는 신선하게 다가섰다. 거의 대부분의 라스베이거스 시민들처럼 이들 부부 역시 고향은 따로 있지만 이곳에 와서 자신들만의 아메리칸 드림을 추구했고, 성취함으로써 이 도시를 진정한 마음의 고향으로 만들어냈다. 그런 이들 부부의 모습이 여섯 번의 승리를 안겨준 비결이 아닐까.

코로나19팬데믹으로 피해가 막심했던 라스베이거스는 어느덧 다시 화려하게 불을 켜놓고 관광객들을 맞이하고 있다. 관광객들이 돌아오자 자신들만의 아메리칸 드림을 찾아 수많은 이민자들이 다시 들어오고 있다. 그렇게 늘어난 사람들이 활기를 내뿜고 있다.

언젠가부터 내가 겪은 세상을 어머니께 이야기해주고 어머니는 내 이야기를 듣는 것이 자연스러웠다. 하지만 이 도시에서는 달랐다. 어머니의 눈을 통해 항상 새로운 사실을 전해들으며 나는 모처럼 어머니의

'아들'로 지낼 수 있었다. 어머니가 떠나신 뒤 나는 더이상 라스베이거스에 가지 않는다. 주민도 아니면서 관광객도 아닌 채로 자주 찾았던 도시와의 인연은 아마도 다시 이어지지 않을 것이다. 그러나 이 도시의 이름을 들을 때마다 어머니와 함께 보낸 즐거운 시절이 떠오른다. 화려한 네온 불빛이 아니더라도 이 도시가 내 마음에서 사라지는 일은 아마도 일어나지 않을 것 같다. 라스베이거스와 이곳에서 꿈을 꾸는 모든 이들의 건투를 빈다.

11

미들 코리아의 상징,
원도심 재생의 가능성

내가 사랑하는 도시 **전주와 대구**
_대한민국, 전라북도와 대구광역시

20세기 미국의 도시에 대해 쓴 책 중 영향력 있는 것으로 나는 제인 제이콥스Jane Jacobs, 1916~2006의 『미국 대도시의 죽음과 삶』*The Death and Life of Great American Cities*을 꼽곤 한다. 보존 활동가인 제이콥스는 이 책에서 모더니즘적 도시 계획으로 삭막해지는 뉴욕을 비판하면서 다양성이야말로 도시를 움직이는 원동력의 기본 조건이라고 주장했다. 그는 다양성의 조건으로 네 가지를 꼽았다.

"다양한 용도, 걷기 쉬운 짧은 블록, 다양한 건축물, 적정한 인구 밀도"

한국에 살면서 틈나는 대로 여러 지역의 도시들을 다니곤 했다. 오래된 도시들은 그 나름의 매력을 가지고 있었지만 가는 곳마다 쇠락해가는 원도심과 새로 개발되는 신도시의 대비가 안타까웠다. 그때마다 이런 문제를 해결할 방법이 없을까 혼자 생각하곤 했는데, 제이콥스의 주장을 적용해보면 가장 가능성이 높은 곳으로 늘 두 도시가 떠오르곤 했다.

전주와 대구였다. 두 도시 모두 원도심에 주거지와 상업 지구가 같이 어울려 있고, 걷고 싶은 작은 길은 물론 골목들도 매력적이다. 아파트가 밀집한 동네도 물론 있지만 아직은 한옥과 근대 건축물, 현대식 가옥 등이 골고루 포진해 있다. 인구 밀도 역시 아직까지는 시장을 뒷받침할 정도로는 유지하고 있다. 서울을 비롯한 많은 도시가 개발이 과잉되어 다양성이 오히려 사라진 걸 생각하면 전주와 대구의 가치는 더욱 소중하다.

이 두 도시와의 인연은 순전히 한옥 때문이다. 전주는 워낙 한옥으로 유명하지만 대구에 웬 한옥이냐고 생각하는 분들이 있을지도 모르겠다. 하지만 대구에도 아름다운 한옥들이 꽤 많이 남아 있다.

한국에 처음 왔을 때부터 한옥의 매력에 관심이 많았던 나는 우연히 경복궁 옆 서촌과 인연이 닿았다. 동네 사람들과 친구처럼 가깝게 지내던 중 2010년 동네에 새로 들어서는 높은 빌딩이 뒷산의 곡선을 가려 그 산을 제대로 볼 수 없게 될 거라는 사실을 알게 되었다. 뭔가 잘못되어간다는 생각이 들었고, 나와 비슷하게 반감을 가진 주민들 몇 명과 함께 2011년 작은 모임을 만들어 활동을 하기 시작했다. 한옥을 포함해 마을의 오래된 풍경을 소중하게 생각하는 이들이 주로 이 모임에 참여했다. 그 무렵 서촌은 재개발을 둘러싸고 여러 의견이 분분하게 오고 가고 있었는데, 우리는 모임을 통해 동네의 역사와 문화를 공부하면서 이 동네의 역사적인 경관을 지키기 위해 노력을 해나가고 있었다. 재개발을 둘러싼 문제는 서촌만의 것이 아니었으니 우리 모임에서는 다른 지역과 도시에 대한 이야기가 자연스럽게 등장했고 모두들 다른 곳에서는 어떤 일이 일어나고 있는지 관심을 갖기 시작했다.

●

2011년 6월 무렵이었을 것이다. 서울 이외의 주요 도시에 남아 있는 한옥의 현황이 궁금해 자료를 찾아보다 컴퓨터 화면에 대한민국 지도를 펼쳐놓고 스카이뷰로 도시마다 살펴보기 시작했다. 인천·부산·대전은 예상대로 한옥이 많이 보이지 않았고, 수원 역시 많지 않아 의외였다. 광주는 예전에 가본 양림동 주변에 조금 남아 있긴 하지만 그 외에는 거의 찾아볼 수 없었고, 전주는 워낙 한옥마을이 유명해서 지도로 자세히 들여다보다가 생각보다 넓어서 놀라기도 했다. 가장 놀란 건 대구였다. 전혀 생각하지도 못했는데 원도심 쪽을 중심으로 한옥이 많이 보이는 것이 아닌가. 집중적으로 검색을 해보니 시민들에게 공개된 한옥들도 꽤 있었고, 둘러볼 만한 곳들이 많아 보였다. 다음 수업 시간에 마침 대구에서 온 학생이 있어 대구에 내려가면 어떤 걸 볼 수 있느냐고 물으니 '대구에는 볼 게 없으니 차라리 경주에 가보시라'고 권하며 웃었다. 그런 학생의 반응에 오히려 더 호기심이 생겼다. 학기가 끝나고 채점을 마친 뒤 대구에 바로 내려갔다. 2000년대에 학회에 참석하기 위해 한두 번 다녀온 적이 있긴 하지만 자유롭게 혼자서 다닌 것은 처음이었다.

오전에 도착하니 비가 내리고 있었다. 인터넷에서 찾은 '중구 골목 투어' 지도를 손에 쥐고 진골목, 약령시장, 이상화 가옥, 그리고 대구제일교회 뒤쪽 선교사 가옥 등을 살펴봤다. 중간중간에 여기저기 한옥들이 나타나는 것이 무척 흥미로웠다. 골목 투어 안내 간판은 붙어 있었지만 서울의 북촌처럼 관광객을 위한 카페나 쉴 만한 곳이 없었다. 진골목 입구 미도다방에서 생강차를 마셨는데 차보다는 분위기가 더 인상적이었다. 벽에는 동양화와 서예 복제품이 붙어 있었고, 주인 아주머니는 한복을 입고 계셨다. 차에는 한과를 곁들였다. 마치 1980년대로 돌아온 것 같았다. 그렇게 하루를 온전히 대구를 구경한 뒤 경주를 들렀다 서울로 돌아왔다.

그뒤 서촌의 모임 친구들과 2011년 가을 전주를 함께 다녀왔다. 처음 가본 것은 아니었다. 1980년대 처음 내려간 적이 있는데, 오늘날의 한옥마을 근처에 사는 친구집에서 하룻밤 잔 기억이 있다. 그뒤 1990년대 남원 내려가는 길에도 잠깐 들른 적이 있다. 헤아려보니 약 20년 만의 방문이었다. 당시만 해도 전주시에서 아직 한옥 보존 활동을 본격적으로 시작한 지 얼마 되지 않아 수리하지 않은 한옥이 더 많았고, 한옥마을 역시 지금처럼 상업화되지는 않았다. 모임의 친구들과 함께 걸으며 한옥의 보존, 지역의 상업화, 그리고 젠트리피케이션 등에 대해 진지하게 이야기를 나눴다. 서울에 돌아온 뒤에도 한옥의 보존을 지원하면서 동시에 주민들을 위한 주거 개선을 어떻게 병행하는 것이 좋을까에 대한 우리의 토론은 이어졌다.

●

대구와 전주와의 인연은 계속해서 이어졌다. 우연히 만난 도시 재생 활동가들과 건축가들 중 몇 분이 대구 출신이었다. 그분들을 만날 때마다 마치 '대구학' 강의를 받는 것 같았다. 더분에 대구의 역사는 물론 현황에 대해서 공부를 많이 했다. 전주 역시 마찬가지였다. 도시 문제를 연구하는 사람들을 만나 이야기를 나누다보면 대구와 전주 출신이 꽤 많았다. 내가 두 도시에 관심을 가져서 그런 것인지, 두 도시 출신들이 유난히 도시 재생에 관심이 많은 건지는 알 수 없지만 나로서는 그런 분들에게 직접 전주와 대구에 대해 이야기를 들으면서 한층 더 깊이 이해할 수 있게 되었다.

나는 출신 지역으로 사람을 판단하는 것을 극도로 경계한다. 어쩔 수 없이 배타적인 사고를 하게 되기 때문이다. 하지만 도시에 관한 이야기라면 그 도시 출신에게 듣는 쪽을 즐긴다. 1986년부터 2014년까지 나는 고향 앤아버를 떠나 있었다. 그렇다고 해서 앤아버에 대해 내가 모른다고 할 수 있을까? 고향이란 이해의 대상이 아니라 육감의 영역에 가깝다. 대구와 전주 출신으로 서울에서 활동하는 이들이 해주는 이야기는 바로 그런 육감에서 비롯한 것이 많아 흥미로울 뿐만 아니라 깊이 있는 관점을 갖게 해줬다. 덕분에 이해가 깊어졌음은 물론이다.

시간이 날 때마다 한국의 많은 지역을 돌아보곤 한다. 여행으로 가보기도 하고, 학회가 열리면 일부러 며칠 더 시간을 내서 그 지역을 돌아보기도 한다. 코로나19팬데믹을 겪으며 도시 속 자연에 대해 관심이 커졌고, 트럼프 미국 전 대통령의 반이민 정책에 강하게 반대하면서 도시 속 이민자들과 이주자들에 대해서도 관심이 생겼다. 이런 관심사의 변화는 도시를 바라보는 시야를 확장시켰고, 더 많은 도시에 대해 관심을 갖게 해주었다. 2010년대 내게 가장 매력적인 곳은 대구와 전주였다. 역사적으로도 흥미가 있을 뿐만 아니라 도시의 보존과 개발, 재생 등을 둘러싼 많은 이야깃거리를 가지고 있었기 때문이다. 전주와 대구에 관심을 갖기 시작한 건 한옥 때문이었지만 이야기를 들을수록 두 도시는 여러모로 공통점이 많았다. 역사가 오래된 지역의 문화 중심 도시라는 점 역시 빼놓을 수 없었다. 두 도시는 이를테면 '미들 코리아'의 대표 도시라 할 만했다.

미국의 정치, 사회를 논할 때 등장하는 개념 가운데 '미들 아메리카'Middle America가 있다. 지리적으로 보자면 태평양과 대서양 연안 사이의 넓은 지역인데, 몇 가지 특징이 있다. 미국 농경 산업의 중심이면서 동시에 공업 지역이기도 하다. 농민들과 공장에서 일하는 노동자가 많아 공동체 의식이 남다르다. 이 지역에서 문제없이 살기 위해서는 다른 사람들과의 협력은 필수다. 때문에 개인들 간의 신뢰도가 높은 편이고, 지역 문제에 대해 참여도가 높다. 역으로 공동체와 단절되면 여러모로 매우 어렵다. 넓고 비옥한 땅에서 농산물은 풍족하게 자란다. 제조업이 발달해 일자리 역시 걱정이 없다. 따라서 이 지역의 사람들은 예전부터 물심양면으로 여유가 많았다. 농민과 노동자 들이 튼튼한 공동체를 이루고 살아서 사회적으로나 문화적으로 다분히 보수적인 성향을 보인다. 새로운 것은 천천히 받아들이고, 변화에는 매우 신중하다. 그러면서도 공동체 의식이 강해 정치적으로는 진보 성향을 표출하는 경우도 많다.

미들 코리아는 미들 아메리카에서 빌려온 것인데, 미들 아메리카의 특성을 놓고 미들 코리아를 살펴보면 전주와 대구를 한결 더 깊이 이해하는 데 도움이 된다.

대구와 전주는 내륙 안쪽의 도시로, 인근 지역의 중심 역할을 오랫동안 해왔다. 바다에서 멀리 떨어져 있어 외부와의 교류가 덜 했고 새로운 것은 무엇이든 그 유입이 자주 일어나는 곳이 아니었다. 오랫동안 농사를 지어오면서 안정적으로 살았던 덕분에 사람들이 여유가 있어 보인다. 새로운 자극에 노출되기보다는 익숙한 삶의 형태를 유지, 계승하는 쪽이어서 사회적으로나 문화적으로 보수적인 성향이다. 여기에서 말하는 보수란 한국 사회에서 흔히 이념의 대결어로 사용하는 그런 의미의 보수가 아니다. 한국은 어느 도시나 전통적으로 공동체 의식이 강하긴 하지만 전주와 대구는 특히 공동체 의식이 강하고 애향심도 남달라 보인다.

미들 아메리카 지역은 제조업의 부진으로 공동화 현상을 경험했고, 한동안 경제 위기와 정치적인 변수에 흔들리기도 했다. 미국 정치 사회의 중심이 아닌 변방이라는 의식으로부터 늘 자유롭지 못하다. 미들 코리아는 어떨까? 경제적으로 점차 위축되어가고 있는 현실로부터 자유롭지 못하고, 대한민국 사회 구조 안에서 어쩔 수 없는 '지방' 도시라는 한계를 가지고 있다. 이 지역에 살고 있는 젊은이들 중 야망을 가진 이들은 성공하려면 서울로 떠나야 한다고 생각한다.

대구는 이미 2000년대 초 인구 수의 정점을 찍은 뒤 오랫동안 250만 명 내외를 유지하다가 2010년대 말부터 감소 속도가 빨라졌다. 이런 추세는 계속 이어질 것이다. 전주 역시 2020년 66만 명을 정점으로, 계속 감소 추세다.

오랫동안 두 도시를 지켜본 나로서는 대한민국의 미들 코리아라고 할 수 있는 전주와 대구가 각각 내포하고 있는 한계와 특징을 어떻게 활용하여 새로운 미래로 나아갈까 하는 것이 늘 관심사이다.

대구와 전주에 갈 때마다 여전히 흥미로운 지점은 역사가 오래된 도시답게 한국의 도시 역사를 잘 반영하고 있다는 점이다. 두 도시 모두 마치 조선 시대의 작은 한양 같다. 크기와 위계는 달랐지만 지역의 행정 기능을 중심으로 발달한 두 도시는 성곽을 쌓아 도시의 안팎을 구분했다. 일제강점기에 도시 안팎으로 도로를 만들면서 성곽을 헐어내긴 했지만 시내 주요 도로의 연결 경로를 살피다보면 성곽의 위치를 쉽게 파악할 수 있다. 대구는 특히 더 그렇다.

일제강점기 일본인들이 바둑판처럼 길을 다시 내긴 했지만 개천 등을 따라 이루어진 조선 시대의 골목길은 두 도시에 여전히 남아 있다. 또한 일본인들이 자기들 멋대로 기존의 상권을 차지하거나 새로운 상권을 만들어내면서 조선인들은 새로운 거주지를 만들어 모여 살았는데 전주에 남아 있는 한옥마을은 그 당시 역사의 산물이다. 오늘날의 한옥마을의 위치와 전주 원도심의 중앙도로와의 거리를 짚어보면 그 당시의 풍경을 가늠해볼 수 있다.

1960년대 들어서면서부터 하루가 다르게 변화하는 대한민국의 경제 상황에 따라 전주와 대구 모두 인근 지역에서 사람들이 몰려오기 시작했고, 도시는 급속도로 팽창했다. 대구는 특히 박정희 전 대통령의 고향이라는 점 때문에 다양한 경제적 혜택을 받아 공업 도시로 발돋움하기도 했다.

오늘날에는 두 도시 모두 전국의 다른 도시와 다를 바 없이 아파트 천국이 되었다. 대구 수성구는 일찌감치 서울 강남 같은 역할을 하고 있고, 전주 전북도청 남쪽으로 이어지는 효자동이 비슷한 역할을 하고 있다. 이처럼 예전의 전통적인 주거 형태가 많이 사라진 것 역시 한국 도시 역사의 대표적이고 상징적인 한 장면이 아닐 수 없다.

●

대구학 강의를 들을 때 여러 번 이야기가 나온 북성로에 꼭 한 번 가보고 싶었다. 대구의 북성로는 일제강점기 당시 대구역과 가까워 일본 상인들의 거리였다. 해방 후에는 대구의 중심가가 동성로에 형성되어 북성로에는 의류상가가 들어섰다가 언젠가부터 마치 서울의 을지로처럼 기계공구상 등이 들어서더니 한국전쟁 이후에는 철물점 거리가 되었고, 1970년대 말부터는 재봉업자들이 들어오기 시작해 여러 종류의 가게들이 한데 모여 있게 되었다. 대구가 점점 커지면서 대구역에서 동대구역으로 중심지가 옮겨가고, 대규모 아파트 단지가 다른 지역에 들어서면서 북성로는 개발이 거의 이루어지지 않아 예전 모습 그대로 남아 있게 되었다. 그 결과 일제강점기 당시의 2층 상가 건물도 많이 있고 비교적 넓은 도로와 함께 독특한 휴먼 스케일을 보여주고 있다.

말로만 듣던 북성로에 처음 가본 것은 2012년 가을 무렵이었다. 그 때까지만 해도 옛날 모습이 그대로 남아 있었다. 점차 변하기 시작한 것은 2015년경부터이고 2018년에 갔을 때는 재미있는 카페와 바, 독립책방 등이 곳곳에 들어서 있었다. 이 가운데 내가 가장 좋아하는 곳은 오래된 상가 건물을 개조한 북카페 대구하루다. 대구에 내려갈 때마다 한국과 일본의 문화 교류를 위해 만들어진 이곳은 꼭 가본다. 서울 같으면 이런 변화는 곧장 젠트리피케이션의 원동력이 되어 지역 전체가 한순간에 카페촌으로 변했겠지만, 적어도 2018년까지 대구는 오래된 곳과 새로 들어선 곳들이 비교적 조화를 이루어 균형을 유지하고 있는 듯했다. 변화가 진행되면서도 이렇게라도 균형을 유지하는 것은 지역 도시의 장점이 아닐까, 싶었다.

하지만 2019년의 상황은 사뭇 달랐다. 북성로 북쪽 지역은 오피스텔을 짓기 위한 철거가 한창이었다. 2017년 대구 참여연대에서의 강연을 마치고 뒤풀이를 즐긴 소금창고도 사라지고 없었다. 벽돌로 지어진 오래된 창고 건물을 활용한 공간으로 많은 사람들에게 사랑받던 곳이었다. 독립출판물 전문 책방 더 폴락도 사라져 깜짝 놀랐지만 다행히 골목 안에 새로운 공간으로 옮긴 것이어서 안도했다. 북성로 거리에 서서 문득 올려다본 하늘은 크레인들로 어지러웠다. 마치 개발의 파도로 뒤덮인 듯해 서글퍼지기까지 했다. 다시 찾은 건 2022년이었다. 공사 중이던 오피스텔은 완공한 지 오래였고, 또 다른 오피스텔도 들어서 있었다. 북성로에서 종로로 가는 방향에는 새로운 카페들이 손님을 기다리고 있었다. 대구하루가 있던 거리는 원래 수제화 골목으로 유명했지만, 카페와 술집 들이 들어차 분위기가 완전히 달라졌다. 2019년까지만 해도 상상할 수 없던 변화에 충격을 받았다. 북성로 인근이 마치 대구의 익선동이라도 되는 건 아닐까 걱정이 될 정도였다. 하지만 그렇게까지는 아닐 것이다. 대구는 서울과 분명한 차이가 존재하기 때문이다. 인구 수와 구매력의 차이다. 어림잡아 서울의 인구 수는 대구의 네 배인 데다 개개인의 구매력 역시 부의 편중 탓에 서울 쪽이 훨씬 높다. 서울의 익선동처럼 젠트리피케이션이 급속하게 진행되려면 역설적으로 핫플레이스를 소비하는 층이 견고해야 하는데 대구는 도시 크기에 비해 그렇지 못하다. 때문에 북성로는 익선동처럼 빠른 속도로 변화하는 대신 제 속도에 맞춰 서서히 변화하고 있는 중이다. 이 변화의 방향이 어디로 향하는지는 시간이 말해줄 것이다.

전주는 여행으로도 출장으로도 자주 다니곤 했는데 그때마다 한옥마을은 꼭 들렀다. 변화하는 현상을 관찰하기 위해서였다. 갈 때마다 달라져서 늘 놀라면서 점점 걱정이 되기 시작했다. 언젠가부터 뒷골목 안쪽 깊은 곳의 한옥들이 전면적으로 수리가 되고 있었다. 2010년 들어 한옥 게스트하우스 붐이 일면서 많은 한옥들이 숙박업소가 되어갔다. 그

2018년
대구 북성로.

2019년 대구 북성로.

2022년 대구 북성로.

2011년 전주 한옥마을.

2014년 전주 서학동.

결과 한옥마을에는 한옥에 사는 주민들이 거의 사라지고 없는 듯하다. 큰길은 서울에서 이미 여러 번 목격한 '상업화 과정'이 그대로 진행되고 있었다.

처음에는 개성 있는 카페와 공방 들이 들어서고, 인기를 끌면 임대료가 빠른 속도로 오른다. 자리를 잡았던 카페와 공방 들은 문을 닫고 그 자리에는 수익성 높은 음식점들이 들어선다. 그런 뒤에는 비싼 값의 액세서리 가게나 프랜차이즈 카페나 빵집이 들어선다. 상업화 과정은 대개 이런 수순으로 전개된다. 한옥마을의 상업화는 과연 어디까지 진행된 걸까. 과잉 상업화된 한옥마을의 복판에 공공 한옥이 몇 채 남아 그나마 문화 공간으로서의 명목을 유지하고는 있으나 얼마 가지 않아 오히려 그곳이 상업화된 한옥마을에 안 어울리는 공간으로 인식될 것 같아 벌써부터 안타깝기까지 하다.

그렇다보니 한옥마을은 잠깐 들러 어떻게 변해가는지만 살피고 발걸음을 다른 곳으로 돌리게 된다. 다른 곳에서 전주의 매력을 발견했기 때문이다. 한옥마을 인근에는 서울의 인사동 같은 느낌의 동문길이 있다. 마치 오래된 보물창고처럼 여기저기 책이 쌓인 헌책방이 있는데 나는 특히 일신서림을 좋아한다. 오래전 자주 다녔던 서울 청계천 헌책방 거리를 떠올리게 해주기도 하고, 좋아하는 분야의 책들이 많아 그곳에 가기 전부터 오늘은 왠지 맘에 드는 책과 만날 거라는 기대감을 갖게 한다. 전주에 갈 때마다 늘 설레는 마음으로 이곳을 들러 한참 동안 책 구경을 한다. 조금 더 올라가면 원도심의 중심 상가 도로가 나온다. 일제강점기에 형성된 바둑판 도로인 셈인데 그 옆으로는 조선 시대부터 있었음직한 골목길이 그대로 펼쳐져 있다. 다른 지역 도시들의 원도심과 마찬가지로 쇼핑의 기능은 거의 사라졌지만 젊은 사람들이 차츰 멋진 카페와 음식점 들을 꾸리기 시작하고, 전주국제영화제도 이 거리에서 열리면서 조금씩 활기를 되찾는 중이다. 한옥마을에서 여기까지 산책을 하다보면 목도 마르고 다리도 아파오는데, 그럴 때는 오래전부터 이 골목에 자리잡고 있는 나무라듸오나 목련을부탁해 같은 한옥 카페에 들러차 한 잔을 즐기곤 한다. 카페로 활용하고는 있지만 원형을 잘 지키고 있어 오히려 한옥마을보다 이곳에서 전주만의 한옥을 볼 수 있어 즐겁다.

코로나19팬데믹 이후 염려도 되고 궁금하기도 해서 2022년 전주를 찾았다. 3년 만이었다. 원도심 거리에 '임대' 안내가 붙은 상가가 많았다. 나무라듸오의 문은 굳게 잠겨 있었다. 코로나19팬데믹으로 인해 고통 받는 수많은 도시들처럼 전주도 예외는 아니었다.

2023년 봄, 전주를 다시 찾았다. 한옥마을의 관광객은 훨씬 늘었지만 빈 가게들이 여전히 눈에 많이 띄었다. 객사로 알려진 풍패지관 뒤 펼쳐진 원도심 상업 지역도 마찬가지였다. 비슷한 인구 수를 가진 구마모토와 가고시마가 떠올랐다. 이렇게 전주 원도심의 공동화가 빠르게 진행된다면 한옥마을을 비롯한 원래의 전주는 관광객만을 위한 고립된 테마파크가 되지 않을까 걱정을 떨칠 수 없었다.

한옥마을에서 다른 방향으로 걷다보면 얼마 가지 않아 풍남문이 나오고, 그뒤로는 유명한 남부시장이다. 남부시장 옥상에는 하늘 정원이라는 쉼터와 공방과 카페가 모여 있는 청년몰이 있다. 청년몰은 시장 활성화의 일환으로 만들어진 공간이다. 남부시장은 다른 시장과 거의 비슷하게 중년 이상의 상인들이 중심이라면 옥상의 청년몰은 젊은 사람들이 운영하고 있다. 서울에서 흔히 볼 수 있는 활동가 중심의 거창한 도시 재생이라기보다 일본에서 상인들과 지자체가 서로 도와가며 시행하는 작은 규모의 도시 재생과 비슷하다. 전주에 갈 때마다 어떻게 운영되는지 관심을 가지고 지켜보곤 한다.

2023년 봄에는 2020년에 완공되었다는, 청년몰 근처 전라감영의 말끔한 모습이 인상적이었다. 1921년 일제가 이 자리에 관청을 지은 이래 전라북도청으로 쓰던 건물을 2015년 철거한 뒤 시작한 복원 사업이 마무리된 것이다. 한국 전통건축을 좋아하는 나로서는 반가운 일이었다. 복원의 의미에 대한 논쟁은 늘 있지만, 복원된 전라감영으로 인해 사람들의 왕래가 늘어나 인접 지역의 활성화에도 긍정적인 영향을 미칠 것으로 기대가 되었다.

남부시장에서 좀 더 걷다보면 나오는 전주천을 건너가면 서학동 예술마을이 나온다. 전국에서 몇 개 안 되는 사진 전문 갤러리 서학동 사진관을 찾아가는 길에 알게 되었다. 2013년 신문에서 기사를 본 뒤 전주에 가는 김에 들러보기로 했는데, 전주천을 건너니 뜻밖에 큰길가부터 1960~70년대 한옥이 많아 반가웠다. 사진관은 그중 골목 끝 한옥에 있었는데, 그날 마침 주인장인 김지연 사진작가가 나와 있어서 인사를 나누며 차 한 잔을 함께 했다. 인근에는 미술가들 몇 명이 살고 있기도 하고 그들이 운영하는 공방도 있다고 했다. 역시 언젠가 젠트리피케이션이 되지 않을까 걱정이 되긴 했는데 코로나19팬데믹 이후에도 변화가 있긴 하지만 급속도로 진행되는 것 같아 보이지는 않았다. 조금씩 변화가 이루어지기는 해도 서울의 뜨는 동네에 비해 매우 느린 속도로 진행이 되고 있었다. 전주에서 그 정도의 소비력을 이끌어내는 곳은 한옥마을에 집중이 되어 있고, 그곳에서 관광객을 거의 다 흡수하고 있기 때문에 오히려 변화의 속도가 빠르지 않아 보였다. 이런 속도라면 새로운 것과 기존의 것이 공존하고 조화를 이루며 새로운 풍경을 만들어낼 수도 있을 듯했다. 그 사이 서학동 사진관은 주인이 바뀌었다. 코로나19팬데믹을 겪어보니 대면 중심의 문화 공간 유지가 얼마나 어렵고, 또 훌륭한 일인지를 새삼 깨닫게 되는데, 주인이 바뀌긴 했지만 여전히 제자리를 잘 지켜가고 있는 것 같아서 참 좋았다.

전주와는 북토크로도 인연이 깊다. 2019년 이 책의 초판본 출간 기념으로 전라감영 인근의 책방 카프카에서 자리를 마련해주었고, 2021년 『외국어 학습담』이 나왔을 때는 책방 잘익은언어들에서 자리를 마련해주었다. 2017년 10월 송천동에서 처음 문을 연 잘익은언어들은 2021년 8월 건물을 지어 이사를 했는데 그 첫 행사로 『외국어 학습담』 출간 기념 북토크를 열어주었다. 하지만 아쉽게도 그때는 코로나19팬데믹으로 한국에 오지 못해서 미국에서 줌으로 독자들을 만나야 했다. 2022년에 잘익은언어들에서 다시 초대를 해준 덕분에 직접 독자들을 만나서 즐거운 시간을 가질 수 있었다. 카프카와 잘익은언어들 모두, 위치와 분위기는 사뭇 다르지만 전주 시민들의 지적 욕구를 채우면서 책을 통한 공동체를 만들어나가고 있다. 대전의 애트와 다다르다처럼 이곳에 가고 싶다는 장소성을 확보한 것도 장점이라 할 수 있다. 내게는 전주의 작은 보물처럼 여겨지는 곳이다.

2010년대 중반, 동네책방 붐이 일면서 전주에도 다양한 책방들이 많이 생겼다. 특히 도서관과 책방을 연계하는 프로그램이 훌륭하다. 전주를 찾는다면 이런 프로그램을 통해 전주만의 즐거움을 누리길 권한다.

2013년 전주 향교.

2017년 전주천.

2022년 전주 원도심.

2023년 전주 서학동.

2023년 전주
원도심.

2023년 전주
전라감영.

대구 역시 자주 가게 되면서 북성로 이외의 지역을 알아가는 재미가 커졌다. 대구의 명동 동성로는 1980년대 만난 서울의 명동과 그 분위기가 비슷하다. 오늘날의 명동과 차이가 있다면 한국인이 많다는 점이다. 한국 주요 도시들의 원도심은 대부분 쇠락했는데 대구는 유일하게 원도심이 여전히 활기로 가득하다. 그 이유가 뭘까? 대구 역시 도시가 팽창하면서 새로운 신도시를 만들었는데, 다른 도시들과 달리 원도심에서 멀리 떨어진 곳이 아닌 원도심 인근에 계획적으로 배치했다. 그 결과 마치 도넛처럼 원도심을 중심으로 그 주위에 사는 사람들이 이곳에서 만나고 머물다 간다. 아울러 경북대학교 같은 주요 공공 기관을 먼 곳으로 이전하지 않은 것도 도움이 되었다. 아주 가깝지는 않지만 1990년대 말부터 점차 확장하기 시작한 지하철 노선을 통해 원도심에 쉽게 진입할 수 있게 된 것 역시 주요한 원인 중 하나다.

케이블카를 타고 대구 앞산 정상에 올라간 적이 있다. 원도심이 한눈에 들어왔다. 높은 곳에서 보니 도시의 구조가 매우 신기했다. 높은 건물은 원도심 쪽에 몰려 있고 그 다음으로는 낮은 집들이 밀집되어 있다가 다시 고층 아파트들이 몰려 있었다. 원도심의 높은 건물과 아파트 단지 사이의 낮은 집들은 어떤 지역일까 궁금했다. 함께 갔던 지인에게 물으니 서울 강북의 오래된 동네처럼 이곳 역시 재개발 대상 지역으로, 사업이 추진되는 동안 조금씩 낙후되면서 옛날 모습 그대로 남아 있다고 했다. 한옥이 많긴 하지만 원도심에서 떨어져 있기도 하고, 재개발 대상지이기도 해서 대구시에서 한옥을 보존하려는 별다른 움직임은 없다고 했다.

대구 향교 근처인 남산동에는 한옥과 골목길이 많다. 이곳을 처음

간 건 2013년이었다. 예전의 북촌 모습이며 교토의 골목길도 떠올랐다. 곳곳에 주차장과 텃밭들이 있긴 하지만 유난히 많은 빈집들은 거의 방치되고 있는 듯했다. 마침 지나가던 대구 시청 공무원을 만나 이것저것 궁금한 것을 물었다. 빈집 문제를 해결하기 위해 대구시에서 빈집을 헐고 그 대지를 주차장으로 활용하거나 주민들에게 텃밭으로 사용할 것을 권하고 있다는 답을 들었다. 빈집을 방치하면 우범 지역이 될 수 있어 그렇게라도 해결을 하려는 대구시의 노력을 이해하면서도 한편으로 원도심과 가까운 곳에 남아 있는 한옥을 활용할 방법은 없는지 아쉽기도 했다. 주차장과 텃밭 대신에 젊은 사람들이 들어오면 활기를 되찾을 수 있을 것 같았기 때문이다. 도시는 어디든 사람이 살아야 한다. 그래야 생명력을 갖는다. 오히려 인구 밀도를 낮추기만 할 뿐인 주차장과 텃밭은 도시의 재생에 어떤 도움이 될까?

그뒤로 한동안 해마다 한 번씩은 들렀다. 갈 때마다 공동화는 심해졌고, 조만간 재개발이 될 거라는 걸 예상할 수 있었다. 2019년까지만 해도 몇몇 주민들이 남아 있었는데, 코로나19팬데믹 이후 2022년 오랜만에 가보니 철거 공사 준비가 한창이었다. 살고 있는 주민들은 거의 다 떠난 상태였다. 오래전 서울 교남동 새개발 과정을 지켜보던 때가 떠올랐다.

교남동 역시 한옥이 많은 동네였다. 재개발 이전까지만 해도 서민들이 주로 살았는데, 재개발 이후에는 중상류층이 사는 동네가 되었다. 이런 '주민 교체 현상'은 미국과 유럽에서 볼 수 있는 주거 젠트리피케이션 문제의 핵심이다. 교남동 재개발은 이른바 '신축 젠트리피케이션'new-build gentrification이라고 할 수 있는데, 오래된 마을을 보존함으

2014년 서울 교남동.

2022년 서울 교남동.

2015년 대구 남산동.

2017년 대구 남산동.

2019년 대구 남산동.

2017년 대구 대봉동.

2019년 대구 수창청춘맨션.

2022년 대구 김광석거리 옆 골목.

로써 그 동네가 인기를 끌면 이사를 오려는 이들이 늘어나 주택 부족 현상이 일어나고, 이를 해결하기 위해 신축 주택을 지으면서 기존 집들이 사라지는 결과를 초래하곤 한다. 대구 북성로가 이와 비슷한 전철을 밟았다고 할 수 있다.

남산동의 경우는 또 다른 유형이다. 쇠퇴와 방치가 이어지던 오래된 동네를 단번에 밀어버리고 그 자리에 아파트를 짓는 방식이다. 도시는 늘 변하게 마련이고 어떤 식으로든 앞으로 나아간다. 하지만 있던 걸 없애고 무조건 새 것으로 대체하는 것만이 변화의 방식이어야 할까. 남산동도 사라지고, 교남동도 사라진 그 자리에 남은 것이 과연 바람직한 도시의 모습일까. 전면적인 철거가 아닌 조금만 더 세련된 방식은 정말 없는 걸까. 우리가 앞으로 마주할 도시의 미래가 정녕 콘크리트 정글이어야 할까. 곧 사라질 남산동을 벗어나며 어쩐지 어깨에 힘이 빠지는 느낌이었다.

●

지역의 도시에는 그곳만의 매력 포인트가 있는 법이다. 전주를 찾는 많은 사람들처럼 나 역시 그곳의 맛에 매번 감탄하다 돌아온다. 비빔밥이나 콩나물국밥 또는 한옥마을의 유명한 음식점보다는 주민들이 찾는 다른 음식들이 훨씬 풍성하고 맛도 좋다. 원도심, 남부시장, 신도시 할 것 없이 전주에는 가는 곳마다 맛있는 집이 많다. 전주식 막걸리는 전주를 잘 아는 친구를 마침 만나게 되어 먹을 수 있었다. 겉보기에는 그다지 특색이 없는 신도시 쪽 상가 거리에 막걸리집이 나란히 들어서 있었다. 막걸리도 맛있었지만 함께 나오는 기본 안주들이 소박하면서도 깊은 맛이 있었다. 가맥도 빠질 수 없다. 날씨 좋은 밤, 삭막해 보이는 편의점은 가맥을 주문하는 순간 순식간에 분위기 멋진 동네 술집으로 변신한다. 풍년제과의 초코파이를 안 먹고 돌아올 수는 없다.

전주가 맛이라면 대구는 말이다. 교토에 살면서 사투리를 자주 접했고, 언젠가부터 나 역시 교토 사투리를 쓰면서 지냈다. 표준어가 아닌 말을 사용할 때 느끼는 즐거움이 얼마나 큰지 모른다. 단지 새로운 발음을 해보는 즐거움의 차원을 넘어 표준어가 대표하는 중심의 패권에 은밀하게 저항하는 듯한 기분을 느낄 수 있다.

대구에 살아본 적은 없어서 교토 사투리를 쓰는 것처럼 대구 사투리를 직접 써볼 기회는 없었다. 대구에서 지낼 때는 네 개의 길이 모이는 곳을 뜻하는 '사거리' 대신 자연스럽게 '네거리'라고 부르게 된다. 내가 할 수 있는 유일한 대구 사투리다. 하지만 자주 접하게 되면서 대구 사람들의 고유한 억양과 사투리를 알아들을 때는 무척 즐겁다. 대구 사투리를 제대로 알아들으려면 단순히 억양이나 말투 등을 이해하는 수준을 넘어서야 한다. 나는 대구 사람들의 직설적인 표현을 듣는 것이 그렇게 재미있을 수가 없다. 말은 솔직하고 농담은 화끈하다. 말 때문인지 한 번 사귄 친구들과 '찐하게' 지낸다는 느낌도 있고, 나를 포장하거나 표정을 애써 관리하지 않아도 된다는 편안함이 느껴지기도 한다. 만약에 내가 감정을 감추려 들거나 표정을 억지로 만들어내려고 하는 순간 대구 사람들은 단박에 알아채고 놀릴 것 같다. 대구에 내려가서 그들과 대화를 하면 나도 모르게 모든 경계로부터 해방이 되는 것 같다. 그러다 다시 서울로 돌아오면 속시원하게 말을 하지 못하는 것 같아 답답해지곤 한다. 그리고 가끔은 대구 사람들처럼 말을 하고 싶어 언젠가 대구에서 살아보고 싶다는 생각을 할 때도 있다.

"대통령 많이 만들면 뭐하나, 아무런 의미도 없다. 좋은 일자리도 없고 먹고 살기는 갈수록 어렵다."

언젠가 대구 택시 기사에게 들은 이야기다. 대구는 2000년대 들어 경제적 기반이 점차 약해지고 있다. 전주는 한옥마을이 붐을 일으키긴 했지만 도시를 지탱하는 산업 기반이 원래 없던 곳인 데다 호남 지방의 중심 도시인 광주보다 작아 경제적으로 성장 동력을 찾기가 어렵다. 두 도시 모두 앞으로 어떻게 경제적인 기반을 마련해서 먹고 살 수 있을지 갈 때마다 걱정이 된다. 하지만 결국 답은 스스로에게서 나온다.

대구와 전주의 경쟁력은 원도심의 보존과 변화에 있다. 제이콥스의 주장을 다시 빌리자면 거리마다 다양한 용도의 특징이 살아 있으며, 걷기 좋은 골목길들이 곳곳에 살아 있다. 단조롭지 않은 건축물들이 여전히 눈에 띈다. 도시의 규모가 아주 크지 않아 중심지와 인접 지역이 멀지 않고, 걷다보면 역사와 현재를 골고루 만나는 매력적인 도시 생활을 즐길 수 있는 요건을 갖추고 있다. 이를테면 여러 공간과 자극이 자발적으로 섞여 있는 '파전형' 도시다.

다만 부족한 것은 인구 밀도다. 만약 전주와 대구가 지금보다 훨씬 더 많은 사람이 모여드는 도시가 된다면, 역설적으로 새롭게 변화를 시도하는 북성로와 서학동 예술마을이 젠트리피케이션을 염려할 정도로 소비력을 갖춘 이들이 모여든다면 이 도시의 풍경은 어떻게 달라질까? 이 정도의 잠재력을 갖춘 곳이 대한민국에 또 어디 있을까. 나아가 세계의 수많은 도시들이 한결같이 고민하는 원도심 재생의 해법을 전주와 대구가 제시한다면 얼마나 좋을까.

공동체의 안정적인 분위기, 역사성의 향기가 공존하는 대구와 전주에서 토박이들이 꾸려놓은 기반 위에 외지인들이 즐기는 평화적 공존이 이루어진다면, 나는 대한민국의 어떤 곳보다 이 두 도시야말로 원도심 재생의 해법을 제시하는 적임지가 될 거라 기대한다. 나아가 고령화가 빠르게 진행되고 인구가 급격히 줄어드는 앞으로의 시대에 유의미한 대안이 될 것이라는 기대도 감추지 않겠다.

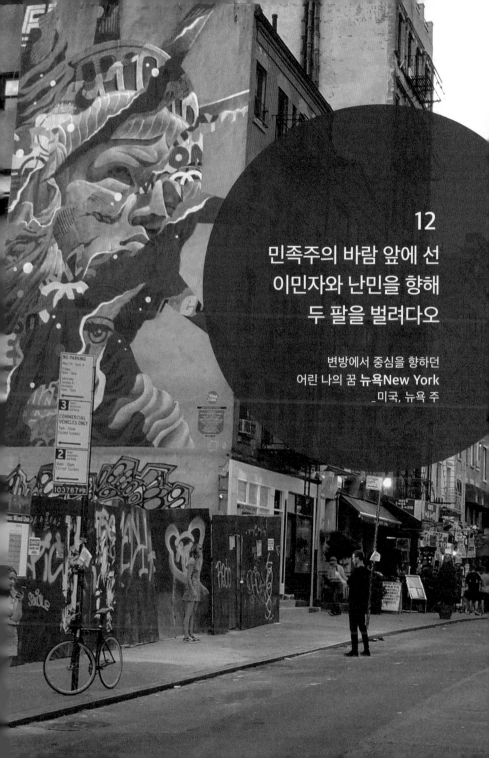

12
민족주의 바람 앞에 선
이민자와 난민을 향해
두 팔을 벌려다오

변방에서 중심을 향하던
어린 나의 꿈 **뉴욕New York**
_미국, 뉴욕 주

"타임스퀘어에 공이 내려와야 새해가 시작되는 거란다."

매년 12월 31일 밤 뉴욕 타임스퀘어 광장에는 백만 명의 인파가 모여 새해를 시작한다. 어린 시절 함께 이 장면을 TV를 통해 보고 있노라면 할머니는 이렇게 말씀하셨다. 고층 빌딩에서 내려오는 크리스털 볼을 바라보며 환호하는 타임스퀘어의 새해 맞이 장면을 TV나 인터넷을 통해 보는 사람은 적어도 10억 명은 될 텐데, 나 역시도 해마다 그들 중 하나다.

전 세계 사람들이 공유하는 뉴욕발 새해 첫날의 풍경. 이는 곧 뉴욕이라는 브랜드의 힘을 상징한다. 뉴욕은 미국의 중심 도시를 넘어 세계의 중심 도시가 된 지 이미 오래다. 최근 몇 년 동안 타임스퀘어에서는 새해가 시작될 때마다 프랭크 시나트라의 유명한 노래 〈뉴욕, 뉴욕〉New York, New York이 크게 울려퍼졌다. 노래가 흘러나오자 광장에 모인 사람들의 표정은 설렘 그 자체였다.

"나는 잠들지 않는 도시에서 깨어나고 싶어요.
내가 최고라는 사실을 깨닫고 싶어요."
I wanna wake up in a city that doesn't sleep
And find I'm king of the hill, top of the heap.

19세기 초 이미 미국에서 가장 큰 도시로 꼽혔던 뉴욕은 오늘날까지 단 한 번도 그 지위를 내려놓은 적이 없다. 어린 시절 앤아버에서 나고 자란 나에게도 뉴욕은 상상 가능한 모든 세계의 중심이었다.

뉴욕이 뉴욕일 수 있었던 건 19세기 초부터 유럽 각국에서 밀려들다시피 건너온 이민자들이 있었기 때문이다. 그 이후 20세기 초까지 수백만 명의 이민자들이 배를 타고 뉴욕으로 향했다. 전 세계에서 모여든 이민자들은 뉴욕의 발전과 번영의 발판이자 원동력이었다. 뉴욕은 약 170여 개의 언어가 한 도시에서 사용되고 있는 다민족의 도시가 되었다.

오늘날에도 뉴욕은 수많은 사람들이 들어오고 나가는 용광로 같은 도시다. 뉴욕에서 나고 자라거나 또는 몇 세대에 걸쳐 뉴욕에서 살아온 이른바 토박이는 지극히 일부에 지나지 않는다. 우리가 흔히 사용하는 '뉴요커'라는 말조차 뉴욕이 고향인 사람이라기보다는 '바로 지금, 현재' 뉴욕에 살고 있는 사람을 가리킨다. 즉, 뉴욕에 사는 사람은 누구나 뉴요커다. 이런 인식은 일찍부터 형성되었다. 뉴욕은 누구에게도 배타적이거나 고정된 삶의 방식을 요구하지 않는다. 오래전부터 이 도시에서 살았던 수많은 이민자와 상인 들이 만들어낸 문화이기도 하며, 애초부터 수많은 이민자들이 모여 살면서 자연스럽게 형성된 열린 도시의 정신을 반영하는 것이기도 하다. 누구나 뉴요커가 될 수 있는 뉴욕은 미국의 어느 도시보다 새로운 사람을 받아들이는 데 거리낌이 없고, 새로운 것에 대해서도 늘 열려 있다.

뉴욕을 선망하는 건 단지 이민자만은 아니다. 성공을 하려면 뉴욕으로 가라는 말은 미국의 전 지역 젊은이들에게는 일종의 경구다.

19세기부터 미국에서 가장 큰 도시로 불린 뉴욕은 20세기 들어 미국이 명실상부 전 세계 초강대국이 되면서 '최고가 되는 것'에 본격적인 관심을 갖기 시작했다. 세계에서 고층 빌딩이 가장 많은 도시로도 유명해졌고, 20세기 초에는 지하철도 개통했다. 최고가 되려는 뉴욕의 관심은 눈에 보이는 것에만 국한하지 않았다. 도시의 인프라와 시스템 역시 최고를 지향했다. 미래의 성장을 예감한 듯 바둑판 같은 도시 계획을 도입, 도시를 정비했다. 센트럴파크를 중심부에 배치함으로써 시민들의 삶의 질은 물론 도시의 이미지를 한껏 드높이기도 했다. 19세기 말에 급격히 도시가 팽창하면서 전국 각지, 세계 곳곳에서 사람들이 몰려들자 여러 가지 문제가 연달아 일어났다. 주택난도 예외가 아니었고 그러자 곧 도시 곳곳에 빈민촌이 생겼다. 1934년 뉴욕 시는 주택 시장에 개입, 서민 대상 임대주택을 개발했고, 1947년에는 임대료 상승 제한 제도를 도입했다.

1847년 설립한 뉴욕의 시립대학은 등록금이 없는 학교였다. 이후 여러 대학을 차례로 설립했는데 오늘날의 뉴욕시립대학교는 1961년 이 대학들을 하나로 통합한 것으로 미국 전역에서 유일한 시립대학교다. 한편으로 뉴욕공립도서관을 세워 시민들이 자유롭게 이용할 수 있게 해줬다. 이 도서관은 미국에서 제2위, 세계적으로는 제3위에 오를 정도로 규모면에서 압도적이다.

뉴욕은 개인의 자유, 새로운 시도를 존중하는 한편으로 공동체의 삶이 편리하고 효율적으로 유지될 수 있도록 시스템을 갖추는 데 관심을 가졌다. 또한 도시의 중추이자 유지의 안정적 기반이 되는 중산층을 양성하고, 이들을 적극적으로 지원하는 정책을 일찌감치 도입했다. 막대한 자본과 다양한 사람이 끝도 없이 모여드는 뉴욕은 진보와 보수를 떠나 사회적 실험대로서의 역할을 비교적 잘해냈다. 팽창하는 도시, 늘 어나는 사람들과 그들이 이 도시에서 살아갈 일상적인 삶의 조화를 시스템을 통해 해결하는 뉴욕의 실험은 이후 현대 도시들이 맞닥뜨린 문제의 해법에 길잡이가 되어주곤 했다.

제2차 세계대전 이전까지만 해도 뉴욕은 런던과 파리 다음이었으나 전쟁이 끝나자 상황은 달라졌다. 전쟁을 치르면서 영국과 프랑스는 그 지위가 다소 약화되었고, 런던과 파리의 영향력도 줄어들었다. 반면 뉴욕은 미국의 가장 큰 도시에서 세계적인 도시로 급부상했고, 나아가 금융으로부터 문화예술에 이르기까지 거의 모든 분야에서 최고의 도시라는 지위를 획득했다. 현대미술의 메카는 언제나 파리였으나 이때를 기점으로 파리는 그마저도 뉴욕에 내줘야 했다.

●

뉴욕에 본격적으로 살아보지는 못했지만 나에게 이 도시는 어느덧 매우 익숙한 곳이 되었다. 1980년대 중반 미시간 대학교에서 대학원을 다닐 무렵 한창 다녔고, 2010년 이후부터 '도시'에 관심이 생기면서 틈날 때마다 찾고 있다. 2014년과 2015년에는 한국어 교사 양성 과정의 강사로 학생들을 가르치며 뉴욕 퀸스 한인 동네에 한동안 머물기도 했다. 그무렵 나 역시 뉴요커가 되어 새로운 시각으로 이 도시를 바라보기도 했다.

1980년대 페리에서 바라본 뉴욕 맨해튼.

젊은 시절 내게 뉴욕은 어쩔 수 없이 신기하고 멋진 곳이었다. 길거리에서 우연히 앤디 워홀을 볼 수 있는 곳이기도 하고, 내가 밥을 먹는 음식점 다른 테이블에서 더스틴 호프먼을 만날 수도 있는 곳이었다. 눈을 동그랗게 뜨고 "더스틴 호프먼이 있어"라고 속삭이는 내게 같이 밥을 먹던 '뉴요커' 친구는 이렇게 말했다.

"쳐다보지 말고 조용히 있는 게 좋아!"

뉴욕에서는 유명한 사람을 보면 쳐다도 보지 말고, 내색도 하지 않고 쿨하게 넘어가야 한다는 것도 그때 알았다. 그뒤 얼마 지나지 않아 부촌으로 알려진 어퍼이스트사이드 파크가에서 유명한 팝 아트 작가 앤디 워홀이 맞은편에서 걸어오는 걸 봤다. 속으로는 '와우!'를 외쳤지만, 겉으로는 내색하지 않고, 쳐다도 보지 않고 쿨하게! 지나쳤다.

그 무렵 뉴욕의 지하철은 최악이었다. 일단 지저분했고 냄새도 심했다. 범죄의 온상이었고, 지하철을 탄다고 하면 조심하라는 말을 수도 없이 듣곤 했다. 밤 늦게는 피해야 했다. 차량에는 빈틈이 없을 정도로 온통 낙서로 가득했다. 창문, 천장, 바닥은 물론 좌석에까지 낙서였다. 워낙 낙서가 화려해서 심지어 '지하철 미술'이라는 말이 나올 정도였다. 낙서는 지하철에만 있는 게 아니었다. 건물, 다리, 도로 옆 빈 벽, 철로 밑 등 눈에 보이는 모든 공간이 낙서판이었다. 이러한 화려한 낙서의 시대를 거쳐 세계적인 화가 장 미셸 바스키야가 등장했다. 지하철 미술이라는 말은 조크가 아니었다.

지하철 승강장에 서서 낙서로 가득한 차량이 들어오는 모습은 젊은 내 눈에 마치 한편의 영화 같았다. 이런 어수선한 분위기 속에서 버틸 수 있다는 스스로에 대한 자부심과 이 도시에서 어떤 것이든 받아들일 수 있을 것 같은 자신감으로 벅차기도 했다. 그런 한편으로 나 아닌 다른 '앤아버 촌놈'들은 결코 이 도시를 견뎌내지 못할 거라는, '가짜 우월감'을 느끼기도 했다.

줄곧 다른 대륙에 사느라 한동안 뉴욕을 거의 가보지 못했다. 2010년 무렵 선망의 대상이 아닌 '도시의 하나'로 뉴욕에 다시 관심이 생기기 시작했고, 25여 년 만에 다시 찾은 뉴욕은 놀랄 정도로 변해 있었다.

가장 먼저 변화를 느낀 건 지하철이었다. 뉴욕이 맞나 싶을 정도로 깨끗하고 안전해졌다! 뉴욕에서 언제 어느때나 부담없이 지하철을 탈 수 있다는 것은 정말 놀라운 변화였다. 거리의 범죄도 많이 사라져 어느덧 뉴욕은 미국 대도시 중 가장 안전한 도시가 되었다. 반면에 2001년 일어난 9·11테러 이후 전 세계적으로 테러는 도시를 위협하는 위험 요소가 되었다. 뉴욕 역시 예외가 아니어서 가는 곳마다 검색이 강화되어 어쩔 수 없이 불편함을 감수해야 했다.

뉴욕은 여전히 뉴욕이었다. 뉴욕은 런던과 파리처럼 역사적인 경관을 보존하는 데 주안점을 두지 않는다. 역사적인 의미가 있는 원도심을 잘 보존하고, 새로운 거점을 개발할 때도 원도심의 의미를 훼손하지 않는 범위 안에서 진행하는 세계 주요 도시들과 달리 뉴욕은 거침이 없었다. 1910년 지어진 펜실베이니아 역은 '펜스테이션'이라는 애칭으로 불리며 많은 사람들의 사랑을 받았지만 1963년 뉴욕 시는 이를 흔적도 없이 철거해버리고 만다. 엄청난 반대가 있었지만 아랑곳하지 않았다. 이 일로 큰 충격을 받은 뉴욕 사람들은 이후 뉴욕 시가 그랜드 센트럴 역을 철거하겠다고 하자 대대적으로 반대를 했고, 심지어 재클린 케네디까지 나서 반대 의사를 밝히면서 겨우 철거 계획이 취소되었다. 하지만 그랜드 센트럴 역 주위로 엄청난 고층빌딩이 들어서는 것까지는 막지 못했다. 이 오래되고 아름다운 건축물은 도시로부터 어떤 존중도 받지 못하고 있다.

트럼프 전 대통령이 오래전에 올린 5번가의 트럼트 타워는 원래 있던 역사적인 백화점 본위트텔러Bonwit Teller 자리에 새로 지은 건물이다. 이 백화점은 앤디 워홀이 쇼윈도 디스플레이를 맡았던 곳이기도 하다. 트럼프는 1979년 이 빌딩을 사들인 뒤 68층짜리 타워를 세우기 위해 본위트텔러의 아름다운 조각 장식을 파괴해버렸다. 역사보존가, 미술애호가들의 분노와 사람들의 비난은 그에게 아무런 의미가 없었다. 대신 그는 지하층 일부는 그대로 뒀다. 공사비를 아끼기 위해서였다. 그가 그럴 수 있었던 것은 개인의 특징이기도 했지만, 뉴욕 시가 그런 일을 막을 자세를 전혀 갖추지 않았기 때문이기도 했다. 뉴욕의 관심사는 오로지 세계 최고의 도시에 어울리는 외형을 갖추는 데 집중되었다.

이런 뉴욕의 자세는 최근까지도 변하지 않았다. 9·11테러로 맨해튼의 세계무역센터 110층 쌍둥이빌딩이 한순간에 무너졌다. 그 빈터를 어떻게 할 것이냐를 두고 오랫동안 진지한 토론이 이어졌다. 다양한 아이디어도 등장했다. 나는 여러 아이디어 가운데 일본의 유명한 건축가 안도 다다오의 제안이 마음에 와닿았다. 그는 세상을 떠난 사람들을 추모하기 위해 이 자리에 동그랗고 부드러운 잔디 언덕을 만들자고 제안했다. 고층 빌딩 숲 한가운데 희생자들과 소통할 수 있는 공간이 필요하다고 생각했던 것 같다. 하지만 뉴욕의 결정권자들에게는 받아들여지지

1980년대 뉴욕 타임스퀘어.

2014년 뉴욕 타임스퀘어.

2014년 뉴욕 맨해튼.

않았다. '뉴욕이 최고'라고 생각하는 이들은 추모의 방식 역시 이 도시가 최고임을 보여줄 기회로 활용했다. 새로운 건물을 다시 짓는 방향으로 논의는 빠르게 진행되었다. 결국 무너진 세계무역센터보다 더 높고 눈에 띄는 건물을 짓는 것으로 결론을 내렸고, 그 자리에는 지어질 당시 미국에서 가장 높은 건물이 들어섰다. 물론 추모의 공간이 아주 없는 건 아니다. 무너진 건물 잔해를 보게도 했고, 그 주변에는 희생자들의 이름을 새긴 분수대와 기념관도 만들어넣었다. 그러나 새로 들어선 건물을 보며 나는 역시 뉴욕답다는 생각을 했다. 9·11테러는 역사 속으로 사라졌다. 그 자리에는 여전히 높고 단단한 모습으로 '최고'를 외치는 뉴욕이 있을 뿐이었다.

●

맨해튼에는 오늘도 끊임없이 새로운 핫플레이스가 등장한다. 9·11테러와 이어진 경제 위기 때문에 한동안 고층 건물의 건설은 주춤했지만 최근에는 다시 불이 붙어 여기저기 높은 건물이 계속해서 올라가고 있다. 맨해튼 서쪽 끝 철도 차량 기지에 새로 구축 중인 초대형 주상복합단지 허드슨 야드스Hudson Yards는 2012년부터 공사를 시작해서 2019년 1단계 시설을 완공, 공개했다. 약 2,500개의 계단으로 만들어진 인공산 베슬Vessel과 지상 100층 높이(367미터)에 설치된 전망대 뉴욕 엣지New York Edge 등은 폭발적인 반응을 이끌어냄으로써 맨해튼의 새로운 거점으로 등장했다. 다른 방식의 시도도 있었다. 2010년대 초 방치되어 있던 철로를 따라 녹지 공간으로 탈바꿈시킨 하이라인 파크High Line Park

는 새로운 도시 재생의 사례로 전 세계로부터 주목을 받았고, 서울에서는 박원순 전 시장이 이를 참고해서 서울로7017 프로젝트를 완성하기도 했다. 하이라인 남쪽 끝에 휘트니 뮤지엄이 새로 들어서 역시 또 핫플레이스로 인기를 끌기도 했다.

이러한 변화가 새로운 문제의 진원지가 되는 풍경은 이제 익숙하기까지 하다. 하이라인 파크가 명소가 되면서 자연스럽게 인접 지역의 부동산 개발이 이어졌고, 그로 인해 이 주변의 젠트리피케이션은 눈에 띄게 빨라졌다. 2018년 말 아마존은 뉴욕 제2본사HQ2 건물을 퀸스 롱아일랜드시티에 짓겠다고 발표했는데, 곧바로 인접 지역의 부동산 가격이 오르기 시작했다. 이를 둘러싸고 지역 정치인들과 주민들의 반대 의견이 거세지자 결국 아마존은 2019년 초 이 계획을 전면 백지화시킨다고 발표했다. 하지만 몇 달 지나지 않아 '뉴욕 주민 열 명 중 여섯 명은 아마존 제2본사를 다시 유치하는 것에 찬성한다'는 여론 조사 결과를 근거로 뉴욕 시가 재유치에 나섰다는 기사가 보도되기도 했다. 도시를 재생하거나 새로운 건물을 짓거나 그 무엇을 계획하든 2010년대 말 뉴욕에서도 세계 여느 도시처럼 젠트리피케이션이 뜨거운 논쟁의 요소가 되었다.

●

뉴욕은 여전히 시크하고 멋진 도시다. 하지만 예전에 비해서는 아니다. 뉴욕의 멋진 이미지를 훼손하는 주범은 다름 아닌 스타벅스다. 1980년대만 해도 뉴욕 거리에는 뉴욕만의 간판들이 즐비했다. 다른 곳에는 없는, 오로지 뉴욕에서만 만날 수 있는 가게들을 보며 뉴욕에 왔음을 실감하곤 했다. 하지만 이제 아니다. 모퉁이마다 스타벅스가 버티고 있다.

1990년대 이후 본격화된 프랜차이즈의 습격으로 '뉴욕이 또하나의 특색 없는 쇼핑몰이 되어버렸다'는 비판이 융단폭격처럼 쏟아졌다. 그런 한편으로 소매업은 갈수록 쇠락해가는 중이어서 거리마다 비어 있는 가게들을 어렵지 않게 볼 수 있다. 그리니치빌리지처럼 워낙에도 임대료 높기로 유명했던 곳들은 특히 심각하다. 장사가 잘 되지 않으니 비싼 임대료를 감당할 수 없는 상인들이 가게의 문을 닫고 있다. 한밤중에도 불 켜진 쇼윈도를 바라보며 환한 길을 걷던 뉴욕의 풍경은 어느덧 옛일이 되었다. 그리고 다시 뉴욕을 가면 비어 있던 가게에는 스타벅스를 비롯한 온갖 프랜차이즈 영업점들이나 비싼 가격대의 음식점들이 들어와 있곤 한다.

뉴욕의 이미지가 스타벅스의 로고로 대체되어가는 형편인 것도 안타깝지만, 나로서는 베이글과 조각 피자를 쉽게 맛볼 수 없는 것도 안타깝다. 뉴욕, 하면 베이글이었다. 1980년대 뉴욕의 어딜 가나 베이글은 늘 손 닿는 곳에 있었다. 갓 구워나온 베이글은 값도 싸고 맛도 훌륭해 아침 식사로 손색이 없었다. 조각 피자 역시 종류도 다양하고 맛도 훌륭한데다 가격도 저렴해서 출출할 때면 어느 때고 들어가 한끼를 해결하곤 했다. 이제 뉴욕에서 베이글을 먹고 싶으면 스타벅스로 가야 한다. 전 세계 어디에서나 맛 볼 수 있는 그 맛. 뉴욕의 베이글이 아닌 스타벅스의 베이글을 뉴욕 한복판에서 먹을 때마다 예전에 먹던 그 베이글이 그립다.

곳곳에 있는 스타벅스를 피해 선택할 수 있는 곳은 역시 또다른 프랜차이즈다. 한동안 뉴욕에 갈 때마다 카페 베네를 찾았다. 정작 서울에서는 거의 가지 않지만 뉴욕에서 스타벅스의 공습을 피할 곳이 마땅치가 않았다. 게다가 뉴욕 스타벅스에는 내가 좋아하는 그린티라테가 없다. 이럴 바에야 차라리 뉴욕에서 한국의 맛이라도 즐기는 편이 낫겠다는 생각에서였다. 그나마도 이제 어려워졌다. 언젠가부터 카페 베네 지점이 줄어든 탓이다. 내가 알기로 맨해튼 한인타운에 하나 남았다. 가까스로 찾은 카페 베네에서 그린티라테를 앞에 두고 예전에 먹던 뉴욕만의 베이글을 그리워한다. 뉴욕은 과연 쇠락해가는 도시 소상공인들의 어려움을 어떻게 해결해나갈 것인가를 궁금해하면서.

그나마 다행이라고 해야 할까. 아직까지 사라지지 않은 '나만의 뉴욕'이 있다. 바로 헌책방 더 스트랜드The Strand다. 누군가에게는 스타일리시한 에코백으로 더 유명하지만 이곳은 가방집이 아니고 엄연한 책방이다. 1980년대 뉴욕에 갈 때마다 이곳을 찾았다. 인터넷이 없던 시대라 보고 싶은 책을 보려면 책방에 가야 했다. 더 스트랜드에 가는 날이면 오늘은 어떤 보물을 발견할까 기대감으로 설레기까지 했다. '미시간 촌놈'에게 그곳은 천국이었다. 온라인 서점의 거센 파도에도 불구하고 이 책방이 아직까지 살아남을 수 있다는 사실에 안도하면서도 신기했다. 알아보니 더 스트랜드 책방의 주인이 바로 그 건물의 소유주였다. 임대료를 따로 내지 않으니 다른 책방에 비해 유리했다. 비싼 임대료와 온라인 서점의 확장에 따라 헌책방들이 줄을 이어 폐업을 하니 오프라인 헌책방을 찾는 사람들은 더 스트랜드로 모여들었다. 그 옛날 서울에서 친구를 만날 때면 약속 장소는 언제나 종로서적 앞이었다. 요즘도 뉴욕에서 친구를 만날 때면 약속 장소는 주로 더 스트랜드 앞이나 책방 2층 미술사 코너 앞이다.

2012년 뉴욕 맨해튼.

뉴욕은 맨해튼이 전부가 아니다. 뉴욕을 상징하는 이미지는 물론 맨해튼의 높은 빌딩, 화려한 거리가 대부분이지만 뉴욕 전체로 볼 때 맨해튼에 사는 인구는 19퍼센트에 불과하다. 그럼 나머지 뉴요커들은 어디에 살까? 브루클린, 퀸스, 브롱크스, 스태튼아일랜드에 산다. 다시 말해 뉴욕은 맨해튼과 다른 네 개의 자치구로 이루어져 있다. 하지만 맨해튼이 워낙 상징적이어서 나머지 네 개를 하나로 묶어 '외구'outer borough라고 부른다. 그렇게 뉴욕은 맨해튼과 외구로 이루어진 도시다. 맨해튼이 변화하고 있듯 외구의 변화 역시 진행 중이다.

1980년대만 해도 외구, 특히 브루클린과 브롱크스는 우범지대 이미지가 강했다. 퀸스는 주택가 중심이라 범죄율이 그리 높지는 않았다. 2010년 이후는 완전히 달라졌다. 뜻밖에도 가장 큰 변화는 바로 젠트리피케이션이었다. 1980년대까지 무섭고 어두운 이미지였던 외구는 이제 더이상 그런 곳이 아니다. 1980년대 후반, 여전히 지속적으로 유입해오는 이민자와 이주자 들로 인해 맨해튼은 터질 것 같은 포화 상태가 되었다. 그러자 맨해튼에 살던 고소득층 전문직들이 맨해튼의 외곽과 브루클린의 경관 좋은 곳으로 시선을 돌리기 시작했다. 그러자 낙후되어가던 브루클린 등은 부동산 개발업자들의 각별한 관심을 받기 시작, 점점 살만한 곳이 되어갔다. 맨해튼으로부터 유입되는 사람들이 많을수록 임대료와 부동산 가격은 상승하기 시작했고, 그 비용을 감당할 수 없는 이들은 살던 곳을 떠나야 했다. 들어오는 이들은 주로 백인 중심의 고소득 화이트 칼라 계층이었고, 떠나는 이들은 주로 저소득 블루 칼라 계층의 유색인들이었다. 이러한 변화는 단지 살던 사람이 떠나고 새로운 사람이 들어오는 것으로 멈추지 않는다. 개인주의 성향이 강한 이들이 새로 들어온 지역에서 공동체를 이룰 가능성은 극히 낮다. 따라서 이들이 들어오기 전, 한 지역에서 오래 살면서 자연스럽게 형성되어 있던 지역 공동체 역시 점차 와해되는 결과로 이어지게 마련이다. 뉴욕의 젠트리피케이션은 2000년대 전 세계적으로 큰 화제가 되기도 했다.

외구 중 하나인 퀸스는 플러싱의 한인타운처럼 다양한 이민자 공동체로 계속 성장하고 있다. 이민자들이 모여 사는 지역에는 '본국'에서 끝없이 새로운 사람들이 유입되어온다. 따라서 맨해튼에 대한 열망과는 별개로 이곳의 지역 경제는 계속 활성화되고 있고, 이러한 퀸스의 활성화는 뉴욕 전체에도 긍정적으로 기여한다.

뉴욕 이민자들의 역사를 보고 있으면 흥미로운 패턴을 발견하게 된다. 어떤 사정으로든 본국을 떠나 뉴욕에 도착하는 이민자는 이미 형성되어 있는 이민 공동체의 도움을 받아 일자리를 잡거나 사업을 시작한다. 열심히 일하면서 경제적으로 자립 기반을 닦는 동안 미국에서 태어나 자란 그의 아들이나 딸 들은 미국 학교에서 공부를 하면서 영어를 익히고 상급 학교에 진학한다. 그들 2세들은 부모 나라의 언어와 문화를 이해하는 한편으로 부모와 달리 '아메리칸'으로서 미국 사회로 진입한다. 부모 세대가 나이가 들어 하던 일을 그만두게 되더라도 2세들이 그 일을 이어서 하는 경우는 드물다. 그렇게 빈자리에 새로운 이민자들이 들어와 새로운 사이클을 시작한다.

1980년대 퀸스 플러싱은 마치 한국의 어느 지역 같았다. 하지만 2세들이 성장하고, 뉴욕을 떠나면서 그 규모가 예전과 같지 않고 점점 아시아의 다른 나라 사람들과 남미 사람들이 모여들고 있다. 또한 1980년대까지 한국인들이 운영하는 청과물 가게들이 맨해튼 곳곳에 있었지만 이제는 거의 보이지 않는다.

이런 패턴의 반복도 이제 옛말이 되었을지도 모른다. 1980년대만 해도 이탈리아 사람들이 중심이 된 타운이 있었고, 그 옆에는 차이나타운이 있었다. 얼핏 보기에도 갈수록 그 세가 확장하는 차이나타운에 비해 이탈리아타운은 밀려나고 있는 듯했다. 2010년 이후에 다시 가보니 이미 이탈리아타운은 더 쇠락했고, 차이나타운 역시 밀려나는 분위기가 역력했다. 밀려난 차이나타운은 브루클린에서 그 규모를 점점 키우고 있다. 마찬가지로 힙스터 문화의 상징이라고 할 수 있는 브루클린의 윌리엄스버그Williamsburg에는 보수적인 유대인 커뮤니티가 오래전부터 자리를 잡고 있었는데, 브루클린의 다른 지역으로 이동한 지 오래되었다. 이 역시 젠트리피케이션 때문이다.

●

세계 전역에서 뉴욕을 꿈 꾸고, 미국 전역에서 뉴욕을 욕망하듯 맨해튼을 바로 옆에 둔 외구에서도 맨해튼 입성을 희망한다. 이들에게도 역시 맨해튼에 들어가느냐 마느냐가 성공의 기준이기 때문이다. 유명한 영화 〈토요일 밤의 열기〉의 남자 주인공은 브루클린 출신이다. 그는 맨해튼 출신 여자와 사랑에 빠져 전혀 몰랐던 '최고'의 뉴욕을 알게 된다. 지금 이 순간에도 수많은 외구의 청춘들이 맨해튼의 찬란한 불빛을 바라보며 언젠가 그 속에 서 있을 자신들의 모습을 그리고 있는지도 모른다.

1879년 제작된 뉴욕 조감도. 미국 국회도서관.

2015년 뉴욕 브루클린교.

2019년 뉴욕 맨해튼 리틀 이태리.

오늘날 우리가 잘 알고 있는 백인 남성 한 사람도 수십 년 전 그 청년들 중 하나였을 것이다. 미합중국 제45대 대통령 도널드 트럼프. 그는 외구의 하나인 퀸스의 부유한 집안에서 태어나 자랐다. 성년이 된 뒤부터 아버지의 회사에서 일하기 시작했다. 그의 아버지는 퀸스와 브루클린에 임대용 아파트를 개발하고 운영하는, 부동산 개발 업계의 큰손이었다.

뉴욕은 모든 분야에서 세계 최고를 자부한다. 뉴욕의 뉴욕은 맨해튼이다. 뉴욕이 최고인 것은 맨해튼이 최고인 것과 같은 의미다. 부동산 시장조차 맨해튼은 세계 도시 중 넘버원이다. 트럼프는 세계 최고의 부동산 업자를 지향하며 20대 후반 맨해튼에 자신의 깃발을 꽂았다. 1970년대 후반 행운의 여신이 그의 손을 잡았다. 맨해튼 한복판의 호텔이 그의 것이 되었다. 날개를 달기 시작하자 그는 거침없이 날아다녔다. 1980년대 초 세계 최고의 맨해튼에서도 최고의 자리인 5번가에 그 유명한 트럼프 타워를 올렸다. 사업은 승승장구였다. 이것으로 만족하지 않았다. 그는 자신이 아는 한 최고 중의 가장 최고인 미합중국의 대통령을 꿈꿨고 결과는 우리가 다 아는 대로다. 그뒤의 행보 역시 잘 알고 있다. 대통령이 되긴 했으나 재임 기간 내내 시끄럽기만 했던 그는 재선에서 낙선했다. 그러고는 현실을 받아들이지 못하고 끝없이 떠드는 괴물로 전락했다.

최고가 되겠다는, 성공을 향한 그의 강한 욕망이 퀸스, 즉 외구 출신의 열등감과 맨해튼에 대한 집착에서 비롯했다는 전문가들의 분석은 동의할 만하다. 트럼프에 대한 뉴요커들의 반응은 어떨까. 그가 구사하는 모든 거래의 감각은 어쩔 수 없는 뉴욕 출신답다. 새로운 것을 적극적으로 받아들이고 도전을 두려워하지 않는다. 하지만 오로지 물신만을 숭배하는 듯한 그의 태도를 바라보는 뉴요커의 시선은 싸늘하다. 적어도 진정한 뉴요커라면 돈이 아닌 것에도 지켜야 할 가치가 있다는 걸 알아야 한다고 생각하는 진보주의자들일수록 더 그렇다. 그래서 그런 걸까. 트럼프는 대통령 재임 중이던 2019년 말 개인 주소를 뉴욕에서 플로리다 별장으로 바꿨다. 뉴요커들과의 정신적 거리를 좁히기는커녕 갈수록 멀어진다고 느꼈기 때문일지도 모른다.

●

19세기 '대영제국'의 중심 런던은 곧 세계의 중심이었다. 20세기 초강대국으로 등장한 미국은 영국의 권위를 압도했고, 미국의 중심 뉴욕은 런던을 밀어내고 넘버원의 자리를 차지했다. 그 이후 뉴욕은 한결같이 세계 최고의 도시였다. 하지만 지금도 그럴까? 세계적으로 경제적 지형이 변화하고 있고, 인류는 이전에 경험하지 못한 다양한 도전 앞에 마땅한 해법을 내놓지 못하고 있다. 이런 변화에 능동적으로 대처하기 위해 세계 최고의 도시는 여전히 노력 중이지만 언제까지 그 자리를 지킬 수 있을지에 대해 물음표가 점점 늘어나고 있는 것이 현실이다. 코로나19팬데믹을 겪으며 뉴욕은 새로운 도전과 마주했다. 나라마다 피해의 규모와 정도가 다르듯 도시마다에도 차이가 있다. 코로나19팬데믹이 확산되자 미국은 재빨리 사회적 거리 유지 정책을 펼쳤다. 화이트 칼라에 속하는 거의 모든 직장인들은 재택 근무로 전환했다. 학교와 관공서는 물론이고 화려한 연극과 공연이 펼쳐지던 브로드웨이의 불도 꺼졌다. 수용

2011년 메트로폴리탄 뮤지엄 옥상에서 바라본 맨해튼.

인원 수가 줄어든 식당과 술집 등의 폐업이 속출했다. 미국의 여러 도시 가운데 뉴욕, 시카고, 샌프란시스코처럼 인구 및 사업체 밀도가 높고 대중교통 이용도가 높은 원도심이 있는 곳일수록 피해가 더 컸다.

주택가 인구 밀도가 특히 높은 뉴욕의 경우 2020년 한 해에만 약 30만 명이 도시를 떠났다. 이런 이들을 코로나19 피난민이라고도 하는데, 이 가운데 다수는 잠시 떠난 것일 뿐 상황이 나아지면 다시 돌아올 생각이었지만, 이번 일을 계기로 도시를 아주 떠나기로 결심한 이들도 많았다. 2021년 코로나19 백신 보급 이후 사회적 거리 규제가 완화되면서 도심은 점차 회복의 기미를 보였고, 2022년부터 점점 해외 여행이 가능해지면서 외국인 관광객들도 거리를 채우기 시작했다. 하지만, 재택 근무자들이 여전히 많아 출퇴근 인구가 회복되지 않은 맨해튼 곳곳의 상가들은 여전히 팬데믹 이전 분위기로 돌아가지 못하고 있다. 어디 가나 발에 채일 것 같던 스타벅스도 문 닫은 곳이 늘었고, 그 자리에 새로운 가게가 들어오지 않아 여전히 비어 있는 곳들도 많다. 그런 반면 2022년 미국 국적을 취득한 이민자 숫자는 팬데믹 이전 수준을 초월해 2008년 이후 가장 높은 숫자라고 한다. 암울해 보이던 뉴욕의 거리가 이민자의 증가로 조만간 예전의 활기를 되찾을 것이라는 전망이 나오고 있다. 이런 양면성을 가진 뉴욕은 과연 어떻게 세계 최고의 도시라는 타이틀을 유지할 수 있을까.

관점을 조금 달리해보자. 뉴욕이 언제까지나 세계 최고인 것이 과연 바람직할까? 나는 그렇지 않다고 생각한다. 전 지구적으로 균형적인 발전을 도모할 때도 되었다. 어쩌면 그것이 21세기에 어울리는 모습일지도 모른다. 인터넷과 교통 수단의 혁신적 발달로 지역 간의 교류를 어렵게 했던 지리적 한계는 거의 극복했다. 동시에 여러 문화권을 접속해서 정보를 나누는 일이 더이상 특별하지 않다. 19세기의 영국이나 20세기의 미국처럼 압도적인 패권을 장악한 국가의 중심 도시가 누렸던 특권이란 21세기에 와서는 더이상 특권으로 작동하지 않는다. 이런 세상이 되었는데 과연 특정 도시 몇몇이 세계 최고라는 타이틀을 가지고 있는 것이 어울리는 일일까? 21세기는 어느 특정 도시를 절대적인 중심의 자리에 올리기보다 중심을 분산함으로써 다양한 거점을 마련하는 것이 어울리는 시대다. 뉴욕을 세계의 중심이라고 생각하는 앤아버 청년은 더이상 없다. 그들에게 뉴욕은 매력적인 수많은 도시 중 하나의 거점일 뿐이다.

그렇다면 '최고가 아닌 뉴욕'은 어떤 거점이 될 것인가. 뉴욕의 역사 속에 답이 있다. 1886년부터 뉴욕 항으로 들어오는 허드슨 강 입구 리버티 섬에는 자유의 여신상이 자리잡고 있었다. 그 받침대에는 〈새로운 거상〉The New Colossus이라는 에머 래저러스의 시 구절이 새겨져 있다.

"정복자의 사지四肢를 대지에서 대지로 펼치는
저 그리스의 단단한 거인과는 같지 않지만
여기 우리의 바닷물에 씻긴 일몰의 문 앞에
횃불을 든 강대한 여인이 서 있으니
그 불꽃은 투옥된 번갯불, 그 이름은 추방자의 어머니다.
횃불 든 그 손은 전 세계로 환영의 빛을 보내며
부드러운 두 눈은 쌍둥이 도시에 의해 태어난,
공중에 다리를 걸친 항구를 향해 명령한다.

1900년경
자유여신상.
미국 국회도서관.

오랜 대지여, 너의 화려했던 과거를 간직하라!

그리고 조용한 입술로 부르짖는다.

너의 지치고 가난한, 자유를 숨쉬고 싶어하는 무리를

너의 풍성한 해안가의 가련한 족속을 나에게 보내다오.

폭풍우에 시달린, 고향 없는 자들을 나에게 보내다오.

황금의 문 곁에서 나의 램프를 들어올릴 터이니."

아메리칸 드림을 가슴에 품고 뉴욕 항으로 들어오는 수많은 이민자들을 가장 먼저 환영한 것은 바로 자유의 여신상이었다. 이렇듯 평화적으로, 도시의 중심 속으로 이민자들을 선뜻 받아들인 것은 인류 역사에 매우 보기 드문 장면이었다. 뉴욕이 뉴욕이 될 수 있었던 것은 바로 이 장면 때문인지도 모른다.

21세기에 들어서면서 전 세계적으로 거센 민족주의의 바람이 불고 있고, 이민자와 난민 들을 향한 격앙된 감정이 곳곳에서 거칠게 표출되고 있다. 뉴욕은 이런 바람 앞에 어떤 태도를 취해야 할까? 인류 역사에 보기 드문 장면을 만들어낸, 이민자들을 향해 손을 번쩍 들어 환영의 제스처를 내보인 뉴욕이야말로 민족주의와 이민자들을 향한 거친 바람의 방향을 바꿀 가능성의 도시가 아닐까? 그래야만 자유의 여신상이 계속해서 "황금의 문 곁에서 나의 램프를 들어올릴" 수 있지 않을까?

13
슬픈 불안과 단단한 기대,
그 사이 어디쯤

언제나 슬픈 언제나 반가운 **인천**
_대한민국, 인천광역시

한국과 인연을 맺은 지 40년이 지났지만 인천과는 12년 남짓이다. 서울에서 가깝긴 해도 가볼 일이 거의 없었다. 인천만 그런 건 아니었다. 1980년대 처음 서울에 살기 시작했을 때만 해도 경기도에 관해서는 거의 무지했다고 해도 과언이 아니다. 그도 그럴 것이 어딘가를 간다는 것은 늘 먼 곳을 뜻했다. 이를테면 이런 식이었다. 바다라면 부산, 산이라면 강원도였다. 역사적인 흥미가 생기면 경주, 음식은 전주였다. 지금 생각하면 왜 그랬을까, 싶지만 주위에 가까운 한국인들의 여행 방식에 맞춰 살았던 결과다. 서울 밖으로 나갈 때는 주로 한국인들과 함께 다녔으니 그들이 정한 행선지를 주로 따라다녔고, 혼자 여행을 가더라도 추천해주는 곳들은 대개 서울에서 한참 먼 지역들이었다. 서울에 사는 한국인들에게 인천이나 경기도는 일상의 연장으로 여겨지는 경우가 대부분이고, 여행지로 거론되는 경우는 거의 없었다. 대전에 살 때도 크게 다르지 않았다.

2008년 가을, 서울대 국어교육과 부교수로 임명되어 서울에서 다시 살기 시작했다. 2009년까지는 새로운 직장과 생활에 적응을 위해 집중했지만, 2010년부터는 관심을 갖기 시작한 서울의 오래된 동네를 시간 날 때마다 걸어다녔다. 그무렵 자주 만난 것이 재개발이라는 키워드였다. 처음에는 그 의미를 이해하지 못했다. 오래된 동네 가운데 특히 경복궁 옆 서촌을 특히 좋아하게 되었고, 자주 찾게 되었다. 그당시 한창 서촌은 재개발 논쟁으로 뜨거웠다. 여기저기 골목마다 재개발을 지지하거나 한옥 보존을 반대하는 현수막이 눈에 띄었다. 점점 재개발의 의미를 파악하게 되면서 점점 더 이해하기가 어려워졌다. 서촌이 품고 있는 이 독특한 도시의 경관을 포기하면서까지 관철하려는 재개발 지지자들의 입장을 전혀 납득할 수 없었다. 처음에는 한국 사정을 잘 모르기 때문에 그런 걸까, 싶었는데 서촌에서 알게 된 몇몇 사람들이 나와 비슷한 생각을 가지고 있다는 걸 알게 되었고 그들 주변에는 같은 생각을 하는 이들이 더 많다는 것도 알게 되었다.

서촌을 함께 걷던 이들 중 이 동네의 오래된 한옥에 사는 젊은 건축가가 있었다. 그는 대학을 졸업한 지 얼마 되지 않았는데 어느 날 수업 시간에 다녀온 곳이라며 배다리 지역 이야기를 해줬다. 인천이라면 가본 적은 없어서 잘 모르기는 해도, 차이나타운·자유공원·월미도 정도는 들어본 이름이었다. 배다리는 단 한 번도 들어보지 못했다. 호기심이 생겨 당장 그 주말에 함께 가보기로 했다.

●

2011년 늦가을 어느 주말이었다. 꽤 추웠던 것으로 기억한다. 배다리에 도착한 뒤 미리 소개를 받은 한 헌책방의 주인과 인사를 나눈 뒤 인근 지역을 천천히 함께 걸었다. 일제강점기의 흔적, 관련 있는 문화유산들, 배다리 가까운 곳에 있는 창영초등학교와 창영감리교회 옆 선교사 합숙소도 둘러보았다. 1894년 미국에서 파견한 여자 선교사들을 위해 지은 것이라고 했다. 내 머릿속에 자리잡은 그날 답사의 키워드는 크게 두 개, 즉 일본제국과 선교사였다. 이 두 개의 키워드는 인천의 근대사에 큰 비중을 차지하고 있는 듯했다.

2011년 인천.

2011년 인천 배다리.

1883년 개항 후 인천은 항구 도시로 크게 발전했다. 개항의 시기와 지리적 위치로 인해 부산과는 여러 면에서 비슷하기도 하고 다르기도 해서 함께 언급되는 경우가 많은데, 흔히들 인천을 일제강점기 부산 다음으로 가장 큰 항구도시였다고 표현하는 것도 그 예이다.

조선 시대 인천은 인천도호부라고 불렸고, 오늘날에도 남아 있는 인천향교 주변 문학산 일대가 행정의 중심지였다. 1876년 2월 강화도조약 이후 같은 해 10월 부산, 1880년 원산에 이어 1883년 세 번째로 강제 개항된 인천항 주변은 제물포로 불렸고, 이 일대에 인천감리서가 설치되면서 새로운 중심지로 부상했다.

부산 개항 이후 제물포의 개항까지 조선을 둘러싼 열강들의 각축은 거셌다. 일본을 견제하기 위한 청나라의 간섭은 갈수록 심해졌고, 서양의 여러 나라들은 한양과 가까운 인천을 통해 자신들의 영향력을 확산시키기 위해 애를 썼다. 1866년의 병인양요나 1871년 신미양요 모두 서양의 열강들이 어떻게든 한양으로 향하는 길을 찾기 위한 과정에서 일어난 일이라고 할 수 있다. 조선이 스스로 문을 열지 않으니 강제로 빗장을 풀기 위해 무리수를 둔 것이다. 개항 이후 조계지 설치 상황을 보면 이들 사이의 경쟁적 관계를 짐작할 수 있다. 개항을 주도한 일본의 조계지가 항구에서 가장 가깝고 유리한 위치를 차지했고, 그 옆은 청나라 차지였다. 그 뒤로 이어지는 언덕을 따라 서양 여러 나라의 조계지들이 자리를 나눠 잡았다.

오늘날 인천을 걸으면 그때 당시 조계지 흔적을 쉽게 발견할 수 있다. 근대문화거리는 일본의 조계지였고, 차이나타운 인근은 청나라 조계지였다. 자유공원 일대로는 서양인들이 주로 살았다. 이 지역에 제물

19세기 후반 인천.

시기를 알 수 없는 예전의 인천.

한국전쟁 직후
인천 차이나타운.

1980년대 말
인천 차이나타운.

포구락부를 비롯해 오래된 교회와 선교사 집들이 있는 것은 그런 이유다. 내가 2011년 늦가을에 처음으로 걸었던 배다리는 주로 선교사들이 활동했던 지역 가운데 하나다. 조계지들은 모두 조선 인천감리서 관할 아래 있었고, 조선인들 역시 이 지역에 살고 있긴 했지만 대체로 조선인들은 조계지 밖에 많이 살고 있었다. 한편 일본은 조선의 국권을 완전히 침탈하기 이전부터 경성과 가장 가까운 항구로서의 효용을 극대화하기 위해 1899년 경인선을 개통시켰다.

한국의 많은 도시들이 그렇듯 인천의 역사에서도 전쟁은 빼놓기 어렵다. 1883년 개항 이후 1894년 청나라와 일본이 조선의 지배권을 서로 갖겠다고 시작한 청일전쟁에서 인천은 주요 격전지가 되었고, 청나라의 패전으로 끝난 전쟁 이후 일본의 영향력은 훨씬 더 막강해졌다. 이걸로 만족하지 못한 일본은 1904년 제물포 인근 바닷가의 러시아 해군을 공격함으로써 러일전쟁의 서막을 올렸다. 그뒤 1950년 한국전쟁 당시에는 미국 더글러스 맥아더 장군의 유명한 인천상륙작전이 펼쳐졌고, 이로써 한국과 유엔군의 패전을 막기도 했다. 청일전쟁·러일전쟁·한국전쟁을 치르는 동안 인천은 언제나 전략적인 요충지였으며, 한국전쟁 이후 분단이 지속되면서 오늘날까지도 북한과 인접한 탓에 긴장으로부터 완전히 자유롭지 못하다.

1930년대 일본이 만주 침략에 착수하면서부터 조선의 공업화 속도는 눈에 띄게 빨라졌고, 이에 따라 도시의 인구는 급증하기 시작했다. 지리적 특성으로 인해 인천은 어느 도시 못지 않게 빠른 속도로 성장했다. 1935년 약 8만 3천 명이던 인구는 1940년 두 배가 넘는 약 17만 1천 명으로, 1944년에는 약 21만 4천 명으로 급증, 한반도에서 네 번째로 큰 도시가 되었다. 여전히 항구로서의 역할도 중요했지만, 인천 내륙 쪽으로 다양한 공장과 군사 시설들이 앞다퉈 들어오면서 규모 자체도 확장되었다. 이후 해방이 되고 한국전쟁을 치르는 동안 전국 각지에서 피난민들이 모여들어 인구는 계속해서 급증, 1960년에는 무려 약 108만 4천 명에 달했다.

●

2011년 늦가을, 배다리를 걸으며 인천의 이런 역사를 들었다. 듣는 내내, 걷는 내내 나는 매우 슬펐다. 어쩐지 서늘한 기분에 자꾸만 옷깃을 여몄으며, 알 수 없는 불안함을 느꼈다. 그날의 서늘함은 단지 늦가을 싸늘한 날씨 때문만은 아니었을 것이다.

그 후로도 기회가 있을 때마다 인천을 찾았다. 카메라를 들고 다니며 인천 곳곳을 촬영했다. 그렇게 찍은 사진으로 인천에서 전시도 했다. 책이 출간되면 독자들을 만나기 위해서도 갔다. 아무런 목적도 없이 그저 걷기 위해 인천을 자주 찾았다. 도시를 향한 슬픔에도 서늘함에도 조금씩 익숙해졌지만, 어쩐지 불안함은 가시지 않았다. 불안은 점점 확장되어 미군부대가 있던 부평, 얼핏 화려해 보이는 송도나 청라 국제도시에서도 반복되었다.

어느 날 이 불안의 정체를 확인했다. 시작은 과거 이 도시가 겪은 격동의 역사에서 비롯한 것이겠지만 오늘의 인천 곳곳에서 이루어지는 재개발과 신도시 개발의 풍경이 불안의 또다른 이유임을 깨달았다. 인천의 오래된 지역은 전면 철거 후 새 아파트를 짓는 재개발로, 빈터가 있는 곳은 대단지 아파트 또는 아예 신도시로 채워나가는 신개발로 갈 때마다 공사 중이다. 서울이라고 다르지 않고, 지역 어디나 재개발과 신도시 건설은 새로울 것 없지만 인천에서 이루어지는 공사의 규모는 어느 곳보다 그 규모와 분포 면에서 압도적으로 넓어 보인다. 인천 어디를 가도 철거 대상지 안내 아니면 공사 현장이 눈에 걸린다. 내내 불안했던 이유를 확인하고 나니 속은 시원했으나 답답한 마음이 가시는 건 아니었다.

돌이켜보면 배다리에 있는 문화공간 스페이스빔 근처 텃밭을 둘러볼 때부터 어쩐지 불안했다. 동네 한가운데 이렇게 넓은 텃밭이 어떻게 남아 있을까 생각했는데 알고 보니 동네 한 가운데로 지나는 도로 공사를 막기 위해 주민들이 앞장서서 만들고 가꾸는 곳이었다. 주민들이 개발을 막아냈다는 의미가 있다고 설명을 들었지만, 언제까지 그렇게 유지할 수 있을까 불안했다. 텃밭은 주민들에게 사랑을 받고 있는 듯했지만, 텃밭 이전에 그 자리에 있던 무언가가 철거되었음을 의미하기도 한다. 말하자면 개발을 막아낸 상징인 동시에 철거라는 과거의 상처, 언제라도 다시 개발의 시도가 이어질 수 있음을 드러내는 상징인 셈이었다. 그뒤로 인천을 떠올릴 때마다 텃밭의 안녕이 궁금했다. 배다리를 갈 때면 일부러 텃밭 근처에 들러 사진을 찍거나 여유가 좀 있으면 주변을 천천히 걸으며 계절감을 만끽하곤 했다.

불안은 텃밭에만 있는 건 아니었다. 율목공원 아래로 내려오면 일식 가옥들이 나란히 모여 있는 골목길로 접어든다. 언덕으로 이어지는 골목 한쪽에 모여 있는 몇몇 집들 가운데 교토에서 살던 집과 비슷한 느낌을 주는 곳들이 있었다. 꽤 많은 집들이 모여 있긴 했지만 집마다 작은 정원을 품고 있어 답답한 느낌도 덜했고, 녹지 공간도 충분히 확보하고 있었다. 일제강점기 무렵 만들어진 곳으로, 운치도 있고 고즈넉한 분위기가 참 좋았다. 하지만 재개발이 예정되어 곧 사라질 동네라고 했다. 아파트 단지를 만들겠다고 이런 동네를 없앤다는 것이 이해하기 어려웠고, 지금 눈앞의 이런 풍경을 다시 못 볼 수도 있다는 생각을 하니 과연 이게 맞는 건지, 문득 불안해졌다. 역설적으로 그런 불안함이 나로 하여금 인천으로 자꾸 향하게 만들었다.

인천을 생각하면 종종 고향 앤아버 인근 디트로이트가 떠올랐다. 디트로이트는 아버지의 고향이면서 어머니가 결혼 전까지 살았던 곳이다. 워낙 그곳에 대한 이야기를 많이 듣고 자라서 내게는 무척 친근하다. 나의 친근한 마음과는 별개로 디트로이트는 언젠가부터 매우 낙후된, 심지어 우범도시라는 평을 듣고 있다. 1950년대 미국에서 4번째로 큰 도시로 꼽혔던 이곳은 2020년대 27위로 전락했다. 주력 산업의 쇠퇴는 도시 공동화, 인구 급감으로 이어져 규모는 축소되고 활기는 사라졌다. 심지어 2013년에는 미국 지자체 역사상 가장 큰 규모로 부도를 내기도 했다. 하지만 그걸로 끝은 아니었다. 바닥을 찍은 듯 2010년대 후반부터 서서히 회복의 조짐을 보이기 시작했다. 오랫동안 방치해온 도심의 건물을 사무실, 호텔, 주택 등으로 재생히자 점점 상주 인구가 늘어났다. 어디 가나 자주 눈에 띄던 시내 주변 빈터에 저층 아파트가 들어섰다. 워낙 도시의 면적이 넓고 주택가들도 많아서 재생의 여지가 보이지 않는 곳도 여전히 많긴 하지만, 가능성이 엿보이는 곳들을 중심으로 조금씩 수리를 해나가며 살기에 좋은 여건을 만들어나간 덕분에 이제는 오히려 젠트리피케이션을 걱정하는 지역이 생길 정도가 되었다.

디트로이트의 도시 재생은 공적 자금 대신 민간 개발업자와 개인

투자자 중심으로 이루어진다. 디트로이트 사례를 관심 있게 지켜본 나로서는 인천 역시도 그럴 수 있지 않을까 하는 기대를 품곤 한다. 하지만 전개되는 양상은 사뭇 다르다. 디트로이트는 사람이 살고 있지 않은 건물을 수리하거나 비어 있는 땅에 신축 공사를 병행하는 데 비해 인천은 사람이 살고 있는 동네를 오래되었다는 이유로 다 철거하고, 전혀 새로운 대규모 아파트 단지를 세운다. 계속해서 이런 식으로 가다가는 인천만의 분위기는 사라지고, 사업성이 없다고 누군가 판단하는 순간 소위 개발이라고 하는 것도 멈춰서는 게 아닐까 걱정이 된다. 그렇게 보면 발전의 논리라는 것이 과연 장기적으로 도시 발전의 가능성이나 희망이라는 단어와 어울리는 것일까, 하는 생각이 들지 않을 수 없다.

●

2017년 스페이스빔과 함께 의미 있는 프로젝트에 참여했다. 재개발 대상지인 송림동의 모습을 그곳 주민들과 함께 사진으로 기록하는 일이었다. 동네 주민의 자문을 받아 사진을 찍은 뒤 어느 정도 축적이 되면 스페이스빔에서 전시도 하고 주민들과의 대화 시간도 마련하기로 했다.

　　인천의 원도심 또는 오래된 지역 가운데 송림동은 외세의 진입 이후 만들어진 곳이 아닌, 처음부터 한국인들이 살던 곳이다. 배다리도 그렇지만 철도 선로를 기점으로 내륙 쪽은 대체로 일제강점기 당시에도 한국인들의 주거지이자 상권이었다. 때문에 이런 송림동의 철거는 인천에 뚜렷하게 남은 '한국인의 역사'를 없애는 것처럼 보여 늘 안타까웠다. 청나라의 조계지였던 차이나타운이나 일본 조계지였던 근대 거리의 보존을 위해 지자체가 앞장서는 데 비해 '한국인의 역사'가 깃든 곳을 이렇게 쉽게 없애는 것은 여러모로 아쉽다.

어느 한 시대의 역사를 제대로 바라보기 위해서는 객관성과 균형이 필수다. 인천의 역사에서 외세로 인한 개항, 외세의 존재와 역할을 지울 수 없다면 마찬가지로 그 시대를 살던 한국인들의 역사도 남겨야 한다. 외세가 만든 제물포 주변에 살던 조선인, 일제강점기 급속도로 진행된 공업화로 인해 몰려들어온 노동자, 해방과 한국전쟁의 혼란 속에 밀려든 피난민, 그리고 급성장기 다른 도시에서 이주해온 서민들의 삶 역시 인천을 이루는 중요한 역사다. 이런 현장을 다 없앤 뒤 인천에는 과연 무엇이 남아 있을까.

본격적인 송림동 촬영에 들어가기 전 주민들과 함께 동네 곳곳을 걸었다. 대부분 60대 이상의 어른들로, 이 동네에서 오래 살았던 분들이었다. 젊을 때부터 이곳에 살면서 가족을 만들고 이웃들과 함께 다양한 네트워크를 이루며 살았다고 했다. 그렇다고 모두 다 이곳이 고향인 건 아니었다. 인천 출신도 있지만 북한에서 피난을 온 분들을 포함해 전국 각지 출신들이 다 있었다. 이들은 동네에 서려 있는 추억 때문만이 아니라 더불어 살던 이들과 계속 이웃으로 살고 싶다는 바람 때문에 떠나고 싶지 않은 것 같았다. 나중에 만난, 함경남도 함흥에서 오신 90대 할머니의 이야기는 인상적이었다. 젊은 시절 피난 내려와서 살기 시작한 곳이 바로 이곳 송림동이었다. 평생 이곳에 살면서 가족을 키웠다. 이제 인생이 얼마 남지 않았는데 그저 살던 집에서 여생을 보내고 싶지만, 재개발로 인해 낯선 곳으로 이사를 해야 할 형편이라 걱정이 많다고 하셨다.

본격적으로 사진을 찍으며 교토를 자주 떠올렸다. 송림동이 서울의 북촌처럼 예쁜 곳은 아니니 재개발을 하지 않고 그냥 둔다고 해도 막대한 지원을 기대하기는 어려울 것이다. 그렇다면 교토처럼 하는 건 어떨까, 생각했다. 역사가 오래된 교토의 얼굴은 하나가 아니다. 관광객들은 주요 관광지 또는 보기에 좋은 곳들을 주로 가겠지만 오늘도 약 140만명의 사람들이 살고 있는 교토의 구석구석이 모두 다 그렇게 보기에 좋기만 한 건 아니다. 바둑판으로 구획을 나누긴 했지만 그 사이사이 골목도 깊고 오래된 집들도 많다. 서민들이 모여 사는 곳의 풍경은 송림동과 크게 다르지 않다. 상대적으로 작고 오래된 집들이라 가격이 저렴해서 서민들도 계속 살아갈 수 있다. 2010년대 후반 무렵에는 관광객들에게 집을 빌려주는 사업이 한창 유행하기도 했는데, 일부러 오래된 집에 머물고 싶어하는 이들에게 인기를 끌기도 했다. 이처럼 굳이 없애지 않아도 그 자체로 시대 변화에 맞출 수 있는 방법을 모색하는 의미 있는 사례다.

카메라로 골목을 바라보며 누군가 발상을 전환해 재개발 대신 교토의 서민 동네처럼 잘 유지하는 걸 고려한다면 미래 가치가 충분하지 않을까, 낙후된 인프라를 공적 자금을 활용해서 고치는 쪽으로 개선해 보는 건 어떨까 혼자 그렇게 상상의 나래를 펼쳐보기도 했다. 시간이 흐른 뒤 촬영한 사진을 인화해 전시를 했다. 전시장 오프닝에 참석한 주민 한 분은 "사진으로 보니 동네에 대한 애정이 새롭게 샘솟는 듯하다", "이렇게라도 동네 모습을 남겨두니 참 좋다"고 말씀하셨다. 그때까지 한국에 살면서 가장 보람을 느낀 순간이었다. 잠시 잠깐씩 펼친 나의 상상의 나래가 현실을 모르는 한낱 이상주의자의 꿈이라는 걸 확인하는 데는 그리 시간이 오래 걸리지 않았다. 내가 카메라에 담았던 송림동은 곧 사라졌다. 한동안 그 사실을 받아들이고 싶지 않아 인천에 갈 때면 일부러 그 근처를 피해서 다니기도 했다.

2022년 다시 찾은 인천에서 걸었던 곳은 공교롭게도 바로 그 옆이었다. 그곳 역시 재개발이 예정되어 있다고 했다. 곧 사라질 동네를 걷는 일은 언제나 안타깝고 서글프다. 게다가 눈을 들어 바라보는 동네 풍경의 배경에는 송림동의 예전 모습 대신 우뚝한 아파트 단지들이 채워져 있었다. 나는 또 교토의 오래된 서민 주택가를 떠올리며 상상의 나래를 혼자 펼치다가 부질없는 꿈이라는 걸 알고 그저 묵묵히 걷기만 했다. 늘 재개발이라는 이름으로 요동치는 인천의 골목은 참 불안하구나, 생각하면서.

●

2017년 송림동 프로젝트를 마친 뒤에도 인천 원도심에 대해 더 알고 싶은 마음이 컸다. 서울을 떠나 율목동 다가구 주택 에어비엔비에 보름 남짓 머물며 인천 곳곳을 다녔다. 배다리는 물론이고 인천의 오래된 동네를 찾아다니며 많이 걸었다. 2011년 처음 인천에 왔을 때를 떠올리며 도시 풍경의 큰 변화를 체감했다. 재개발로 갈등을 겪던 동네 가운데는 어느덧 철거를 마친 곳도 있었고, 새로운 재개발 대상지로 선정되어 빠르게 낙후되어 가는 곳도 발견할 수 있었다. 문을 닫은 식당, 가게는 물론 인적이 끊긴 듯한 거리와 골목도 자주 눈에 띄었다.

그런 와중에 몇 년 사이 부쩍 외국인들이 늘어난 것 또한 새로운 발견이었다. 자주 들른 숙소 근처 가게에서만 해도 두 번이나 이집트에서 온 사람을 만났다. 가게 주인에게 물으니 대부분 중고차 부품을 사러 오는 이들인데 율목동에 주로 묵는다고 했다. 한 번 관심을 갖기 시작하니

2017년 인천 송림동.

2017년 인천 송림동.

2017년 스페이스빔 송림동 사진전,

점점 더 많은 외국인들이 눈에 보였고, 다양한 외국어가 들리기 시작했다. 차이나타운을 찾는 외국인 관광객들과는 사뭇 달랐다. 숙소 인근 가게에서 만난 이집트인처럼 출장을 다니러 온 이들도 있지만 상주하는 이들도 많아 보였다. 조선족은 예전부터 많았으니 특별하지는 않지만, 한국인과 결혼해 다문화 가정을 이룬 이들, 공장 노동자, 외국인 유학생 등 그 유형도 매우 다양했다.

근대 초기 강제 개항이 이루어진 인천은 다른 내륙의 도시들에 비해 일찍부터 외국인들이 많이 들어와 살았다. 개항 초기에는 일본인·중국인을 비롯한 다양한 나라의 서양인들이 살았고, 일제강점기에도 일본인들이 훨씬 늘어나긴 했지만 중국인들과 서양인들도 계속 살았다. 한때 부쩍 늘어난 중국인들과 한국인들 사이에 첨예한 갈등이 생기기도 했는데, 이는 1931년 중국인들의 가게를 파괴하고 폭행과 살인까지 일으킨 인천 화교 배척 사건으로 이어지기도 했다.

태평양전쟁 직후인 1942년 조선총독부의 외국인 추방령으로 서양인들은 대부분 본국으로 돌아갔지만, 많은 중국인들이 끝내 돌아가지 않고 버텼다. 이들은 해방 후 차이나타운을 중심으로 활동하면서 삶의 터전을 가꿔나갔지만, 꾸준히 이어지던 화교 견제 정책으로 어려움을 겪어야 했다. 해방 이후 시작된 화교 억압 정책은 1960년대 박정희 정권에 들어와서도 국산품 애용, 국민의식 고취 등을 강조하는 한편 토지 소유 제한, 대규모 영업장 영업 불가 등으로 지속되었다.

한국의 경제 성장기에 부산은 제2의 도시로 부상하면서 일본인들과의 교류를 이어나갔고, 서양인들은 서울을 거점으로 활동했다. 이에 비해 서울 가까이에 있는 인천은 상대적으로 덜 부각되었다. 그러면서 인천에 거주하는 외국인 가운데 중국인들이 압도적인 비중을 차지했다.

1990년대 초부터는 양상이 조금씩 변화하기 시작했다. 중국과의 수교는 물론 옛 소련에 속해 있던 여러 나라들과의 수교가 이루어지면서 한국에 뿌리를 둔 이들을 포함해 외국인 유입이 급증했다. 제조업의 인력 부족으로 중앙아시아, 남아시아, 동남아시아 출신 외국인 노동자들도 대거 유입되었다. 여기에 더해 2000년대 들어서면서는 유학생들 비중도 늘어나기 시작했다. 이 가운데는 역시 중국인 유학생들이 압도적으로 많았다. 조선족과 중국인들은 주로 차이나타운 인근 신포동에 모여 살긴 했지만 그렇다고 외국의 차이나타운처럼 거주 인구 비율이 아주 높은 편은 아니다. 말하자면 인천의 차이나타운은 중국 이민자 공동체의 생활권이라기보다 관광을 위한 테마파크 같은 성격이 강하다고 볼 수 있다.

외국인들의 생활권은 대신 인천 전역에 걸쳐 형성되기 시작했다. 주로 공단이나 대학 근처, 또는 대중교통이 편리한 곳 가까이에 있는데, 예를 들면 연수구의 함박마을에는 옛 소련 출신인 한국계 고려인, 중앙아시아인, 몽골인들의 주거지와 상권이 형성되어 있다. 거리에는 러시아의 키릴 문자가 자주 보여 매우 이국적이다. 부평역에 형성된 이른바 미얀마 거리에는 미얀마 식당과 상점은 물론 캄보디아·태국·베트남 식당과 상점들이 함께 섞여 있고, 미얀마의 민주화 운동 지지 및 독재 군사 정권을 비판하는 글귀도 곳곳에서 볼 수 있다. 남동구 논현동 다문화거리에는 주로 크고 작은 공장에서 일하는 외국인 노동자들이 자주 이용하는 다국적 상가가 있다.

물론 외국인들이라고 해서 모두 다 함께 모여 사는 건 아니다. 중

2022년 부평 미얀마타운.

2023년 인천 한박마을.

구, 연수구, 부평구의 외국인 인구는 전체 인구의 약 5퍼센트를 차지하고 있고 남동구와 서구에도 많이 산다. 인천광역시 전체를 놓고 보면 2020년 통계 기준으로 외국인 인구는 약 13만 명, 총인구 비율은 4.4퍼센트에 달한다. 비율로만 놓고 보면 서울의 4.6퍼센트와 비슷하고 다른 광역시들의 거의 두 배에 가깝다. 이미 한국으로 귀화한 이들까지 포함하면 훨씬 더 많을 것이다. 참고로 2020년 인천의 다문화 결혼 비율은 서울이나 다른 광역시보다 높은 8.3퍼센트였다.

코로나19팬데믹으로 인해 외국인 인구는 한때 감소세를 보이긴 했지만 외국인 인력은 앞으로도 지속적으로 필요할 테니 그 숫자는 더욱 늘어날 전망이다. 이렇게 보자면 인천은 한국의 다문화 현상을 파악할 수 있는 중요한 지역이라 할 수 있다. 역사적으로도 다양한 국적의 사람들이 끊임없이 들고나면서 사람들의 이동과 이주가 매우 잦았기 때문에 한국의 다문화 전개의 양상을 드러낼 뿐만 아니라 발전 가능성을 제시할 모델로서의 역할도 기대해볼 만하다.

●

인천에서 눈길을 끄는 곳 중 하나는 송도국제도시다. 한국의 계획 도시 중 큰 규모로 꼽히는 이곳은 이미 1980년대 대형 신도시로 계획되어 있었다. IMF 이후 그 뿌리를 깊게 내린 글로벌화를 향한 기대를 동력 삼아 추진, 2003년 인천경제자유구역 지정, 외국 기업 투자 유치 등을 통해 2004년부터 공사를 시작, 2025년 완공을 목표로 삼고 있다. 물론 이미 단계적으로는 인구 유입을 시작, 2010년 약 3만 3천 명이던 숫자는 2022

2017년 인천 송도국제도시.

년 약 19만 2천 명에 육박, 계획했던 26만 5천 명에 가까워지고 있다.

무엇보다 흥미로운 것은 도시 전체 인프라를 형성하고 있는 새로운 기술의 시도다. 2010년대 첨단 기술을 적용하여 쓰레기 처리부터 에너지 소비 방식이나 스마트 하우스 등 이전에 볼 수 없던 모습을 보여줌으로써 국내외에서 화제가 되기도 했다. 또한 도시 전체 면적의 33퍼센트에 달하는 녹지를 도시 한복판에 배치한 것 역시 상당히 인상적이었다. 뉴욕의 센트럴파크나 베네치아의 운하를 참고해 멋진 조경을 도입한 것 역시 글로벌 시대인 21세기에 어울린다.

2001년 들어선 인천국제공항과 가까운 입지, 인천도시철도 1호선 개통 등을 통해 외국의 여러 기관은 물론 전문직종 외국인 거주자들도 적극적으로 유치한다는 계획을 세우긴 했지만 그럼에도 불구하고, 서울과의 거리가 있으니 전문직종 외국인들은 들어오는 걸 주저하고 있고, 그 때문에 외국계 기업이나 기관의 유치도 아직은 기대에 못 미치고 있다.

2011년 이후 인천을 자주 다니면서 송도국제도시 역시 자주 들렀다. 이 도시가 시간이 갈수록 어떻게 변화해가는지가 관심사 가운데 하나이기 때문이다. 갈 때마다 느끼는 것은 비교적 최근에 계획된 도시임에도 불구하고 기존의 계획 도시처럼 다분히 인공적이며 여전히 삭막함을 극복하지 못했다는 점이다. 도시에서 즐길 수 있는 활기와 자발적인 움직임이 그다지 느껴지지 않는다. 건축도 대체적으로 훌륭하고, 녹지도 많을 뿐만 아니라 여러모로 깨끗하게 관리되는 장점이 있는데 왜 이런 느낌이 들까. 아무래도 오래된 시간이 만들어내는 깊이와 나만의 시선으로 발견하는 재미가 덜하기 때문인 듯하다. 센트럴파크 안에 새로 지은 한옥들을 모아 만든 한옥마을은 흠잡을 데 없이 예쁘지만 어쩐지 세트장 같은 느낌을 받는 것과 같은 맥락이다.

　　이런 생각의 한편으로는 나의 이런 시선이 오래된 것은 멋지고, 새로 만든 것은 인공적이라고 여기는 이분법적 사고에서 비롯한 것은 아닌지, 한국의 아름다움에 대해 가지고 있는 서양인의 편협한 오리엔탈리즘의 영향 때문은 아닌지 돌아보게도 된다. 객관적으로 볼 때 작고 오래된 집, 주차난과 하수도 냄새가 가시지 않는 골목에 둘러싸인 오래된 마을의 거주 환경은 송도국제도시에 비해 낙후되어 불편한 것이 사실이다. 그럼에도 불구하고 오래되고 정감 있는 한국적 풍경을 선호하는 것은 미국 중산층 가정 출신으로, 고학력자에 백인 남성인 나의 인식 때문은 아닐까 자꾸만 돌아보게 되는 것이다. 이런 생각을 마음 한구석에 담은 채로 송도국제도시에 대한 한국 친구들의 반응을 주의 깊게 살피는 것이 한동안 나의 과제이기도 했다. 그들 역시 인천의 원도심이 가지고 있는 매력, 송도국제도시를 향한 아쉬움을 토로할 때면 아무도 모르게 안도의 한숨을 내쉬기도 했다. 비단 서양인의 어떤 향수나 이국적인 풍경을 선호하는 오리엔탈리즘의 차원에서라기보다 어떤 장소에 배어 있는 역사적, 문화적 층위가 도시의 풍경에서 차지하고 있는 의미에 주목하고 그것을 소중하게 여기고 있는 공통된 미음을 확인할 수 있었기 때문이다. 그래서 나는 인천의 오래된 마을과 거기에 쌓인 시간을 감히 사랑한다고 자신있게 말할 수 있게 되었다.

●

이런 마음을 갖게 해준 이들은 다름아닌 인천에서 오래 활동하고 있는

2022년 인천 도원역 근처 재개발 철거 현장.

친구들이다. 첫손에 꼽고 싶은 배다리의 스페이스빔은 2002년부터 배다리뿐만 아니라 인천의 오래된 지역에 대한 조사와 아카이빙, 그리고 재개발과 난개발에 대한 문제제기를 꾸준히 해오고 있다. 2007년에는 헌책방거리 인근에 있는, 1926년에 지어진 막걸리 양조장을 개조해 문화공간으로 활용하면서 지역 주민들과 함께 텃밭 유지를 비롯해 소중한 역할을 지속해 오고 있다. 내가 참여했던 송림동 사진 프로젝트도 이곳이 주축이 되어 진행했다.

배다리의 헌책방거리는 소중한 추억의 장소다. 보물창고 같은 아벨서점과는 특별한 인연을 맺었다. 귀중한 책들도 많을 뿐만 아니라 2층에서는 인천의 역사와 문화 관련 전시를 진행하기도 하고, 강연장도 마련되어 있다. 새 책을 출간할 때마다 이 공간에서 북토크를 통해 독자들과 만나왔다. 나로서는 큰 기쁨이자 영광이다. 개항로의 싸리재 카페 주인은 일본식 상가 주택에서 의료 기계를 팔다가 건물을 수리한 뒤 카페를 운영하고 있다. 2층은 오래된 부분을 그대로 남겨둔 채로, 오랫동안 수집해온 물건들과 LP 등을 전시하고 있다. 여기에서도 강연을 통해 인천 시민들을 만난 적이 있다.

인천의 원도심, 인접 지역의 많은 이들은 오늘도 오래된 것을 존중하면서 새로운 풍경을 만들어내기 위해 노력하고 있다. 다들 더 나은 인천을 향한 기대를 품고 거센 개발의 압력을 어렵지만 잘 버텨내고 있다. 이들이 추구하는 것은 단지 화석화된 '보존'이 아니다. 이들은 모두 다 변화를 받아들이면서도 변화 그 자체만이 아닌 도시 안에 그동안 서서히 축적되어온 공동체의 유지에 각별한 관심을 갖고 있다. 이들이 품고 있는, 각박한 현실의 극복을 향한 열정은 늘 감동스럽다. 인천과 만난 첫

2022년 도원역 근처 재개발 철거 대상지.

순간부터 어쩐지 나의 마음을 휩쓴 그 불안은 그 크기만큼이나 이들의 열정으로 기대치가 올라가고 있는 중이다.

　　오래전 서울대학교에서 강의할 때의 일이다. 사회언어학 수업에서 2009년 개봉한 영화 〈로니를 찾아서〉의 몇 장면을 학생들에게 보여 주고 다문화 사회에서의 언어가 갖는 의미와 역할 등에 대한 토론을 한 적이 있다. 이 영화에서 특히 감동적인 부분은 태권도장 주인 인호와 방글라데시 출신 노동자 루니가 식당에서 하는 말싸움 장면이다. 루니는 반말과 욕을 사용함으로써 인호에게 충격을 주었고, 이를 통해 잠깐이지만 대등한 관계를 만들어냈다. 내게는 한국의 생활과 문화에 익숙해진 외국인이 원어민 한국인과 대등한 관계를 만들 수 있다는 희망을 담은 것처럼 보였다.

　　인천을 떠올리면 오래된 것을 소중하게 여기고, 그 안에서 의미 있는 변화를 모색하는 이들과, 인천에서 새로운 삶을 꾸려나가는 먼 나라에서 온 외국인들이 함께 생각난다. 이들은 각자 처지도 다르고 지향하는 바도 다르지만, 인천의 오래된 것을 사랑하는 이들은 아파트로 상징되는 주류 개발 논리와 대등한 관계를 이루려고 한다는 것, 외국인들은 한국인들과 동등하게 공동체의 일원으로 살아가려 한다는 점에서 비슷한 점이 있는 것처럼 보인다. 이른바 인천을 이끌어가고 있는 주류의 흐름으로 볼 때 그들 모두는 미약한 희망을 품고 있는 존재일 수도 있다. 하지만 그들 모두는 손에 쥔 것을 총동원하여 루니처럼 할 수 있는 한 힘껏, 단단하게 싸우고 있다. 그 모습이 나에게는 무척 아름답다. 나의 불안은 그 모습을 통해 서서히 희망과 기대로 바뀌고 있는 중이다.

14

도시 재생의 성공 사례,
그러나 끝나지 않은 고군분투

지금 내가 사는
프로비던스Providence
_미국, 로드아일랜드 주

드디어 프로비던스다. 지난 수십 년 동안 오래 살았거나 머물렀던 여러 도시들을 떠올리며 글을 쓰는 동안 내가 머문 곳은 바로 이곳 로드아일랜드 주의 프로비던스다. 이 도시에 관해 글을 쓰려니 마치 과거의 오랜 시간을 떠돌다 현재로 돌아온 것 같다.

서울을 떠나 미국으로 돌아온 뒤 한동안 고향 앤아버에 살았다. 앤아버를 떠날 거라는 생각은 하지 못했는데 집을 유지하기 위해 지출해야 하는 비용이 생각보다 너무 컸다. 비용을 줄이기 위해 저렴한 곳을 찾기 시작했다. 나 또한 젠트리피케이션의 당사자가 된 셈이다. 몇몇 도시를 알아봤는데, 문득 어차피 고향이 아니라면 어디든 상관이 없을 거라는 생각이 들었다. 프로비던스를 선택한 건 특별한 매력이 있어서가 아니다. 동생이 살고 있는 곳이기 때문이었다. 2016년 말, 이곳으로 이사를 했다.

아주 낯선 도시는 아니었다. 2002년 샌프란시스코에서 결혼한 여동생은 뉴욕 출신 남편과 함께 보스턴으로 이사를 했다. 동생 부부는 이미 젠트리피케이션이 진행된 보스턴에 계속 살다가는 평생 집 한 채를 살 수 없을 것 같다는 생각을 했다. 6개월 만에 보스턴 시내보다 훨씬 저렴하면서도 보스턴과는 그리 멀지 않은 프로비던스로 이사를 해서 지금까지 살고 있다.

일본과 한국에서 살고 있으면서 미국을 방문하곤 했는데, 그때마다 동생을 만나러 이곳에 들렀다. 때로는 라스베이거스에 살고 있는 어머니를 만난 뒤 혼자 오기도 하고, 때로는 어머니와 함께 오기도 했다.

지금까지 살던 도시 중에 앤아버가 가장 작다. 프로비던스는 그 다음으로 작은 도시다. 인구가 약 18만 명, 인접 지역까지 다 포함해도 약 120만 명 내외다. 프로비던스가 속해 있는 로드아일랜드 주는 미국 50개 주 가운데 가장 면적이 작다. 제주도의 두 배도 안 된다. 로드아일랜드 주 전체 인구를 다 합해도 뉴욕의 8분의 1도 채 안 된다. 이렇듯 작고 별 영향력도 없으면서 지방의 중심지 역할도 하지 못하는 이곳이 바로 내가 사는 프로비던스다.

지리적으로 가까운 보스턴의 영향권 아래 있으니, 이 도시를 알려면 보스턴을 먼저 이해해야 한다. 민간 연구소가 많아 연구 도시로 유명한 보스턴은 2020년 코로나19 백신을 개발한 모더나의 본사와 연구소가 있어서 유명세를 타기도 했다. 1630년에 그 역사의 첫 장을 연 보스턴은 청교도인들의 도시였다. 엄격하고 교육을 중시하는 그들이 보스턴에 세운 학교가 미국 최초의 대학인 하버드 대학교다. 또한 최초의 공립학교 역시 이곳에 들어섰다. 무역이 활발해지면서 영국의 식민지 가운데 가장 큰 도시로 주목을 받았지만 18세기 중반 필라델피아가 급성장하면서 보스턴은 다소 주춤한 상태다. 오늘날에도 대학 도시이자 상업 도시로 발달한 것은 이런 역사적 배경 때문이다.

프로비던스는 보스턴과는 출발부터가 다르다. 엄격한 분위기의 청교도로부터 뛰쳐나와 종교적 자유를 원한 침례교 신자 로저 윌리엄스 Roger Williams, 1603~1683가 1636년에 세운 도시다. 같은 로드아일랜드 주의 또다른 도시 뉴포트는 1639년에 세워졌는데 이곳에 북미 최초의 유대교 교회가 문을 열었다. 프로비던스에는 브라운 대학교가 있는데, 1764년 세운 이 학교는 어떤 종교를 가졌는지 따지지 않고 학생의 입학

1896년 제작된 프로비던스 조감도. 미국 국회도서관.

M. D. Mason. 96

을 허용했다. 이처럼 로드아일랜드는 종교의 자유를 일찌감치 보장하고 존중했다.

시작부터 보스턴의 '안티' 같은 이유로 세워진 프로비던스는 지리적으로 가깝고, 여러 면에서 보스턴의 그늘 밑에 유지되는 감이 없지 않지만 두 도시 사이에는 오늘날까지 묘한 거리감이 존재한다. 그러면서도 교류도 많을 뿐더러 미국을 건국한 13개 주에 속한다는 공통점도 가지고 있다.

●

동생이 살고 있는 도시라는 점 외에 특별히 관심을 갖지 않았던 이곳이 흥미를 끌었던 건 오랜 세월 지속적으로 이루어지고 있는 도시 재생의 과정을 지켜볼 수 있어서였다. 동생이 이곳으로 이사한 2000년대 초부터 최근까지 거의 20여 년 동안 프로비던스의 조용하고 꾸준한 변화를 지켜보면서 배운 게 많았다.

종교적인 자유를 추구하며 도시를 세우긴 했지만 18세기 말부터 이곳 역시 산업혁명의 전선에 서야 했고, 이민자가 대거 유입되었다. 20세기 초 경제적으로 크게 성장하면서 빈부격차가 심해졌다. 19세기 말부터 20세기 중반까지는 미국 주얼리 산업의 중심지였다. 1920년대까지만 해도 섬유 산업이 이 지역을 먹여 살렸지만 노동력이 값싼 남부로 산업이 대거 이동하면서부터는 주얼리를 비롯한 다른 산업이 도시를 지탱해줬다. 이후 경제대공황과 제2차 세계대전을 거치면서 교외로 인구가 빠져나가기 시작했다. 당시 상류층을 제외하고 대부분 다가구 주택에 살

2011년 프로비던스.

2021년 프로비던스.

고 있던 프로비던스 주민들에게 정원이 딸린 교외의 단독주택은 꿈이었기 때문이다. 그 결과 인구 수가 확연히 줄어든 1980년대 프로비던스는 남미에서 오는 이민자들이 대거 유입함으로써 다시 인구가 늘어나기 시작했다. 추이를 보면 1940년 정점인 25만 4천 명을 기록한 뒤 1980년 15만 7천 명까지 줄었다가 점차 회복세를 보여 2020년에는 19만 1천 명에 도달했다.

프로비던스는 제2차 세계대전 이후 도시가 점진적으로 쇠락하기 시작하자, 이때부터 도시 재생에 관심을 갖기 시작했다. 도시의 원형을 기억하게 해주는 18세기의 건축물을 보존하는 것, 그 기능이 이미 쇠퇴한 상가를 다시 활성화시키는 것이 도시 재생의 큰 방향이었다. 그 시작은 슬럼화 지역의 정비였다. 18~19세기 건축물이 많은 주택가의 슬럼화가 1950년경 프로비던스의 고민이었다. 근처에 브라운 대학교가 있기 때문에 어떻게든 문제를 해결해야 했다. 대학의 주변 환경이 좋아야만 훌륭한 학생들을 더 많이 모집할 수 있었다. 또한 소련과의 냉전이 치열했던 당시 미국으로서는 시민들의 애국심을 고취하는 것이 무엇보다 중요했다. 애국심은 조국에 대한 자부심에서 비롯한다. 역사적 경관을 보존하고 유지하는 것은 역사를 존중하려는 의미도 있지만 때로 그 역사를 과장해서 보여주려는 의도가 깔려 있기도 하다. 훌륭한 역사를 지닌 조국이라는 이미지만큼 애국심을 고양시키기에 좋은 장치도 없다. 프로비던스 역시 여기에서 자유로울 수 없었다. 게다가 1930년대 경제대공황의 혼란 속에서도 이미 도시 재생을 통해 역사의 보존을 성공한 사우스캐롤라이나 주 찰스턴과 루이지애나 주 뉴올리언스의 사례가 있으니 참고하기에 더없이 유용했다.

프로비던스는 오래된 집들이 언제 지어졌는지를 먼저 확인하고, 보존할 만한 집을 정한 뒤 수리와 매매를 함께 진행했다. 이를 위해 시는 물론이고, 브라운 대학교와 여러 부유층들이 적극적으로 힘을 더했다. 오늘날 슬럼화된 지역을 재생할 때 가장 큰 어려움은 그곳에 살고 있는 사람들을 어떻게 할까 하는 일이다. 대부분 낡은 임대용 주택에 저소득층들이 살고 있기 때문이다. 가장 먼저 떠올릴 수 있는 방법은 임대용 주택을 매매용으로 바꾸는 것인데, 이 과정에서 집을 살 능력이 안 되는 저소득층들은 오래 살던 지역을 떠날 수밖에 없다. 역시 또 젠트리피케이션이다. 게다가 오랫동안 지속해온 인종차별의 영향으로 슬럼가에 사는 저소득층 가운데는 흑인들이 많다.

하지만 이 당시는 젠트리피케이션에 대해 누구도 고려하지 않았다. 쇠퇴해가는 도시의 역사 보존이야말로 위대한 일처럼 여겨졌고, 비교적 성공적으로 마무리가 되자 새로운 명소가 생겼고, 도시 재생의 선두 도시로 인식되었으며 이를 통해 자신감을 갖게 되었다. 실제로 프로비던스는 이후 역사 보존을 하려는 미국의 많은 도시들에게 참고할 만한 좋은 사례로 꼽혔다.

●

이 무렵부터 1960년대 후반까지 미국의 수많은 도시에서는 재개발이 한창이었다. 오늘날 한국에서 흔히 볼 수 있는 전면 철거 방식이 대부분이었다. 한쪽에서는 재개발을 진행하고 한쪽에서는 고속도로를 닦았다. 기존 도로를 넓히는 사업도 활발했다. 도시를 재개발한다는 것은 곧 자

2003년 프로비던스 오래된 주택가.

2011년 프로비던스 역사 보존 지구.

2022년 프로비던스 역사 보존 지구.

2023년 프로비던스 역사 보존 지구.

동차 중심의 도로를 정비한다는 의미이기도 했다.

프로비던스에서는 다른 도시들처럼 전면적인 철거 방식의 재개발은 그리 많지 않았지만, 이곳에도 도시 한복판에 고속도로가 들어왔고 도심에 있는 강을 부분적으로 덮으면서 도로를 넓히기도 했다. 교통이 편리해지자 교외에 새로운 주택 단지가 생겼고 사람들이 도시 밖으로 나가 살기 시작하면서 도심 안의 인구 감소는 더욱 빨라졌다.

1970년대로 접어들면서 미국의 다른 도시들처럼 프로비던스 경제 상황 역시 바닥을 쳤다. 성공적이라고 평가 받았던 역사 보존 사업을 계속 하고 싶어도 할 수 없었다. 옛날 건물이 남아 있는 한정된 지역에서만 이루어지는 일이니 그 파급 효과가 시 전체적으로 뻗어나가지 않았다. 도시를 활성화할 다른 대안을 찾아야 했다.

1980년대 프로비던스는 두 번째로 도시 재생 사업에 착수했다. 당시 시장의 강력한 추진력 덕분에 가능했다. 재생 사업의 기본 내용은 이랬다.

> "프로비던스 도심과 첫번째 재생 사업이었던 역사 보존 지역 사이의 강 위 도로를 철거하고, 두 지역을 연결할 것."

이를 위해 그 사이에 있던 철도 차량 기지를 없애고 강을 중심으로 한 공원을 새로 조성했다. 한편으로 도심에는 커다란 쇼핑몰을 들여놓음으로써 소매 상점들을 활성화하려고 했다. 이 사업은 1990년대 중후반에 마무리되었다. 역시 결과는 성공적이었다. 도시가 살아나기 시작했고, 뒤이은 2000년대 초에는 도심에 고층 아파트가 들어서면서 상주

2011년 프로비던스
도시 재생의 성공 사례.

2011년 프로비던스
여름 축제.

2023년 프로비던스
전차선 공원.

2011년 프로비던스 도시 재생의 성공 사례.

인구 역시 늘어나기 시작했다.

2008년 세계 금융 위기 당시 프로비던스 역시 타격을 입어 도시 재생 사업이 주춤하긴 했지만 2010년 중반 다시 활기를 찾았다. 단순히 오래된 건물을 되살리는 차원을 넘어 2000년대 말에는 도심 한가운데를 지나가던 고속도로를 도심 남쪽으로 이동시키기도 하고, 2010년대에는 IT 분야를 비롯한 첨단 과학 기술 산업을 위한 연구소와 브라운 대학교 의과 대학을 유치하기도 했다. 또한 고속도로를 없앤 뒤 도심과 옛 주얼리 공장 지대를 연결함으로써, 오래된 벽돌 건물과 새로 지은 첨단 건물의 흥미로운 조화도 이루어냈다. 2020년에는 강을 건너는 인도교를 만들어 도심과 오래된 지역을 연결하는 산책로 코스를 만든 것도 눈여겨볼 만하다.

1950년대부터 1990년대까지 약 40년 동안 이어진 도시 재생 사업으로 인해 프로비던스의 원도심과 역사 보존 지역은 물론, 도심 한복판까지 거의 모든 곳의 재생이 이루어졌다. 이에 발맞춰 1980년대부터 2020년까지 이민자들의 유입으로 인구는 약 25퍼센트 증가했다.

미국의 쇠락한 도시들 가운데는 재생을 꿈꾸는 도시가 많은데, 프로비던스는 언제나 성공한 사례로 언급된다. 이 도시에서 뭔가를 배우기 위해 다른 도시 관계자들이 끊임없이 찾아온다. 그 가운데 2003년 매우 흥미로운 방문객이 프로비던스를 찾아왔다. 바로 당시 서울 시장이었던 이명박 전 대통령이다. 청계천 복원 사업을 구상하고 있던 그에게 프로비던스는 어떤 참고가 되어주었을까?

프로비던스의 도시 재생은 두 가지 면에서 매우 중요하다. 하나는 기존의 문화와 자연 경관을 시대에 맞게 조화롭게 잘 살려냄으로써 사람들이 가고 싶어하는 공간을 만들어냈다는 점이다. 또 하나는 바깥에서 새로운 사람을 유입시킴으로써 인구 감소를 멈추게 했다는 점이다. 기존의 자산을 살리는 것은 적지 않은 예산이 투입되어야 가능하지만 그 파급 효과가 대단히 크기 때문에 도시로서는 투자할 만한 의미가 분명히 있다. 새로운 사람을 받아들이는 것 역시 대단한 도전일 수 있지만 프로비던스는 미국의 오래된 이민의 역사를 살려 이민자들을 기꺼이 환영했다. 이미 이곳에서 오래 살았던 이민자들에 더해 새로 들어오는 이민자들이 많아지면서 뜻밖의 부가가치도 만들어냈다. 바로 음식이었다. 다양한 문화권의 사람들이 모여 살면서 프로비던스는 뜻밖에 세계 각국 음식의 메카로 떠올랐다. 사람들이 다양한 음식을 맛보기 위해 프로비던스를 찾았다. 소비력을 갖춘 사람들의 지속적인 유입은 도시 재생의 핵심이라고 할 수 있다. 그렇게 거주하는 사람이 많아지고, 도시가 여러 모로 발전하자 미국의 다른 지역에서도 이사를 오는 사람들이 조금씩 늘어나기 시작했다. 물론 나 역시도 그런 사람 중 하나다.

어느 도시에서나 그 도시에 대해 잘 알고 싶으면 오래된 이발소를 찾는다. 프로비던스에서도 통했다. 집 근처 단골 이발소인 처크스 바버숍Chuck's Barbershop 주인은 프로비던스에서 태어난 80대 중반의 건강한 이탈리아계 할아버지다. 슈퍼마켓, 가게, 식당 등이 줄 지어 선 차크스톤Chalkstone 거리에서 1965년 이발소의 문을 열었다. 그 덕분에 머리를 자를 때마다 동네 역사에 대해 듣곤 한다. 1970년대까지 이 동네에 이탈리아계가 많이 살았다는 것, 이들이 교외로 이사하면서 상가가 한때 쇠퇴했다는 것도 머리를 자르며 들은 이야기다. 상가의 쇠퇴로 고생을 하긴 했지만 멀리서도 단골이 꾸준히 찾아와 영업을 계속 할 수 있었고 지금도 그렇다고 했다. 1980년대 중반부터 에스파냐어를 쓰는 히스패닉계 사람들이 늘어나면서 곳곳에 에스파냐어 간판이 등장하기 시작했다는 것도, 히스패닉계 가운데 특히 도미니카공화국 출신이 제일 많고 그다음이 과테말라와 푸에르토리코도 출신이라는 것도, 그뒤로도 한동안 히스패닉계 인구가 늘어났다가 점차 중국과 태국 식당이 문을 열면서 상가가 다양해졌다는 내력도 들을 수 있었다. 오늘날 프로비던스 전체 인구의 약 43퍼센트를 차지하는 히스패닉계 사람들이 언제부터 이곳에 살았는지를 알 수 있게 되었고, 도미니카공화국·과테말라 출신의 시장들이 각각 선출된 내력도 알 수 있었다.

차크스톤 거리는 시내 한복판도, 역사 보존과 도시 재생 사업의 대상 지역도 아니다. 그저 프로비던스의 일반적이고 평범한 동네의 상가일 뿐이다. 그렇지만 이 거리에 끊임없이 새로운 인구가 들어오면서 스스로 재생을 한 셈이다. 두말할 필요도 없이 모름지기 도시에는 사람이 살아야 활기를 유지할 수 있다.

●

프로비던스의 성공적인 도시 재생 사례는 2010년대 서울에 살면서 관심을 가지고 참여했던 한옥 보존 활동에 큰 노움이 되었다. 서울만이 아닐 것이다. 한국의 많은 중소 도시들도 오래전 프로비던스처럼 인구가 감소하고 있고, 산업의 공동화가 진행되고 있다.

1960년대 이후 한국 경제가 급성장기에 들어서면서 도시 역시 급팽창했다. 하지만 이호철의 소설 『서울은 만원이다』에 나오는 것처럼 도시의 확장 속도는 인구 유입의 속도를 따라가지 못했다. 이로 인해 주택난, 교통난 등 부작용이 많았다. 그렇게 빠른 속도로 팽창하던 한국의 도시들도 21세기에 들어서면서 성장 속도는 느려지고, 제조업 공장은 해외로 이동하면서 일자리가 줄어들고, 그리고 고령화 사회로 일찌감치 진입함에 따라 점점 쇠락하고 있는 것이 현실이다. 그 속도는 갈수록 더 빨라지는데 그런 한편으로 2010년대 후반부터 도시 재생이 큰 화두로 떠올랐다. 도시의 역사를 보존하려는 관심과 그 경험은 그 도시의 재생에 관한 전반적인 토대가 되곤 한다.

그렇다면 프로비던스의 사례는 한국의 도시 재생 사업에 어떤 참고가 될까? 역사적인 건축물과 전통가옥의 형태가 많이 남아 있는 서울과 전주는 물론 일제강점기 당시의 건물과 거리의 흔적이 많이 남아 있는 도시들은 특히 프로비던스의 사례를 참고할 만하다.

우선 기존의 역사적인 흔적과 자연 경관을 조화롭게 연결시켜야 하고 무엇보다 인구 수를 늘려야 한다. 역사적인 기억과 도시의 경관을 도시 재생의 씨앗으로 인식하고, 원도심과 오래된 지역을 중심으로 재생 사업의 방향을 설정한 도시들은 갈수록 늘어나고 있다. 하지만 이곳을 찾아오는 사람을 늘리는 것은 쉬운 일이 아니다. 미국처럼 이민자들에게 개방적인 국가도 아니고, 인구 감소는 정해진 미래다.

그렇다면 어떻게 해야 할까. 현재로서는 방법은 단 한 가지밖에 없다. 수도권에 모여 있는 사람들을 분산시키는 것이다. 수도권 집중 현상을 해결하기 위해 박정희 정권 시절부터 오늘날까지 계속 여러 정책이 개발, 도입되었지만 그 효과는 거의 나타나지 않았다. 게다가 갈수록 지역의 도시는 더 쇠락해감으로써 위기의 위기를 거듭하고 있고, 수도권에 지나치게 집중된 탓에 젊은 세대들 사이에는 삶의 질에 대한 불평과 불만이 하루도 가실 날이 없다. 하지만 이런 문제를 한두 도시가 해결할 수는 없다. 도시를 넘어 국가가 다시 한 번 적극적으로 나설 때가 되었다. 그런 면에서 인구 감소의 위기에 처한 중소 도시라면 프로비던스를 한 번 참고해볼 것을 권한다. 시민들 사이에 이민에 대한 공감대가 형성된다면 프로비던스의 사례는 참고할 만한 부분이 더 많을 것이다.

일본에서 다시 한국으로 오게 된 2008년 9월경부터 나는 주말마다 거의 온종일 서울 시내 곳곳을 돌아다녔다. 어느 가을날, 그날도 북촌을 혼자 느긋하게 산책을 하고 있었다. 문득 동생이 살고 있는 프로비던스의 역사 보존 지구가 떠올랐다. 재개발이 아닌 재생을 통해 후손들에게 있는 그대로 남겨줄 수 있게 되었다는 점에서 북촌과 공통점이 있다고 생각했다. 아름다운 북촌의 골목길을 걸으며, 아름다운 프로비던스의 풍광을 떠올리고 있으니 누가 뭐라고 해도 오래된 시간을 간직한 역사적인 공간을 보존하는 일은 재개발보다 훨씬 현명한 선택임을 다시 한 번 확인할 수 있었다. 어느덧 프로비던스는 나에게 오래된 도시 공간을 이해하는 데 도움을 주는 훌륭한 스승이 되었다.

●

프로비던스에 살면서 매우 흥미로운 발견을 했다. 미국 역시 다른 나라처럼 소위 '지역색'이라는 게 있다는 걸 알고는 있었지만 미국에서는 거의 앤아버에서만 살았기 때문에 다른 도시와의 차이를 거의 느끼지 못하고 지냈다. 오래전 남부를 여행하면서 앤아버에서 쓰는 말과 미묘하게 다르다는 걸 느끼기도 하고, 뉴욕에 가면 그곳만의 독특한 분위기를 어렴풋이 알 것도 같았지만 잠깐 스쳐가는 사람의 이질감 비슷한 것이었다.

프로비던스에 이사를 온 뒤 지역색이라는 걸 알게 되었다. 가장 먼저 체감한 것은 바로 사투리로, 로드아일랜드 주의 사투리는 매우 흥미롭다. 미국 동부 연안 지역은 영국처럼 모음 뒤에 오는 'r' 소리를 발음하지 않는다. 그리고 억양도 가상의 표준어인 '일반적 미국 영어'General American English와 매우 다르다. 누군가와 말을 직접 나눠보니 듣자마자 뉴잉글랜드 말이라는 걸 알 수 있었다. 로드아일랜드 주의 말투에는 독특한 억양도 들어 있는데 마치 뉴잉글랜드와 뉴욕의 방언을 섞은 것 같기도 하다. 가장 신기한 부분은 'you'의 복수를 'yous'로 발음하는 것이다. 옛날에 영어를 못하는 이민자가 영어를 배우면서 복수형을 표시하는 's'를 어디다 붙여야 할지 몰라 자연스럽게 'you'에 적용한 듯하다. 이런 어투는 동북부의 다른 지역에서도 찾을 수 있지만, 로드아일랜드 쪽에서 특히 많이 들을 수 있다.

발견한 것은 또 있었다. 2018년 프로비던스의 옛 섬유공장에 동네 책방 '리프라프'Riffraff가 문을 열었다. 인문학 신간 서적을 파는 작은 매장과 칵테일 바를 함께 운영하고 있었다. 바에서는 커피도 팔지만, 주종은 칵테일이다. 디자이너가 꾸민 공간이라 색다른 것을 찾는 사람들이 좋아할 만했다. 웹사이트를 찾아보니 책방을 열기 위해 약 2년 전에 뉴욕에서 이사를 왔다고 안내가 되어 있었다. 넓고 넓은 미국 지역 중에 왜 하필 프로비던스를 선택했는지에 관해서는 자세한 설명이 없지만, 부인이 대학 시절을 프로비던스에서 보냈다고 써 있었다. 처음 갔을 때는 볼 만한 책이 많지 않아 곧 자리에 앉아 커피를 주문했다. 책방에는 모름지기 책이 많아야 한다고 생각하지만 최근에는 책보다는 '힙'하면서 지적인 분위기를 소비하려는 이들의 취향을 고려한 곳들이 많다. 리프라프 역시 그런 책방이라고 생각했다. 과연 얼마나 유지할 수 있을까도 궁금했다. 책방에 앉아 커피 한 잔을 시켜놓고 가지고 간 책을 이리저리 뒤적거리다보니 문득 리처드 플로리다가 2005년에 쓴 『도시와 창조 계급』Cities and the Creative Class이 떠올랐다. 리처드 플로리다는 2000년대 접어들면서 미래 경제를 IT·미디어·디자인·예술 분야가 주도할 것이라며, 이를 '창조 계급'이라는 개념으로 묶어 설명했다. 그는 특히 이 책에서 '창조 계급이 도시 한복판에 모이면 재생의 원동력이 될 거'라고 했다. 꼭 그의 이론 때문은 아니겠지만 이 당시 수많은 도시가 창조 계급을 중심으로 재생 프로젝트를 시도했다. 오래된 건물을 살려서 카페, 작업실, 그리고 샐러드바 등을 만들었는데, 이런 모습은 오늘날까지도 수많은 도시에서 흔히 볼 수 있다.

프로비던스도 그랬다. 1990년대 물리적으로 성공한 도시 재생의 성과를 토대로 창조 계급을 도시 안으로 유입시키기 위해 도시의 슬로건을 '창조의 수도'The Creative Capital로 정했다. 브라운 대학교 바로 옆에는 서도호 작가를 비롯해 많은 한국인 예술가를 배출한 것으로도 유명한 로드아일랜드 스쿨 오브 디자인 예술 대학이, 요리 학교로 유명한 존슨 앤드 웨일즈 대학교가 이미 있었다. 창조 계급을 도시 내에서 배출할 수 있는 인프라가 충분히 갖춰져 있었다. 이런 토대에도 불구하고 프로비던스는 2008년 세계 금융 위기로 인해 기나긴 불황 속으로 빠져들었다. 이를 지켜보며 나는 도시의 재생은 단기간에 누군가에게 보여주고 끝나는 '프로젝트'가 아니라는 점을 발견했다. 당연하게도 도시는 사람이 계속 살아가는 곳이다. 끊임없이 변화한다. 어제의 성공이 결코 내일의 안정을 보장하지 않는다.

미국 경제는 서서히 회복했지만 프로비던스가 그토록 원했던 창조 계급들은 프로비던스가 아닌 보스턴으로 모여들었다. 프로비던스는 어떻게 되었느냐? 또다시 변방의 도시로 밀려나고 말았다. 창조 계급을 중심으로 도시를 재생하려는 시도가 어떤 한계를 가지고 있는지를 보여주고 있는 사례다.

●

코로나19팬데믹은 창조 계급에 의존한 도시 재생의 새로운 한계를 보여주었다. 2020년 3월 중순, 프로비던스의 모든 대학과 관공서, 문화 기관이 일제히 문을 닫았다. 사회적 거리 유지 정책으로 일체의 창조적이고 창의적인 활동은 공적 장소에서 사라지고 완전히 개인의 행위로 국한되었다. 어떤 유형의 시너지든 사람들이 함께 모여 무언가를 만들고 즐기는 과정에서 원활해진다. 각자 고립되어 소통하지 않은 상태라면 원활한 시너지를 기대하기 어렵다. 그렇게 살기로만 한다면 프로비던스 같은 도시에서 굳이 살지 않아도 된다. 더 따뜻한 지역, 생활비가 더 저렴한 지역에서 살아도 불편함이 없다. 그런 이유로 보스턴을 떠나 프로비던스로 이주해온 이들도 많았다.

2023년 현재, 미국은 전국적으로 팬데믹 이전의 일상을 거의 회복했으나 재택 근무가 보편화된 상황처럼 결코 2020년 이전으로 돌아가지 않는 부분도 있을 것이다. 때문에 전 세계 주요 도시들마다 여러 과제에 직면해 있고, 이를 타개할 2030년대의 지향에 걸맞는 새로운 슬로건이 필요하다. 프로비던스라고 예외는 아닐 것이다. 과연 이 도시가 찾을 새로운 슬로건은 무엇일까. 아마도 조만간 그 논의의 시작을 보게 될 것이다.

나는 프로비던스에 살지만 여전히 관찰자다. 이 도시에서 내가 아끼는 역사 보존의 성과를 보고 있고, 시장의 강력한 지도력으로 밀어붙인 재생 사업의 성과, 그리고 최근에는 이 시대에 맞는 힙한 공간도 즐기고 있다. 프로비던스를 보고 있노라면 마치 눈앞에서 미국 도시사 강의를 받는 느낌이다.

관찰자는 대상과 거리를 두어야 관찰이 더욱 즐겁다. 그래서일까? 어느 곳이나 도시에 머물면 그 도시와 사랑에 빠지곤 하는데 웬일인지 나는 이 도시에서 여전히 관찰자로 살고 있다.

·
·
·

"사람들은 내게 자주 묻는다.

"어디에서 왔나요?"

글쎄, 나는 어디에서 왔을까?

내가 아는 건 이것이다.
그동안 거쳐온 수많은 도시들이 바로 내가 온 곳이다."

·
·
·

이 책을 둘러싼 날들의 풍경

한 권의 책이 어디에서 비롯되고, 어떻게 만들어지며,
이후 어떻게 독자들과 이야기를 만들어가는가에 대한 편집자의 기록

2018년 4월. 저자와의 첫 책 『외국어 전파담』 출간을 준비하는 동안 편집자는 저자의 전공인 언어에 관한 책과 함께 평생 전공 분야 못지않게 관심을 가져온 도시에 관한 책을 꾸준히 만드는 것은 어떨까, 홀로 생각하다. 생각은 점점 모양새를 갖춰 저자와 함께 앞으로도 꾸준히 두 개의 주제를 번갈아가며 책을 만들 수 있으면 좋겠다는 바람으로 이어지다. 『외국어 전파담』 출간에 임박하여 편집자는 저자에게 이런 속내를 밝히며 '짧은 여행지로서가 아닌 익숙한 도시를 대상으로, 그 도시에 관한 여러 생각을 담은 '새로운 책을 제안하다. 저자는 편집자의 제안에 응해 1년 후인 2019년 봄 출간을 목표로 구상해보기로 하다. 이를 위해 저자가 살았거나 여러 차례 다니며 익숙한 도시들 가운데 독자들과 그 도시에 관해 나누고 싶은 이야기가 있는 곳들의 목록을 정해보기로 하다.
시간이 흘러 이 글을 쓰고 있는 2023년 12월 현재 편집자의 이런 계획은 순조롭게 이루어지다. 잠시 밝히자면 2018년에는 언어를 주제로 한 『외국어 전파담』을, 2019년에는 도시를 주제로 한, 이 책의 초판본인 『로버트 파우저의 도시 탐구기』를, 2020년에는 다시 언어를 주제로 한 『외국어 학습담』을 출간하고, 2024년 연초 『로버트 파우저의 도시 탐구기』의 개정판 『도시독법』과 도시에 관한 새 책을 출간하는 데에 이르다.
2018년 6월. 미국으로 돌아가기 전 저자로부터 수록 도시의 1차 목록을 받고, 의견을 나누다.
2018년 7월. 수록할 도시의 목록을 확정하다.
2018년 8월. 각 도시에서 주로 이야기할 주제에 관한 1차안이 만들어지다.
2018년 9월. 각 도시에서 주로 이야기할 주제를 확정하다.
2018년 12월 25일. 마치 성탄절 선물처럼 첫번째 원고 '앤아버' 편이 편집자에게 당도하다.

2019년 2월. 연말부터 연시를 거쳐 1~2주에 한 편씩 순차적으로 원고가 들어오다. 저자는 원고를 쓰고, 편집자는 원고에서 수정 또는 보완할 부분을 기록하며 서로 맡은 바 할 일을 차곡차곡해 나가다. 편집자는 레이아웃 디자인을 위한 샘플 이미지를 저자에게 요청하다. 저자는 도쿄와 서울의 관련 이미지를 다수 보내오다. 그 이미지 가운데 저자가 직접 촬영한 서울과 도쿄의 1980년대 사진을 보며, 저자가 쌓아온 도시들과의 인연의 깊이를 실감하다. 본문의 레이아웃 디자인을 디자이너 김명선에게 의뢰하다. 레이아웃 디자인이 순조롭게 정해지다. 편집자는 원고 검토 의견을 종합적으로 정리하여 저자에게 보내다. 저자는 이를 참조하여 이후 원고를 집필하다. 원고의 보완 및 수정, 새로운 도시의 원고 집필, 이미지의 선별 등 여러 단계의 작업이 미국 로드아일랜드 주의 프로비던스와 대한민국 서울시 종로구에서 동시다발적으로 이루어지다.

2019년 3월. 저자가 뉴욕과 프로비던스를 끝으로 모든 원고의 집필을 마치다. 편집자는 그동안 저자와 주고받은 원고의 보완 및 수정사항을 반영하여 편집용 원고의 정리를 시작하다. 1차 조판을 마치다. 초교를 진행하다.

2019년 4월. 편집자의 작업과 함께 저자가 한국에 입국하여 저자 교정을 동시에 진행하다. 책의 제목 '도시 탐구기' 앞에 '로버트 파우저' 포함 여부를 두고 고민하다. 5월 중순 출간을 예정하고, 출간 전 서울에 있는 몇몇 책방과 함께 '독자와의 만남'을 의논하다.

2019년 5월. 본문에 수록할 이미지 등을 추가하다. 표지 및 본문을 최종적으로 점검하다. 편집의 모든 작업이 끝나다. 8일 인쇄 및 제작에 들어가다. 표지 및 본문디자인은 김명선이, 제작 관리는 제이오에서(인쇄:민언프린텍, 제본:정문바인텍, 용지:표지- 아르떼 210그램, 순백색, 본문-서적지 80그램, 미색), 기획 및 편집은 이현화가 맡다.

2019년 5월 15일. 혜화1117의 다섯 번째 책, 『로버트 파우저의 도시 탐구기』 초판 1쇄본이 출간되다.

2019년 5월 23일. 서울 '역사책방'에서 독자와의 만남을 갖다.

2019년 5월 24일. 서울 '공간291'에서 독자와의 만남을 갖다. 『서울신문』에 '갈등 속 희망이 느껴지는 도시, 미국인 언어 순례자가 본 서울'로 서평 기사가 실리다. 『한겨레』에 '글쎄? 나는 어디에서 왔을까?'로 서평 기사가 실리다. 『문화일보』에 '미국인이 한국어로 쓴 세계의 도시'로 서평 기사가 실리다.

2019년 5월 25일. 인천 '코스모40'에서 독자와의 만남을 갖다.

2019년 5월 30일. 서울 '책방이음'에서 독자와의 만남을 갖다. '프레시안'에 도시학자 김시덕 선생의 서평이 실리다.

2019년 5월 31일. 문지애 아나운서가 진행하는 EBS 라디오 프로그램 '행복한 교육세상'에 출연하다. 이밖에 5월 말부터 6월까지 『매일경제』『동아일보』『조선일보』『부산일보』『영남일보』『시사인』등에 관련 기사가 실리다.

2019년 6월 3일. 『국민일보』에 '세계 도시 14곳서 살아봤더니… 서울은 일하기 좋고 재능이 모인 곳'으로 서평 기사가 실리다.

2019년 6월 7일. 서울 '니은서점'에서 독자와의 만남을 갖다.

2019년 6월 8일. 인천 '배다리 책피움 한마당'의 일환으로 '아벨전시관'에서 독자와의 만남을 갖다.

2019년 6월 9일. 서울 '서촌그책방'에서 독자와의 만남을 갖다.

2019년 9월 6일. 전주 '서점&카페 카프카'에서 독자와의 만남을 갖다.

2019년 9월 9일. 전주 독서모임 '리더스클럽'에서 독자와의 만남을 갖다.

2019년 9월 13일, 15일. '프레시안'에 도시학자 김시덕 선생과 저자의 대담을 담은 기사가 2회에 걸쳐 실리다.

2019년 9월 19일. '채널예스' 팟캐스트 프로그램 '책읽아웃'에 '서울에서 소다드Saudade를 느껴요'라는 제목으로 출연한다. 대구의 '대구하루'에서 독자와의 만남을 갖다.

2019년 9월 20일. 구미 '삼일문고'에서 독자와의 만남을 갖다.

2019년 9월 25일. 속초 '완벽한 날들'에서 독자와의 만남을 갖다.

2019년 10월 5일. 한남대 교수 한필원 선생의 주선으로 대전 '애트'에서 도시 관련 전문가들과의 만남을 갖다. '애트'의 1주년을 기념하는 것이기도 하여 더욱 뜻깊은 자리이기도 하다.

2019년 10월 7일. 『시사저널』에서 주최하는 '굿시티포럼2019'에 "보존과 개발 공존하는 가치관 변화에 기대"라는 주제로 강연하다.

2019년 12월 14일. '프레시안'에 '좋은 도시를 위하여'라는 칼럼의 연재를 시작하다. 이듬해 봄 다시 한국에서 만날 것을 기약했으나 2020년 초 전 세계를 휩쓴 코로나19로 인해 저자의 한국 방문이 기약없이 미뤄지다.

2020년 7월 8일. 『한겨레』에 '로버트 파우저, 사회의 언어'라는 고정 칼럼의 연재를 시작하다.

2021년 9월. 언어를 주제로 한 두 번째 책 『외국어 학습담』과 첫 책 『외국어 전파담』의 개정판이 나왔으나 여전히 코로나19로 인해 저자의 방한은 미뤄지다. 편집자는 도시를 주제로 한 다음 책의 출간을 계획하다. 아울러 코로나19로 인해 일어난 외국어 관련 변화상을 새로 담아 『외국어 전파담』의 개정판을 출간한 것처럼 도시에 관한 새 책을 출간할 때 초판 출간 이후 달라진 도시들의 이야기를 보완하여 『로버트 파우저의 도시 탐구기』의 개정판을 출간하면 좋겠다는 생각을 하게 된다. 이왕 개정판을 내는 것이라면 출간 이후 독자들로부터 많이 받은, 도시에 관한 책이 흑백이어서 아쉽다는 의견을 반영하기로 한다. 초판본을 만들 때만 해도 오래된 흑백 사진을 함께 보며 옛 추억을 떠올리는 것 같은 느낌을 독자들과 나누려 했으나, 독자들이 떠올리는 옛 추억의 장면에 이미 흑백이 아닌 컬러가 일상화되어 있다는 사실을 간과했음을 뒤늦게 깨닫다. 여기에 인연이 남다른 부산과 인천이 빠진 것에 대한 저자의 아쉬움을 해소하기로 하다.

2022년 5월. 저자가 무려 2년 만에 방한하다. 미처 하지 못했던 『외국어 학습담』 출간 기념 북토크 일정을 소화하다.

2022년 6월 16일. 서울 '역사책방'에서 『외국어 학습담』 출간 기념 북토크를 마친 뒤 혜화1117의소중한 저자 한미화 선생님과 함께 추어탕을 먹고 커피 한 잔을 즐기다. 이 자리에서 앞으로 얼마나 책을 만들 수 있을지 모르겠다는 편집자의 말에 저자는 앞으로 20년 후에도 북토크를 하고 있을 거 같다고 명쾌하게 답하시다. 그렇다면 역시 앞으로 20년은 계속 책을 만들어야 하겠다며 다짐하다. 정말 꼭 그렇게 되기를 마음속으로 바라며, 그렇게 여름날의 오후를 더불어 기분 좋게 보내다.

2022년 6월 20일. 김포 '꿈틀책방'&'코뿔소책방'에서 독자와의 만남을 갖다. 일정을 마친 뒤 도시에 관한 새 책의 계약서를 작성하다. 2023년에 새 책을 출간하기로 계획하다.

2022년 7월 7일. 서울 '동수상회'에서 독자와의 만남을 갖다. 독자 가운데 한 분이 저자에게 '폴란드 여행길 기차 안에서 『로버트 파우저의 도시 탐구기』를 읽었고, 함께 여행하던 아들이 이 책을 계기로 아일랜드 더블린에 한동안 머물게 되었다'며 '이 책으로 그때 여행이 얼마나 풍선해졌는지, 그때부터 꼭 뵙고 싶었는데 마침내 만나서 반갑다'는 인사를 전하다. 뒤에서 그 이야기를 가만히 듣던 편집자는 내색하지는 못했지만 너무 좋아서 집에 돌아와 이 책을 혼자 꼭 안아주다.

2022년 10월 15일. 수도권 지역 원도심에 새로 생긴 책방을 궁금해 하는 저자와 함께 경기도 안양 '뜻밖의 여행'을 방문하다.

2022년 10월 29일. 종로문화재단의 제안으로 한국에 유입된 외국어의 흔적을 함께 살피는 답사를 진행하다. 참석한 독자들로부터 『외국어 전파담』『외국어 학습담』『로버트 파우저의 도시 탐구기』까지 한꺼번에 들은 것 같다는 소감을 듣다. 이 날은 특히 일본 쿠온 출판사 김승복 대표가 함께하다.

2022년 10월~11월. 개정판에 새로 들어가는 도시에 관한 호기심으로 편집자는 저자와 함께 인천과 부산을 다녀오다. 나아가 대전에도 동행하여 원고의 의미를 다시 한 번 살피다.

2022년 11월 25일. "몸과 마음의 준비는 끝났다. 도착 후 이틀 뒤부터 본격적으로 쓰기 시작하겠다." 미국으로 돌아가는 저자와 저녁을 먹으며 이후 집필 및 출간 일정을 논의하다. 춥고 낮도 짧은 긴 겨울을 앞두고, 스스로 열심히 글만 쓰겠다는 선생의 일성과 함께 마지막 인사를 나누다. 편집자는 이날 바로 디자이너 김명선에게 개정판의 디자인 의뢰서를 보내다.

2022년 12월. 개정판에 새로 들어갈 인천과 부산의 새 원고가 도착하다.

2023년 1월. 초판본 이후 도시들의 변화, 특히 코로나19의 영향을 반영한 1차 보완 원고가 순차적으로 들어오다. 한국과 일본의 도시들은 물론 그밖의 몇몇 도시들은 원고의 수정 및 보완을 위해 다시 다녀와 그 내용을 반영하기로 하다. 이로써 텍스트는 물론 이미지 역시 초판의 흑백을 컬러로 바꾸는 작업을 넘어 새롭게 촬영한 것들을 추가하기로 예정하다. 개정판을 위한 1차 원고 집필을 마무리한 뒤 저자는 새 책의 원고 집필에 돌입하다. 편집자는 받은 원고에 대한 의견을 정리하기 시작하다.

2023년 7월. 새 책의 집필과 개정판의 보완 등을 위해 각국 여러 도시를 다녀온 저자가 최종 보완한 원고를 보내오다. 편집자는 원고의 검토 및 문의사항을 메모하여 저자에게 다시 보내고 재차 수정을 거쳐 원고를 확정하다.

2023년 8월. 개정판의 '책을 펴내며' 원고가 들어오다. 원고를 읽은 편집자는 역시, 파우저 선생이라는 생각을 하다.

2023년 9월. 개정판에 들어갈 이미지 파일을 모두 입수하다. 편집자는 조판용 원고를 정리하여 디자이너 김명선에게 보내다. 1차 조판을 완성한 파일을 저자에게 보내 검토를 요청하다. 한편으로 새 책의 원고가 속속 도착하다.

2023년 10월. 개정판의 교정을 진행하다. 새롭게 추가하는 원고의 분량이 만만치 않고 이미지 배치 등을 전면적으로 바꾸는 등 새 책 못지않게 시간과 품이 들어가다. 단지 개정판이라고 하기에는 변화의 크기가 매우 커서 편집자는 제목과 부제 등을 전면적으로 바꿔서 출간하기로 마음을 먹다. 연내 출간을 목표로 했으나 작업의 범위가 상당하여 2024년 연초 출간으로 일정을 조정하다.

2023년 11월. 개정판과 함께 새 책을 함께 진행하며 도시에 대한 저자의 시선과 인식에 내내 감탄하다. 두 권을 함께 내기로 한 것이 잘한 결정임을 확인하다. 책의 제목과 부제를 확정하다. 재교를 마치다.

2023년 12월. 편집자의 작업과 함께 저자가 한국에 입국하여 저자 교정을 동시에 진행하다. 출간 전 몇몇 책방과 함께 '독자와의 만남'을 의논하다. 표지 및 본문을 최종적으로 점검하다. 크리스마스에 편집의 모든 작업이 끝나다. 27일 인쇄 및 제작에 들어가다. 표지 및 본문디자인은 김명선이, 제작 관리는 제이오에서(인쇄:민언프린텍, 제본:정문바인텍, 용지:표지- 아르떼210그램, 순백색, 본문-클라우드 80그램), 기획 및 편집은 이현화가 맡다.

2024년 1월 10일. 혜화1117의 스물다섯 번째 책, 『도시독법-각국 도시 생활자의 어린 날의 고향부터 살던 도시 탐구기』 초판 1쇄본이 출간되다. 이후의 기록은 2쇄 이후에 추가하기로 하다.

도시는 왜 역사를 보존하는가
- 정통성 획득부터 시민정신 구현까지, 역사적 경관을 둘러싼 세계 여러 도시의 어제와 오늘

로버트 파우저 지음 · 올컬러 · 336쪽 · 24,000원

역사적 경관 보존을 둘러싼 전 세계 수많은 도시들의 복잡한 맥락과 그 이면을 살펴봄으로써 우리는 왜 역사적 경관을 보존해야 하며, 그것의 가치는 어디에 있는가를 되묻는 로버트 파우저의 남다른 사유!

외국어 전파담 [개정판] - 외국어는 어디에서 어디로, 누구에게 어떻게 전해졌는가

로버트 파우저 지음 · 올컬러 · 392쪽 · 값 23,000원

고대부터 현대에 이르기까지 역사 전반을 무대로 외국어 개념의 등장부터 그 전파 과정, 그 이면의 권력과 시대, 문명의 변화 과정까지 아우른 책. 미국인 로버트 파우저 전 서울대 교수가 처음부터 끝까지 한글로 쓴 이 책은 독특한 주제, 다양한 도판 등으로 독자들의 뜨거운 관심을 받았다. 2018년 출간 후 개정판에 이른 뒤 현재까지 꾸준히 사랑을 받아 스테디셀러로 자리를 확고하게 잡았다.

외국어 학습담 - 외국어 학습에 관한 언어 순례자 로버트 파우저의 경험과 생각

로버트 파우저 지음 · 올컬러 · 336쪽 · 값 18,500원

"영어가 모어인 저자가 다양한 외국어의 세계를 누비며 겪은 바는 물론 언어학자이자 교사로서의 경험을 담은 책. 나이가 많으면 외국어를 배우기 어렵다는 기존 통념을 비틀고, 최상위 포식자로 군림하는 영어 중심 학습 생태계에 따끔한 일침을 놓는다. 나아가 미국에서 태어난 백인 남성이라는 자신의 위치에 대한 비판적인 인식은 특히 눈길을 끈다."

_ 김성우, 응용언어학자, 『단단한 영어 공부』, 『유튜브는 책을 집어삼킬 것인가』 저자

* 2021년 교보문고 9월 '이 달의 책' * 2022년 세종도서 교양 부문 선정
* 2023년 일본어판 『僕はなぜ一生外国語を学ぶのか』 출간

경성 백화점 상품 박물지 - 백년 전 「데파-트」각 층별 물품 내력과 근대의 풍경
최지혜 지음 · 올컬러 · 656쪽 · 값 35,000원

백 년 전 상업계의 일대 복음, 근대 문명의 최전선, 백화점! 그때 그 시절 경성 백화점 1층 부터 5층까지 각 층에서 팔았던 온갖 판매품을 통해 마주하는 그 시대의 풍경!

* 2023년 『한국일보』 올해의 편집 * 2023년 『문화일보』 올해의 책 * 2023년 『조선일보』 올해의 저자

딜쿠샤, 경성 살던 서양인의 옛집 - 근대 주택 실내 재현의 과정과 그 살림살이들의 내력
최지혜 지음 · 올컬러 · 320쪽 · 값 18,000원

백 년 전, 경성 살던 서양인 부부의 붉은 벽돌집, 딜쿠샤! 백 년 후 오늘, 완벽 재현된 살림살 이를 통해 들여다보는 그때 그시절 일상생활, 책을 통해 만나는 온갖 살림살이들의 사소하 지만 흥미로운 문화 박물지!

백 년 전 영국, 조선을 만나다 - '그들'의 세계에서 찾은 조선의 흔적
홍지혜 지음 · 올컬러 · 348쪽 · 값 22,000원

19세기말, 20세기 초 영국을 비롯한 서양인들은 조선과 조선의 물건들을 어떻게 만나고 어 떻게 여겨왔을까. 그들에게 조선의 물건들을 건넨 이들은 누구이며 그들에게 조선은, 조선 의 물건들은 어떤 의미였을까. 서양인의 손에 의해 바다를 건넌 달항아리 한 점을 시작으로 그들에게 전해진 우리 문화의 그때 그 모습.

4·3, 19470301-19540921 - 기나긴 침묵 밖으로
허호준 지음 · 컬러 화보 수록 · 양장본 · 400쪽 · 값 23,000원

"30년간 4·3을 취재해 온 저자가 기록한 진실. 1947년 3월 1일부터 1954년 9월 21일까지 제주에서 일어난 국가의 시민 학살 전모로부터 시대적 배경과 세계사와 현대 한국사에서 의 4·3의 의미까지 총체적인 진실을 드러내는 책.
건조한 문체는 이 비극을 더 날카롭게 진술하고, 핵심을 놓치지 않는 문장들은 독서의 몰입 을 도와 어느새 4·3에 대한 통합적인 이해가 자리 잡힌다. 이제 이 빼곡하게 준비된 진실을 각자의 마음에 붙잡는 일만 남았다. 희망 편에 선 이들이 만들 수 있는 가장 큰 힘이다." -
_알라딘 '편집장의 선택' 중에서
* 2023년 세종도서 교양 부문 선정 * 대만판 번역 출간 예정

이중섭, 편지화 - 바다 건너 띄운 꿈, 그가 이룩한 또 하나의 예술
최열 지음 · 올컬러 · 양장본 · 320쪽 · 값 24,500원

"생활고를 이기지 못해 아내 야마모토 마사코와 두 아들을 일본으로 떠나보낼 수밖에 없던 이중섭은 가족과 헤어진 뒤 바다 건너 편지를 보내기 시작했다. 그 편지들은 엽서화, 은지화와 더불어 새로이 창설한 또 하나의 장르가 되었다. 이 책을 쓰면서 현전하는 편지화를 모두 일별하고 그 특징을 살폈음은 물론이다. 그러나 가장 중요한 것은 그의 마음과 시선이었다. 이를 파악하기 위해 나 자신을 이중섭 속으로 밀어넣어야 했다. 사랑하지 않으면 보이지 않고 느낄 수 없는 법이다. 나는 그렇게 한 것일까. 모를 일이다. 평가는 오직 독자의 몫이다."_최열, '책을 펴내며' 중에서

이중섭, 그 사람 - 그리움 너머 역사가 된 이름
오누키 도모코 지음 · 최재혁 옮김 · 컬러 화보 수록 · 380쪽 · 값 21,000원

"마이니치신문사 특파원으로 서울에서 일하다 이중섭과 야마모토 마사코 부부에 대한 취재를 시작한 지 7년이 지났습니다. 책을 통해 일본의 독자들께 두 사람의 이야기를 건넨 뒤 이제 한국의 독자들을 만나게 되었습니다. 이중섭 화가와 마사코 여사 두 분이 부부로 함께 지낸 시간은 7년 남짓입니다. 남편이 세상을 떠나고 70년 가까이 홀로 살아온 이 여성은 과연 어떤 생애를 보냈을까요? 사람은 젊은 날의 추억만 있으면, 그걸 가슴에 품은 채로 그토록 오랜 세월을 견딜 수 있는 걸까요? 그런 생각을 하면서 읽어주시길 기대합니다."_오누키 도모코, 『이중섭, 그 사람』 '한국의 독자들께' 중에서

호텔에 관한 거의 모든 것 - 보이는 것부터 보이지 않는 곳까지
한이경 지음 · 올컬러 · 348쪽 · 18,500원

미국 미시간대와 하버드대에서 건축을, USC에서 부동산개발을 공부한 뒤 약 20여 년 동안 해외 호텔업계에서 활약한, 현재 메리어트 호텔 한국 총괄PM 한이경이 공개하는 호텔의 A To Z. 호텔 역사부터 미래 기술 현황까지, 복도 카펫부터 화장실 조명까지, 우리가 궁금한 호텔의 모든 것!

웰니스에 관한 거의 모든 것 - 지금 '이곳'이 아닌 나아갈 '그곳'에 관하여

한이경 지음 · 올컬러 · 364쪽 · 값 22,000원

호텔에 관한 완전히 새로운 독법을 제시한 『호텔에 관한 거의 모든 것』의 저자 한이경이 내놓은 호텔의 미래 화두, 웰니스!
웰니스라는 키워드로 상징되는 패러다임의 변화는 호텔이라는 산업군에서도 감지된다. 호텔이 생긴 이래 인류가 변화를 겪을 때마다 엄청난 자본과 최고의 전문가들이 일사불란하게 그 변화를 호텔의 언어로 바꿔왔다. 거대한 패러다임의 변화에 따라 이미 전 세계 호텔 산업은 이에 발맞춰 저만치 앞서 나가고 있다. 이는 달리 말하면 호텔을 관찰하면 세상의 변화를 먼저 읽을 수 있다는 의미이기도 하다. 또 달리 말하면 변화를 따라가지 못하면 도태된다는 뜻이기도 하다." _ 한이경, 『웰니스에 관한 거의 모든 것』 중에서

옛 그림으로 본 서울 - 서울을 그린 거의 모든 그림

최열 지음 · 올컬러 · 436쪽 · 값 37,000원

"모처럼 좋은 책을 한 권 읽었습니다. 평생 한국 미술사에 매달려온 미술사학자 최열 선생의 『옛 그림으로 본 서울』, 125점의 조선시대 그림이 최고의 해설과 함께 수록되어 있으니, 저자로서도 출판사로서도 역작이라고 할 만합니다." _ 문재인, 대한민국 제19대 대통령 SNS에서

옛 그림으로 본 제주 - 제주를 그린 거의 모든 그림

최열 지음 · 올컬러 · 480쪽 · 값 38,500원

제주에 관한 현전하는 거의 모든 그림의 집결, 미술사학자 최열의 안목의 집성! 조선의 변방, 육지와는 다른 풍광과 풍속의 제주, 그곳의 그림을 바탕으로 풀어낸 풍경과 사람과 문자향의 향연. 출간 전 바로 그곳, 제주의 독자들로부터 뜨겁게 환영 받은 책.

동아시아 미술, 젠더Gender로 읽다 - 한중일 여성을 생각하는 11개의 시선

고연희 엮음 · 유미나, 고연희, 지민경, 유순영, 유재빈, 이정은, 조인수, 서윤정, 김수진, 김소연, 김지혜 지음
올컬러 · 456쪽 · 값 40,000원

젠더Gender 라는 화두를 들고 21세기에서 출발, 예술의 시대와 지역, 매체를 타임슬립! 거침없이 자유롭게 전복적으로! 하나의 시대, 고정된 지역, 일정한 매체의 좁고 깊은 세계를 건너, 광폭의 합종연횡을 통해 마침내 획득한 예술의 새로운 독법! 한중일 여성을 바라보는 11개의 시선, 대한한국 미술사의 중추, 11명 저자들의 빛나는 연대의 결과, 이들이 따로 또 같이 만들어낸 새로운 성취!

* 2023년 세종도서 교양 부문 선정

조선시대 사가기록화, 옛 그림에 담긴 조선 양반가의 특별한 순간들

박정혜 지음 · 누드사철양장제본 · 올컬러 · 712쪽 · 값 59,000원

한국 미술사 최고 권위자 박정혜 선생의 30여 년 탐구의 집성, 그림으로 기록한 조선 시대 일상 문화, 그 문화를 이끈 문화 지형도! 환갑 잔치, 결혼 60주년 기념 혼례식, 동기동창 모임, 관직의 이력, 가문의 온갖 영광, 조상의 업적, 평생도에 담긴 양반의 일생……조선시대 그림 속에 펼쳐지는 조선 양반가의 생생한 일상 풍경, 그동안 외부에 거의 공개되지 않던 국내외 소장품 대거 수록!

* 2023년 우현학술상 선정

미술사 입문자를 위한 대화
- 미술사란 무엇이며, 어떻게 읽고 보아야 하는가에 관한후배의 질문 선배의 생각

최열, 홍지석 지음 · 300쪽 · 값 18,000원

미술사 기본 정보에서부터 우리 미술사의 지난 100년을 주제로 평생 한국미술사에 헌신해온 미술사학자 최열과 소장학자 홍지석이 나눈 미술사에 관한 매우 입체적이고 종합적인 대화.

화가 하인두 - 한국 추상미술의 큰자취

김경연, 신수경 지음 · 올컬러 · 372쪽 · 값 23,000원

전후 한국 화단에 추상미술을 들여놓은, 한국 추상미술의 큰 자취, 화가 하인두 최초의 평전. 약 6년여에 걸쳐 집성한 그의 일대기, 한국 현대미술사의 의미 있는 기록의 탄생.

동네책방 생존탐구 - 출판평론가 한미화의 동네책방 어제오늘 관찰기+지속가능 염원기

한미화 지음 · 272쪽 · 값 15,000원

"책방을 꿈꾸거나 오래 하고 싶은 이들에게 시의적절한 책! 동네책방을 사랑하는 분들께 20여 년 넘게 책 생태계를 지켜본 저자의 애정과 공력 가득한 이 책의 일독을 권한다."
_ 김기중, 삼일문고 대표

* 한국출판문화산업진흥원 2020년 '10월의 추천도서' * 대한출판문화협회 2020년 '한국도서해외전파사업 기증 도서'
* 2022년 일본어판 『韓国の街の本屋の生存探究』 출간

우리가 사랑한 소녀들 - 캔디부터 삐삐까지, 다시 만난 '어린 나'의 그녀들
최현미, 노신회 지음 · 올컬러 · 324쪽 · 값 16,500원

"소녀 시절이 내게도 있었나 싶을 때 어린 시절 동경했던 그녀들을 다시 만나는 기쁨을 누리게 하는 책." _ 한미화, 출판칼럼니스트

"어린 시절 만난 최고의 여성 캐릭터에게 바치는 팬레터! 여성이라는 약속을 따라 우리가 오래전부터 연대했음을 알게 하는 책" _ 김지은, 아동문학평론가

나의 집이 되어가는 중입니다 - 1936년 지어진, 작은 한옥 수선기
황우섭 사진, 이현화 글 · 올컬러 · 256쪽 · 값 16,000원

"어떤 집을 지을까보다 어떻게 살까를 고민한 흔적의 기록, 재료의 살갗이 살아 숨쉬는 듯한 사진, 이 시대에 맞는 한옥 한 채의 탄생" _ 김동욱, 경기대 명예교수

"아름다운 한옥 한 채, 기억과 기록으로 집을 삼다" _ 황두진, 건축가

* EBS '건축탐구 집-도시한옥의 진화', '지식채널e - 내가 만든 우주' 방영

내 고양이 박먼지 - 아기 고양이와 함께 자란 어른 사람의 31개월 그림일기
박정은 지음 · 컬러 화보 · 320쪽 · 값 16,500원 · 컬러링 도안

처음 만난 날 밤새 울던 아기 고양이에게 솜털이 먼지 뭉치 같아 '박먼지'라는 이름을 붙여준 뒤로 서로 익숙해지고 존중해가며 서로 성장해 가는, 사랑스럽지만 뭉클한 이야기.

이 망할 놈의 현대미술 - 현대미술에 관한 조영남의 자포자기 100문 100답
조영남 지음 · 280쪽 · 값 15,000원

"미술작품 대작代作 사건으로 꼼짝 못하는 동안 '사람들이 현대미술에 대해 잘못 알고 있다'고 생각했습니다. 그래서 누구나 쉽게 읽을 수 있는 책을 써보자' 마음먹었습니다. 아마도 현대미술에 관한 제 책의 끝판이 될 것 같습니다. 두루 고맙습니다." _ 조영남, '책을 펴내며' 중에서

보컬그룹 시인 李箱과 5명의 아해들 - 조영남의 시인 이상 띄우기 본격 프로젝트
조영남 지음 · 올컬러 · 312쪽 · 값 20,000원

"이 책은 시인 이상李箱이 피카소, 말러, 니체, 아인슈타인 같은 세계 최고 대가들과 동격이 될 만큼 천재라고 세상에 우기는 것이다. 평생 픽션을 멀리 했는데 픽션을 쓰게 됐다. '이를 어쩌지?' 싶지만 '뭘 어째? 다시는 책도 못 쓸 텐데.' 그런 맘으로 내놓는다. 조수를 시켜서 쓴 대작代作이 아니다. 몇 쪽만 보면 알 것이다." _ 조영남, '책을 펴내며' 중에서

도시독법

2024년 1월 10일 초판 1쇄 발행   **지은이** 로버트 파우저Robert J. Fouser

펴낸이 이현화

펴낸곳 혜화1117 **출판등록** 2018년 4월 5일 제2018-000042호

주소 (03068)서울시 종로구 혜화로11가길 17(명륜1가)

전화 02 733 9276 **팩스** 02 6280 9276 **전자우편** ehyehwa1117@gmail.com

블로그 blog.naver.com/hyehwa11-17 **페이스북** /ehyehwa1117

인스타그램 /hyehwa1117

ⓒ 로버트 파우저

ISBN 979-11-91133-15-8 03900